事例でわかる

不動産の
強制執行・
強制競売の実務

任意売却・共有・引渡命令・配当手続

弁護士
松尾 浩順 編集代表
シグマ麹町法律事務所 編

日本加除出版株式会社

は し が き

　本書は，不動産の強制競売事件を担当することになった，弁護士，司法書士，不動産関係者，あるいは債務者の方々を対象として，簡易な事例に基づき，不動産強制競売実務について解説し，それぞれの立場からとり得る手段や対応方法をまとめたものである。

　裁判所の不動産執行には，①強制競売（「ヌ」事件），②担保不動産競売（「ケ」事件），③形式的競売（「ケ」事件）があるが，本書で扱うのは主として①の強制競売事件である。

　不動産の強制競売の事件数は，リーマンショック以降，減少傾向にあり，若手弁護士を中心に経験をしたことのない実務家も増えてきた。不動産競売は申立てから配当まで長期間を要するものの，一つ一つの手続は数週間単位の短期間で対応しなければならないことも多く，事案の全体像を早期に把握しつつ，目の前の問題に対する解決方法を短期間で検討する必要がある。

　不動産の強制執行に関する書籍としては，既に裁判所や学者から多くの優れた書物が刊行されている。しかし，書籍の性質上，一般的な解説が述べられているにとどまり，それぞれの立場からどのような対応をすべきなのかという視点までは記載されていないことが多いように思われる。

　当事務所は本年で20周年を迎えたが，長年にわたり不動産執行の実務に携わってきた経験を踏まえ，経験した事件を抽象化した事例を設定し，事件関係者の立場からいかなる点に留意して対応すれば良いのかなどの視点を提供するために本書を刊行することにした。

　弁護士をはじめとした法律専門家は，様々な立場で代理人になることが予想されるため，不動産強制競売における当事者である，債権者・債務者・入札者等の第三者など，様々な立場からの視点を記載するように心掛けた。

　令和元年の民事執行法の改正により強制執行手続が強化されたが，これらの手続が不動産強制執行に与える影響についても可能な限り言及した。また，平成30年の民法（相続法）改正，令和３年の民法・不動産登記法の改正による影響等についても，不動産強制執行にかかわる部分については記載してい

る。

　令和4年8月には，民事執行手続のIT化に対する中間試案が出されており，今後，民事執行手続もIT化され，民事執行手続の利便性が大いに高まることが予想される。

　本書が不動産強制競売の実務に携わる実務家や利用者にとって，少しでも問題解決のために役立つ視点を提供できるのであれば幸いである。

　最後に，本書を刊行する機会を与えてくださった日本加除出版株式会社及び多大なる尽力をいただいた佐伯寧紀氏及び岩満梨紗氏には厚くお礼を申し上げる次第である。

　2022年10月

シグマ麹町法律事務所
編集代表　弁護士　松　尾　浩　順

凡　例

1　本書中，法令名等の表記については，原則として省略を避けたが，括弧内においては以下の略号を用いた。

【法令等】

民	民法	区分所有	建物の区分所有等に関する法律
民執	民事執行法	借地借家	借地借家法
民執規	民事執行規則	宅業法	宅地建物取引業法
民訴	民事訴訟法	滞調法	滞納処分と強制執行等との手続の調整に関する法律
民再	民事再生法		
民再規	民事再生規則	滞調規	滞納処分と強制執行等との手続の調整に関する規則
破産	破産法		
家事	家事事件手続法	所得税	所得税法
非訟	非訟事件手続法	税徴	国税徴収法
刑	刑法	地税	地方税法
不登	不動産登記法	農地	農地法
不登規	不動産登記規則		

【裁判例】

・最判昭53・6・29民集32巻4号762頁

→　最高裁判所判決昭和53年6月29日最高裁判所民事判例集32巻4号762頁

2　出典の表記につき，以下の略号を用いた。

刑集	最高裁判所刑事判例集	判タ	判例タイムズ
民集	最高裁判所民事判例集	金判	金融・商事判例
下民集	下級裁判所民事裁判例集	金法	金融法務事情
判時	判例時報		

相澤＝塚原（上）　相澤眞木＝塚原聡編著『民事執行の実務（第4版）不動産執行編（上）』（きんざい，2018）

中村＝剱持（上）／（下）　中村さとみ＝剱持淳子編著『民事執行の実務（第5版）不動産執行編（上）／（下）』（きんざい，2022）

中村＝劔持・債権執行・財産調査編(下)　中村さとみ＝劔持淳子編著『民事執行の実務（第5版）債権執行・財産調査編(下)』（きんざい，2022）

上野　上野隆司監修・高山満ほか『任意売却の法律と実務（第3版）』（きんざい，2013）

『条解民事執行法』　伊藤眞＝園尾隆司編集代表『条解民事執行法』（弘文堂，2019）

中西ほか　中西正ほか『民事執行・民事保全法（第2版）』（有斐閣，2021）

中野＝下村　中野貞一郎＝下村正明『民事執行法（改訂版）』（青林書院，2021）

平野　平野哲郎『実践　民事執行法　民事保全法（第3版）』（日本評論社，2020）

百選　上原敏夫＝長谷部由起子＝山本和彦編「民事執行・保全判例百選（第3版）」（有斐閣，2020）

マップの見方

　次頁のマップは，一般的な競売の流れを示したものである。

　■■■■で囲まれているものは，申立人などの当事者等が行うことである。
　●●●●で囲まれているものは，裁判所が行うことである。

　マップには，時系列の中で，本書の設問が問題となり得る場面を吹き出しで記している。

　吹き出しの左上には，債権者・債務者・第三者のうち，どの立場から設問の解説が記載されているのかが示されている。
　㊢＝債権者，　㊟＝債務者，　㊂＝買受人ほか第三者　の略である。
　たとえば，以下の場合，左上の㊟と㊂は，主として，債務者と第三者（買受人）の立場で記載されている。

マップの見方

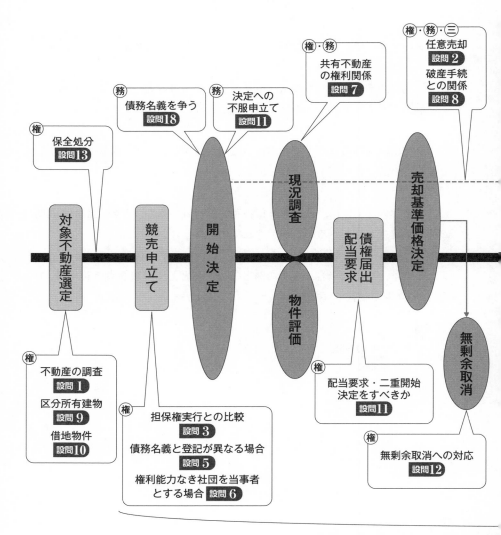

権・務・三
任意売却
設問 **2**
破産手続
との関係
設問 **8**

権・務
共有不動産
の権利関係
設問 **7**

務
決定への
不服申立て
設問 **11**

務
債務名義を争う
設問 **18**

権
保全処分
設問 **13**

対象不動産選定

競売申立て

開始決定

現況調査

物件評価

債権届出配当要求

売却基準価格決定

無剰余取消

権
不動産の調査
設問 **1**
区分所有建物
設問 **9**
借地物件
設問 **10**

権
担保権実行との比較
設問 **3**
債務名義と登記が異なる場合
設問 **5**
権利能力なき社団を当事者
とする場合 設問 **6**

権
配当要求・二重開始
決定をすべきか
設問 **11**

権
無剰余取消への対応
設問 **12**

期間（目安）：8〜12か月

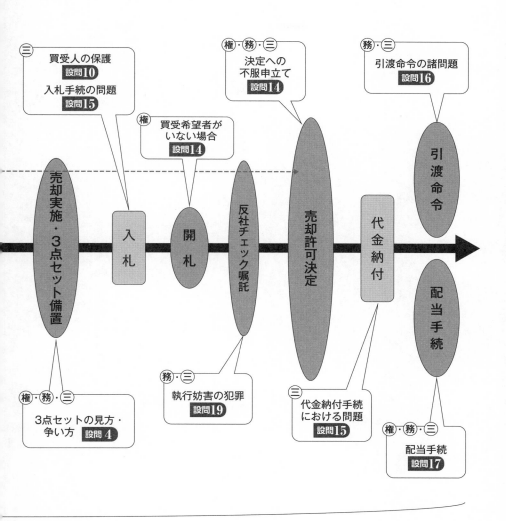

目　次

目　次

事例2　3点セットの見方 ⸺ 52

競売物件の資料はどのように見ればよいか。内容に誤りがある場合にはどうすればよいか。

設問 5　債務名義と登記名義の異なる不動産に対する強制執行

① 2012年にXはCに対する3000万円の債務名義を取得したが，Cには見るべき財産がなかったため，強制執行によって回収することができなかった。2020年になり，XはCが死亡したという話を聞いたため，調査を行った。その結果，Cは2018年に死亡しており，Cの配偶者ZはCの唯一の相続人であり，Cとの結婚前から時価約4000万円の乙不動産を所有していることが判明した。また，ZはCの相続放棄手続をしていなかった。
　　XはZに対して，乙不動産の差押えができるか。
② 差押えの登記をされたZは，どのような対抗手段をとることができるか。

事例4　配偶者居住権 ──────────────────────── 74

　2012年にXはDに対する3000万円の債務名義を取得した。
　2021年になり，XはDの父親Eが死亡し，Eが所有し妻Fと共に居住していた丙建物をDが相続したという話を聞いたため，Dに対する債務名義をもって丙不動産の差押えを行った。
　ところが，丙不動産には，Eの死亡後もFが居住し続けており，Fは配偶者居住権又は配偶者短期居住権があると主張している。
　この場合，Xは丙不動産から債権の回収が期待できるか。

設問 6　権利能力なき社団に対する強制執行の可否

事例1　権利能力なき社団に対する強制執行 ──────────── 79

　Xは，権利能力なき社団に該当するAに対し，債務名義を有している。
　Yは，Aに関連するもののAとは異なる独自の法人格を有する法人であり，

Ｙが所有権の登記名義人となっている不動産が存在している。

　　Ｘは，Ａに対する債務名義に基づいて，Ｙが所有する不動産に対して強制執行を行い，債権の回収を図ろうと考えた。

　　Ｘは，どのような手続をとるべきか。

設問 7　共有不動産の不動産執行における問題

事例1　共有不動産における法定地上権の成否 ————————— 87

　　ＡとＹの父親Ｂは甲土地と甲土地上に乙建物を所有していたが死亡し，子であるＡとＹの二人が法定相続人となった。Ａは多額の債務を抱え，ＹはＡと音信不通であったため，遺産分割協議を行っていなかったが，Ｙは乙建物に居住していた。

　　Ａの債権者は，甲土地と乙建物についてそれぞれ2分の1の法定相続の代位登記を行い，Ａの土地と建物の持分が強制競売にかけられた（第1競売）。甲土地の持分で債権額を支払えそうなことから，甲土地の持分だけが売却されることになり，Ｘが買受人となった。その後，ＸはＹに対し甲土地の売買に関する協議を申し入れたが，Ｙとの話がまとまらなかったため，甲土地について共有物分割訴訟を提起し，Ｘが共有物分割訴訟で競売に付する旨の判決を得た後，甲土地の競売手続（第2競売）を行った。

　　①　第2競売で甲土地について法定地上権は成立するか。

　　②　Ｘが第2競売で自ら買受人となる場合，甲土地について法定地上権は成立するか。

設問 8　債務整理・破産と不動産執行

事例2　競売請求訴訟の判決の実効性 ————————————— *127*

　　X管理組合がYに対し区分所有法59条に基づいて競売請求訴訟を提起し，勝訴判決が確定した。しかし，同判決に基づく強制競売申立前に，Yが区分所有建物を第三者Cに譲渡した場合，X管理組合は，勝訴判決に基づき，Cを相手として，競売を申し立てることができるか。申立てができない場合，X管理組合はどのように対応すべきか。

設問10　借地物件の不動産執行と買受人保護

事例1　借地物件の不動産執行 ———————————————— *131*

　　Aは，土地所有者Yから甲土地を賃借し，甲土地上に2階建ての賃貸アパート乙を建設した。Aは，アパート乙の2階に居住し，1階を店舗に賃貸して賃料収入を得ていた。その後，Aは事業に失敗して資金繰りに窮し，大口債権者Bへの弁済が滞り，Yへの地代も支払われないことが多くなり，最大で8か月も滞るようになった。

　　Bがアパート乙を差し押さえて競売の申立てを行った結果，Xが買受人となった。競売手続の物件明細書には，地代未払4か月を理由にYからAに借地契約の解除通知が出されていたことが記載されていたが，その後，第一順位の抵当権者が地代の代払許可を行っていたこともあり，借地権は存在すると記載されていた。

　　Xはアパート乙を借地権付きのものとして手に入れることができるのか。

設問11　競売開始手続における諸問題

　　　令和4年4月1日，XはYとの間で，期限の利益喪失条項付きで，弁済期
限を1年後の令和5年3月31日と定め，YがXに3000万円を支払うとの強制
執行認諾文言付公正証書を作成した。Xは，令和4年5月10日，期限の利益
の喪失を理由に上記公正証書を債務名義としてY所有の甲不動産につき強制
競売の申立てを行い，裁判所は同月30日，競売開始決定（以下，「本決定」
という。）を行った。Aは，令和4年4月30日に甲不動産を賃貸して居住して
いた。
　　　以上の事例において，
　　①　Yは上記公正証書の記載に不備があり，期限の利益を喪失していない
　　　ため弁済期が到来していないことを理由として，本決定に対し不服を申
　　　し立てることができるか。
　　②　Aは本決定に対し不服を申し立てることができるか。

　　事例1において，BはXと同様，Yに対し債務名義を有する債権者である。
Y所有の甲不動産に係る強制競売開始決定を知ったBとして，甲不動産の競
売代金から債権の満足を得ようとした場合，どのように手続をとるべきか。

　　事例1に加えて，Xの強制競売申立直後に，Yが令和3年度の住民税を滞
納していたことを理由に甲不動産に対して，市区町村から滞納処分による差
押登記がなされていた。この場合，Xは，同不動産に対する強制競売の申立
てを行うことができるか。

　　Xは，Yが所有する不動産の競売申立てをしたところ，裁判所から，抵当
権者Aの優先債権が多く，無剰余である旨の通知があった。Xが競売手続を
進める方法としてどのようなものがあるのか。

設問13 不動産競売における保全処分

　　Xは，Yに対する債務名義を取得しているが，Yには見るべき資産が自宅
不動産（土地建物）しかなかった。Yは，Xに対して，自宅不動産に対する
強制執行をしないよう懇願しており，仮に強制執行を申し立てるようであれ
ば妨害を辞さない構えを示していた。
　　このような状況下において，Xが不動産の強制執行申立てを行ったところ，
Yは強制執行を妨害するために，自宅不動産から公道へ通じる通路に障害物
を設置した。
　　XはYの妨害行為に対して，どのような対応をすべきか。

　　　Xは，Yに対する債務名義を取得しているが，Yには見るべき資産が区分
所有建物（1部屋）しかなかった。当該建物は，Yの友人又は知人が不定期
に使用しており，誰が使用しているか特定できない状況であった。
　　　このような場合に，XはYの区分所有建物を差押えできるか。

設問14　売却手続

　　①　債務者Aは，借地権付きの甲建物を所有していた。Aは，事業資金のた
　　めに多数の債権者から借入れを行っていたところ，返済が滞ったため，債
　　権者Xは，Aに対する本案訴訟を提起して債務名義を取得し，当該債務名
　　義に基づいて甲建物について不動産競売の申立てを行った。ところが，甲
　　建物は，駅から車で30分以上離れた山奥にあって立地が悪く，かつ，保存
　　状態も良好とは言えなかった。執行裁判所は，期間入札を実施したが，ど
　　こからも買受申出がなかった。
　　　　債権者Xは，今後，どのように対処すればよいか。
　　②　執行裁判所が期間入札をしたものの応札者がなく，特別売却をしても買
　　受申出がなかった場合，債権者Xはどのようにすべきか。
　　③　債務者Aが，甲建物の売却を防ぎたい場合は，どうすればよいか。

事例1において，買受人が決まった場合の以下の手続はどうなるか。
①　売却許可決定期日において，利害関係を有する者は，いかなる対応を
とることができるか。
②　売却許可決定がなされたが，予想よりも低い価額で売却許可決定がな
された場合に，誰が，どのような理由に基づき執行抗告を行うことがで
きるか。

設問15　入札手続・代金納付における諸問題

Xは，A所有の甲不動産の強制競売事件の入札に参加し，参加した3名の
うちXが最も高い入札価格を記載し，Yが2番目，Zが3番目の入札価格を
それぞれ記載した。ところが，執行官は，Xの入札には瑕疵があり無効であ
ると判断し，Yが最高価買受申出人，Zが次順位買受申出人とされた。
①　Xは自らが最高価買受申出人であると主張するためには，どのような
方法をとることができるか。
②　Yが最高価買受申出人，Zが次順位買受申出人であることが確定した
が，Yは代金納付を行わなかった。このような場合，Zは甲不動産の売
却許可を受けることができるか。

事例2　代金納付手続における問題 ──────────── 192

　　事例1において，甲不動産の買受人となったYは，売却代金全額の納付手
続を行うことにしたが，どのような方法でどのような支払を行えばよいか。
また，不動産担保ローンを用いて買受けするためにはどのような手続が必要
となるか。

設問16　引渡命令をめぐる諸問題

事例1　引渡命令による占有排除方法 ──────────── 203

　　Xが強制競売により買い受けた建物（以下，「本件建物」という。）におい
て，占有者Yが居住している場合，XはYの占有を排除するため，どのよう

な手続を行えばよいか。

事例2　引渡命令の承継 ───────────────── 208

　　事例1において，本件建物の代金納付後に，Ｘが交通事故にあって死亡した。Ｘには配偶者はおらず，相続人Ａがいる。この場合，Ａは引渡命令の申立てを行うことができるか。

　　また，Ｘが代金納付後，交通事故で死亡前に第三者Ｂに本件建物を売却していた場合は，買受人であるＢが引渡命令を申し立てることは可能か。

　　Ｘの相続人Ａが持分しか相続しておらず，他の相続人が引渡命令の申立てに同意していない場合でも，引渡命令の申立てができるか。

事例3　引渡命令の申立て ───────────────── 214

　　Ｘが競落した物件の物件明細書によると，当該物件にはＹなる占有者がいることが判明している。Ｙの占有権原が，以下の各場合に，Ｘの引渡命令の申立ては認められるか。
　　① 　使用貸借権である場合
　　② 　明渡猶予制度の適用を受ける賃借人である場合

設問17　配当手続

事例1　地代等代払許可と配当 ———————————————— *221*

　　Yは，Aが所有する甲土地を賃借し，甲土地上に乙建物を建築して居住し
ている。
　　Xは，Yに対して3000万円の債権を有しているが，Yの支払が滞るように
なったため，同債権につき債務名義を得て，乙建物を差し押さえて競売開始
決定を得た。
　　ところが，Yは，資金繰りに窮しており，Aに対する地代も滞納し始め，
Aが土地賃貸借契約を解除するおそれが生じた。そこで，Xは，地代等代払
許可の申立てを行い，同許可決定を得たため，Aに対して許可に係る地代を
支払った。
　　①　XがAに支払った地代について，配当手続においてどのように扱われ
　　　るか。
　　②　Xは，代払許可決定に基づいてAに対し地代の支払を申し出たが，A
　　　はこの受領を拒否した。そこで，Xは，やむを得ずAに対し支払うべき
　　　地代を供託した。この場合において，Xが供託した地代は，配当手続に
　　　おいてどのように扱われるか。Xが供託金の取戻請求権を放棄している
　　　場合としていない場合とで結論は異なるか。

事例2　配当異議に関する手続—————————————— *226*

債権者Xは債務者Yに対する債務名義を有しており，同債務名義に基づき，Yの所有する甲不動産に強制競売の申立てを行った。債権者Zは債務者Yとの間で執行認諾文言付の公正証書を作成しており，上記競売手続で配当要求を行っていた。競売手続が進行し，東京地方裁判所による甲不動産の売却許可決定がなされ，XとZを債権者とする配当表が作成され，配当期日が指定された。
　①　Xは，YとZの間の公正証書は真正なものではないと考えた。この場合，XがZへの配当の実施を阻止するために，配当期日においてどのような手続をとることができるか。
　②　配当期日において誰からも配当異議の申出がなかったため，XとZは配当表に従った配当を受け，甲不動産の強制競売手続は終了した。その後になって，X又はYが，YとZとの間の公正証書は無効であり，結果的に配当表が誤っていたことを理由として，Zに対し不当利得の返還を請求することができるか。

設問18　債務名義に争いがある場合の強制執行

事例1　実体法上の請求権が消滅したにもかかわらず行われた強制執行—————————————————————— *233*

債務者Yは，債権者Xから1000万円を借りていたが，弁済期限までに返済しなかったため，Xから貸金返還請求訴訟を提起された。同訴訟で，Yは

1000万円全額を弁済したと主張して争ったが，裁判所はＹの主張を退け，Ｘの請求を全額認容する判決を出した。

Ｙは，控訴しなかったため，同判決は確定した。

その後，Ｙは，上記判決で認容された全額をＸに対して支払った。

ところが，しばらくして，Ｘは，Ｙが所有する甲土地について，上記確定判決を債務名義として強制執行を行った。

Ｙは，どのようにすればよいか。

事例2　債務者が知らない間に取得された既判力ある債務名義による強制執行 ———————————

Ｙは甲土地を所有していたところ，ＡとＢは，Ｙ名義の甲土地を競売に付して利得を得ようと企んだ。

Ａは，Ｙに対して1000万円の貸金があると偽って貸金返還請求訴訟を提起した。Ａは，Ｙの住所をＢ方と偽ったため，訴状はＢ方Ｙに送達され，ＢがＹを装ってこれを受領した。

Ｂは期日に出頭しなかったため，1000万円の請求認容判決が出され，これが確定した（判決書もＢ方Ｙに送達され，ＢがＹを装って受領した。）。

Ａは，当該確定判決を債務名義として甲土地の強制競売を申し立て，競売開始決定もＢ方Ｙに送達された。

Ｘは，競売により甲土地の所有権を取得し，所有権移転登記も具備した。

このような場合に，Ｙはいかなる手段をとることができるか。

設問19　強制執行を妨害する行為等に対する罰則

事例1　強制執行妨害目的財産損壊等罪 ———————————

Ｘは，Ａから貸金請求訴訟を提起され，Ａに対し数億円を支払えという仮

執行宣言付判決の言渡しを受けた。Xには婚姻前から所有していた都内の7階建Xビルとその敷地（以下，「Xビル」という。）以外にめぼしい財産がなかったことから，Xは，Xビルに対する強制執行を回避する目的で，妻Yと意思を通じ，協議離婚をした上，離婚に伴う財産分与としてYにXビルを譲渡した。XとYに刑法上の犯罪は成立するか。

事例2　強制執行行為妨害等罪，強制執行関係売却妨害罪 ———— 247

次の場合，Xに刑法上の犯罪は成立するか。
①　執行官が現況調査のためXビルを訪れたところ，これを察知したXが敷地内入口で猛犬を放飼いにしており，執行官はビル内に入ることができなかった。
②　Xは，Xビルについて競売開始決定があったことから，最低売却価額を下げさせた上でBに低価額で競落させ，後日Bから買い戻すことを考えた。そこで，B，Cと意思を通じ，Cが同開始決定前からXとの間で賃貸借契約を締結していたという内容虚偽の賃貸借契約書を裁判所に提出した。
③　Xは，Xビル内の正面玄関入口に「立入厳禁○○一家××組」という貼り紙をした。

事例3　民事執行法違反，暴力団の排除 ———————————— 250

Xビルは，期間入札に付された。買受けの申出をしたDは，広域組織暴力団の構成員であったが，裁判所に提出した陳述書には自己が暴力団員ではないという虚偽の事実を記載した。この虚偽記載は，民事執行法上どのように取り扱われるか。

Column 競売昔話　251

設問 1　強制執行前の所有不動産調査

事例 1　所有不動産の調査方法

　　XはYを相手として3000万円の支払を求める確定判決を取得したが，任意の支払がなされていないため強制執行を検討している。Yはかつて会社を経営していたものの，既に高齢で仕事はしておらず，自宅は借家であることは判明しているが，自宅以外の不動産を所有しているのではないかという不確定情報があった。

　　Xの代理人弁護士として，Yの所有する不動産をどのように調査すればよいか。

第 1　強制競売の準備

1　民事執行法上の不動産執行の位置づけと利用実態

　　民事執行法第2章—第2節—第1款（43条〜111条）には，「不動産に対する強制執行」の定めがあり，具体的な強制執行の中で，条文上，不動産強制競売手続は最初に位置づけられている。すなわち，民事執行法上，不動産執行は基本的な執行方法として整理されているのである。

　　しかし，実務上は，債権執行の数の方が多く，不動産に対する強制執行の件数は少ない。さらに，不動産の強制執行の中でも，担保権実行としての競売申立（「ケ」事件）の方が多く，強制競売（「ヌ」事件）の数は極めて少ないというのが実情である[1]。

---

1) 最高裁判所司法統計（令和3年）によれば，令和3年中に申し立てられた強制執行のうち，不動産強制執行は5648件に対して，債権執行は13万6391件と20倍以上の差がある。また，担保不動産競売申立事件の件数は1万1053件と，不動産に対する強制執行の2倍近い申立てがなされている。また，東京地裁民事第21部に限れば，強制競売(ヌ)事件は，平成25年から令和2年まで年間400件から500件程度で推移している。

2　債権回収としての不動産強制競売の検討

　上記のように利用件数が少ない理由は，時間や費用が掛かるという以前に，そもそも債務者が不動産を所有していないという場合が多いことや，仮に不動産を所有していたとしても，オーバーローン・無剰余であり強制執行による換価の対象財産とならないことなどが考えられる。

　しかし，ひとたび不動産の強制競売が奏功すると，巨額の債権を回収できる可能性もあり，債権者の代理人弁護士としては，その可能性について十分に検討すべきである。

　以下では，不動産の強制執行を検討する際の不動産の調査方法について説明する。

第 **2**　不動産の調査方法

1　登記情報提供サービスによる不動産調査

　債務者の不動産に関する調査方法として，債権者からの聞き取りは基本的な手法の一つである。しかし，相続事件や離婚事件では有効な手段となりえても，債権者が債務者の所有する不動産まで知っていることは稀であり，知っていても正確性に欠けることが多い。また，債務者の住民票を取得し，当該居住地の不動産登記簿謄本を取得するという方法もあり得るが，時間を要することが多い。

　そこで，相談時に素早く調査する方法として，法務局の登記情報提供サービスの契約を締結しておき，登記情報を取得するという方法がある。依頼者との相談時に取得すれば，より詳細な打合せをすることができる[2]。

　登記情報提供サービスの利用時間は，令和4年10月1日から平日の午前8時30分から午後11時まで，土日祝日も午前8時30分から午後6時までと変更され，利便性が飛躍的に向上した。

2）契約締結だけでは費用は掛からないので，勤務弁護士であっても個別に契約しておく方がよいであろう。

　取得費用は 1 件332円（令和 4 年 4 月現在）であり，1 件500円の不動産登記簿謄本原本を取得するよりも安く情報を得ることができ，経済的にもメリットがある。

　取得時には，請求内容選択のところで共同担保目録と信託目録の欄の「要」を必ずクリックすべきである。最初の設定では両目録は「不要」にチェックが入っているので，設定を変更することが必要である。特に共同担保目録には，債権者が知らなかった債務者の財産が入っていることがあるからである。当然，共同担保目録の中に知らない不動産があれば，その不動産の登記を取得すべきである。また，土地は必ずしも 1 筆とは限らないため，仮差押えや差押えを行う場合，対象となる財産に漏れがないようにするために共同担保目録を取ることは有効な手段である（一度でも抵当権設定がされている場合，関連する不動産全部がわかることが多い。）[3]。令和 4 年 3 月から，土地建物を一括で取得できるようになったため，この取得方法を利用することも有用である。また，地番検索システムもあることから，住所がわかっている場合は地番を検索することもできる。

　ところで，登記情報提供サービスで取得したPDFファイルを直ちにワード版の物件目録にしてくれる「物件目録ジェネレータ」（https://www.houbox.net/r_eregisters/new）というサイトがある。特にマンションの一室など，面倒な物件目録を直ちに作成できるのは，弁護士実務の効率化において大きな利点である。登記情報提供サービスで取得したPDFしか使えないので注意が必要である。

　なお，登記情報サービスを利用した代表取締役個人の簡易な信用調査方法として，①法人の登記情報を登記情報提供サービスで取得し，②同情報に記載している代表取締役の住所を再度，登記情報提供サービスで取るという方法がある。これにより，持家なのか賃貸なのか，住宅ローンはありそうか，賃料はいくらぐらいなのかを見極めるという方法である。この方法に関して，個人情報保護の要請から，①の法人の登記情報には，代表取

3）仮差押え時に一軒家の前面道路の土地の一部に仮差押えをしなかった結果，本差押えができず，落札価格が安くなったという例があったが弁護過誤と評価される可能性がある。

締役の住所を記載しないようにするという動きがある[4]。仮に，近い将来，代表取締役の住所が記載されなくなっても，登記情報提供サービスではなく，商業登記簿謄本を取得すれば代表者の住所は記載されることが予定されているため，上記方法が利用できなくなるわけではないと思われる。

2　登記簿図書館による「名寄せ」での不動産調査

　登記情報提供サービスでは，債務者の名前から検索するいわゆる「名寄せ」をすることができず，不動産の所在地からしか検索することができない[5]。

　しかし，「名寄せ」が一部できるサービスとして，「登記簿図書館」というインターネットサービス（https://xn-lcss68alvlysfomtekv.com/）がある。同サービスは主として金融機関や不動産会社向けのサービスであり，登記情報提供サービスよりも1円安い価格で販売している。通常よりも1円しか安く提供されないため，利用頻度の低い人にはメリットは少ないが，大量に取得する会社にとっては経済的な利点がある。また，検索方法についても，例えばマンション名での検索なども可能であり，登記情報提供サービスよりも容易である。さらに，会員登録さえしていれば，無料で名前による検索が24時間可能であり，登記情報提供サービスを全て利用できるため，登記情報提供サービスが使えない時間や打合せ中に調査することも可能である。

　同サービスのビジネスモデルの詳細は同社のホームページを見てもらいたいが，概要としては，過去の時点で1円安く赤字で取得した登記情報をストックしておき，これを1件について308円で販売するという内容である。それゆえ，登記情報提供サービスと異なり，過去に取得されたことがない物件は検索対象にはならないので，「登記簿図書館」に掲載されていないからといって，債務者が不動産を所有していないということにはなら

---

4) 法務省令の改正で検討されていたが，令和4年9月1日の法務省令改正では見送られることになった。

5) 相続事件などで納税義務者であれば名寄帳を閲覧することが可能である（地税387条）。また，改正後は後述する不動産記録証明制度による証明書を取得することで，自分や相続人の不動産は確認できる。

【図】　「登記簿図書館」ウェブページ

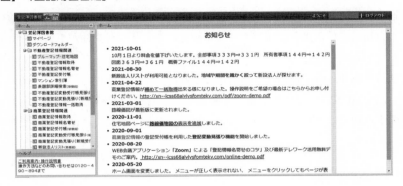

ない点に注意が必要である（その意味で,「一部だけ」名寄せが可能である。）。

　また, 債務者の名前が特徴的な場合には重複することは少ないが, ありふれた名前の場合には, 同姓同名で別人の不動産が表示される可能性が高いことには注意が必要である（インターネット検索のようなイメージである。）。例えば関西と関東に物件が10個ぐらい表示された場合, 債務者が関東に住んでいるのであれば, 関東の物件のみに絞って情報を見れば, 費用を安く抑えられる。最終的には, 債務者の名前のみではなく, 実際に登記情報を取得し住所を照合して特定する必要がある。

　さらに発展的な利用方法として, 登記の「見張り機能」がある。特定の不動産の登記が変わったら通知されるという機能であり, 例えば, 債務者に遺言による相続財産があると聞いているような場合に, 相続登記がなされた段階で差押えを検討するという利用方法も考えられる。

３　帝国データバンク等調査会社による法人の不動産調査

　債務者が法人の場合には, 帝国データバンクや東京商工リサーチなどの民間の調査会社を利用することも考えられる。これらの調査会社は, 一般的には対象会社の財務状況など信用情報を得るために利用されることが多いが, 本社や支社, 工場などの不動産情報を見ることができることもある。

　また, 帝国データバンクが提供しているCOSMOSNETというインター

ネット検索システム（https://www.tdb.co.jp/index.html）では，該当会社の関連会社を調査することもできる。該当会社の代表取締役が別会社の取締役を兼務している場合に調査することが可能であり，別会社が不動産を所有しているということもある。なお，あくまでも帝国データが把握している情報であり，全ての会社の検索ができるわけではない。

　　COSMOSNETの会員登録をしておけば，月間最低利用料のみで検索に関する費用は掛からないので，登録だけでもしておくことは効果的であろう。

【図】　「COSMOSNET」ウェブページ

4　財産開示手続での不動産調査

　　財産開示手続とは，債務名義を取得した債権者による申立てを受けた裁判所が，債務者を裁判所に呼び出し宣誓させた上で，財産を開示させるという手続である。

　当該制度は，平成15年の民事執行法改正で導入され，民事執行法196条以下に定められたが，利用件数は極めて低調であった[6]。利用件数が少ない理由として，債務者が呼出しに応じなかったり，虚偽の情報を開示しても制裁がほとんどないことや，債務名義が公正証書の場合は財産開示手続の対象になっておらず，養育費などを公正証書で定めていても利用できないという点が挙げられていた。

　上記の問題点を解決すべく，令和元年5月10日に成立した「民事執行法及び国際的な子の奪取の民事上の側面に関する条約の実施に関する法律の一部を改正する法律」（以下，「改正民事執行法」という。）では，申立権者として債務名義が公正証書である債権者も含むように，申立権者の範囲が拡大された。

　また，債務者が正当な理由なく手続に出頭しなかった場合や宣誓拒絶した場合，及び虚偽の陳述をした場合の罰則を「6月以下の懲役[7]又は50万円以下の罰金」という形で大幅に強化することとした（改正民執213条1項5号・6号）[8]。

　ただし，財産開示手続は，債務名義を得たからといって直ちに実施できるものではなく，強制執行が不奏功又は不奏功の疎明が開始の要件となっている（民執197条1項1号・2号）。そのため，財産開示手続の申立てを行うためには，まず強制執行手続を先行して行っておく必要がある。

　改正民事執行法が令和2年4月1日に施行された結果，財産開示手続の申立件数には，顕著な増加傾向が見られる[9]。

　財産開示手続の実施決定が確定すると，財産開示期日が指定され，開示義務者は呼び出しを受ける。開示義務者には呼出状と財産目録の書式が送

6）平成29年の申立件数は686件で，開示されたのは約37%，不出頭が約40%であった。
7）「刑法等の一部を改正する法律の施行に伴う関係法律の整理等に関する法律」（令和4年6月17日法律第68号）による改正後は「拘禁刑」となる（施行日：刑法等の一部を改正する法律（令和4年6月17日法律第67号）の施行日＝公布の日から起算して3年を超えない範囲内において政令で定める日）。
8）その他改正の経緯を含めて，内野宗揮・劔持淳子『令和元年改正民事執行法制の法令解説・運用実務（増補版）』（きんざい，2021）7頁以下に詳しい。
9）東京地裁民事第21部における財産開示手続の新受件数は，平成26年から平成31年（令和元年）までは，順に，205件，153件，135件，157件，125件，105件と低調であったが，令和2年には539件と前年の5倍以上に達している。

達される。東京地裁民事執行センターでは，財産開示期日は実施決定確定の日から1か月後，財産目録提出期限は期日の10日前を目安として指定している。[10] 開示義務者が財産目録を提出したとしても申立人は当然には見ることはできないため，財産開示期日前に提出があるか確認して記録の閲覧謄写を行っておくとよい。[11]

さらに，令和3年に入り，債務者が財産開示手続に出頭しなかったケースにおいて，警察が捜査を行い，書類送検がなされたというニュースが見られるようになり，令和4年2月には民事執行法違反の罪で債務者が逮捕されるという報道や，令和4年8月には一度不起訴になったものの検察審査会で起訴相当とされたという報道もなされている。このようなことから，財産開示手続は，債務名義を得た後ではあるが，重要な財産把握方法の一つになる可能性がある。[12]

5 東京法務局への情報取得手続（改正民執205条）による不動産調査

改正民事執行法では，執行裁判所は登記所（省令で東京法務局と定められた[13]）に対し，債務者の所有する不動産の情報提供を求めることができるとされた（改正民執205条）。

この不動産に係る情報取得手続は，施行日が令和3年5月1日となり，同日以降，これらの申立てができることになった。つまり，債務者所有の不動産の「名寄せ」が認められることになった。

しかし，不動産に係る情報取得手続の利用要件は厳しい。

利用を検討する前提として，債務名義を取得している必要がある。強制執行の一般的な要件（執行力ある債務名義の取得，送達証明）を充足しているのみならず，上記4記載の財産開示手続を経ている必要がある（財産開示請求前置）。そして，上述したとおり，財産開示手続は強制執行不奏功又は

---

10) 中村＝剱持・債権執行・財産調査編（下）364頁。
11) 閲覧謄写の手続について，中村＝剱持・債権執行・財産調査編（下）390頁。
12) ただし，財産開示手続に意図的に不出頭になったのかという故意について立証ができず不起訴となるケースも散見される。
13) 民事執行法205条1項に規定する法務省令で定める登記所を定める省令により，東京法務局と定められている。

不奏功となることの疎明が開始要件になっているため，当該債務名義を用
いて強制執行手続を先行させておく必要がある。さらに，財産開示期日か
ら 3 年以内に行う必要がある（改正民執205条 2 項）。また，申立書には不動
産の所在地目録が必要となるが，その際，都道府県名を特定する必要があ
るとされている。都道府県名を特定せずに「全国」と記載しても不適法と
は言えないが，情報提供までに長期間を要する恐れがあるとの指摘がある。[14]
しかし，同姓同名が多そうな名義でない限り，全国とした方がよいと思わ

【図】　不動産の情報取得手続の流れ

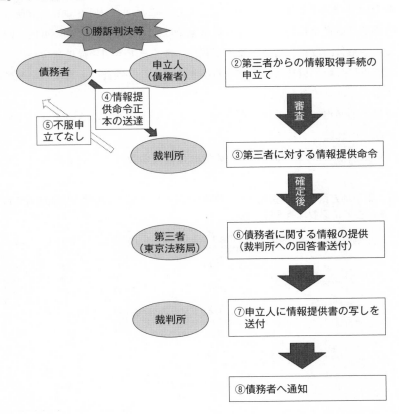

---

14)　中村 = 劒持・債権執行・財産調査編（下）396頁。

れる。

　このように，情報取得手続は，他の強制執行手段では成しえなかったという補充的な位置づけにある。

　なお，情報取得手続の申立てに必要な書類は，東京地裁民事第21部が出している「不動産の情報取得手続の申立てに必要な書類」を参照されたい。

　また，情報取得手続の実効性についても課題がある。

　すなわち，執行裁判所が情報取得手続の申立てを認容し，東京法務局に対し情報提供命令を出した場合，債務者に当該情報提供命令正本が送付され（改正民執205条3項），債務者は執行抗告ができる（同条4項）。情報提供命令は，確定するまでは効力が発生しないことから（同条5項），債務者が意図的に財産を移転させたような事案では，十分に機能しない可能性がある。さらに，取得の対象となる情報は，あくまでも情報提供命令が出された時点において債務者が所有する不動産であり，過去の所有権の来歴に関する情報は含まれない。

　以上の諸点に鑑みると，本手続にどこまで実効性があるのかは，今後の実務上の課題であろう。

　東京法務局への情報取得手続の流れは前頁の図のとおりである。

【図】　東京地方裁判所民事第21部「（債務名義に基づく）不動産の情報取得手続の申立てに必要な書類等一覧」[15]

申立ての別	民事執行法197条1項1号に基づく申立ての場合	民事執行法197条1項2号に基づく申立ての場合
申立ての要件	強制執行又は担保権の実行における配当等（※）の手続（本件申立ての日より6か月以上前に終了したものを除く。）において，請求債権の完全な弁済を受けることができなかったこと。 ※　「配当等」とは配当及び弁済金交付の手続を指します。したがって，執行手続が配当や弁済金交付の手続に至らずに終了した場合には，民執法197条1項1号に基づく申立てはできません。この場合は民執	知れている財産に対する強制執行を実施しても，請求債権の完全な弁済を得られないことの疎明があった場合で，左記の民執法197条1項1号の要件以外の場合。

15) https://www.courts.go.jp/tokyo/vc-files/tokyo/file/20210501_js-29_fudosan-jyoho-shutoku-shorui-itiran_87.pdf

		法197条1項2号に基づく申立てとなります。	
		民事執行法205条2項 　申立ての日前3年内に財産開示期日が実施されたこと（財産開示期日において開示義務者が不出頭の場合や，陳述をしなかった場合も含みます。）。	
申立て に必要 な書類 ＊これらはい ずれも最低限 必要な書類で， 事案によって は，さらに追 加の書面が必 要な場合があ ります。	申立て別	・配当表写し　又は　弁済金交付 　計算書写し ・不動産競売開始決定写し ・債権差押命令写し ・配当期日呼出状写し ※　配当等の状況によって提出書類 　が異なりますので，窓口にお問い 　合わせください。	・財産調査結果報告書及び疎明資 　料
	共通 のもの	・財産開示実施証明書　又は　財産開示期日調書（写し）及び財産開示の実施決定正本（写し）		
		・申立手数料（収入印紙）　　　　　1,000円 ・民事執行予納金　　　　　　　　　6,000円 ・（郵送で申し立てる場合）切手　94円分（84円＋10円など） ※　民事執行予納金の電子納付利用の登録がある方は，申立書提出時に登録 　コードをお知らせください。この場合は94円分の切手は不用です。		
		・情報取得手続申立書（表書き＋当事者目録＋請求債権目録＋所在地 　目録） ※　情報取得手続の申立ては，債務者ごと・取得しようとする情報の種類ご 　とに申立書を作成していただくようお願いします。		
		・執行力のある債務名義の正本及び写し1部 ・送達証明書（必要な場合は，確定証明書）及び写し1部 　債務名義に更正決定等がある場合には，更正決定正本及び同決定書 　の送達証明書等も必要になります。また，債務名義正本に承継執行文 　が付されているような場合には，債務名義正本の送達証明書に加え承 　継を証する書面の謄本及び承継執行文謄本の送達証明書も必要となり 　ます。		
		・資格証明書等 　債務者が法人の場合：申立ての日前1か月以内に取得した全部事項 　証明書（代表者事項証明書可） 　申立人が法人の場合：申立ての日前2か月以内に取得した代表者事 　項証明書 ※　代表者事項証明書の代わりに商業事項証明書を提出しても問題ありませ 　ん。		
		【債務名義の当事者の表示（住所・氏名又は名称）と現在の住所・氏 　名又は名称と異なっているとき】 【債務者の特定に資する事項において，生年月日，旧姓，通称，旧住 　所，旧本店所在地等を記載するとき】 ・個人の場合，住民票，戸籍謄本または戸籍の附票等（申立ての日前 　1か月以内に取得したもの）氏名・住所のつながりや生年月日，旧 　姓，通称，旧住所の証明のために必要です。 ・法人の場合，つながりの記載がある全部事項証明書や閉鎖事項証明 　書等が必要です。		
		・当事者目録，請求債権目録及び所在地目録の写し（各1部ずつ）		
		・債務名義等還付申請書（同受領書）（あらかじめ，申立時に提出し 　てください。情報提供命令が確定した後，返還することができます。 　書式等はホームページに掲載しています。）		

6　不動産記録証明制度の創設と活用による不動産調査の可能性

　不動産記録証明制度とは，特定の者が名義人となっている不動産の一覧（目録）を法務局に証明書として発行してもらうことができる制度であり，令和3年改正不動産登記法119条の2で創設された。[16] これまでの名寄帳は各市区町村が固定資産税を把握するために管理していた名簿であり，市区町村をまたがって全国一括で管理しているものはなかった。

第119条の2　（所有不動産記録証明書の交付等）

1　何人も，登記官に対し，手数料を納付して，自らが所有権の登記名義人（これに準ずる者として法務省令で定めるものを含む。）として記録されている不動産に係る登記記録に記録されている事項のうち法務省令で定めるもの（記録がないときは，その旨）を証明した書面（以下この条において「所有不動産記録証明書」という。）の交付を請求することができる。

2　相続人その他の一般承継人は，登記官に対し，手数料を納付して，被承継人に係る所有不動産記録証明書の交付を請求することができる。

（以下略）

　同制度は，自己の財産と相続人らが被相続人の財産を把握するための制度であるため，プライバシーの観点からも，請求できる者は原則として当事者に限られている。[17]

　条文上の「何人も」請求できるという趣旨は，該当する不動産についての記録がない旨の証明書を交付することが予定されているからである（括弧書きでその旨は明記された。）。

　同制度が施行されると，財産開示制度に基づいて，本人が不動産がないことを開示する際には，不動産記録証明書に「該当なし」と記載されたものを提出する必要が出てくる可能性もあるし，また，裁判所が行う情報取

16）施行日は執筆時現在未定で，令和8年4月までに施行されることになっている。

17）遺言執行者や破産管財人も請求人の範囲に含めることなども考えられているが，債権者代位権の対象とはならないという見解が示されている（日本弁護士連合会　所有者不明土地問題等に関するワーキンググループ『新しい土地所有法制の解説』（有斐閣，2021）378頁）。

得手続においては同証明書を取得することも考えられる。[18]このようなことから，不動産記録証明制度が施行されると，財産開示制度や情報取得手続が充実することが予想される。

第3　設問に対する回答

　Yが所有する不動産を調査する確実な方法はない。

　しかし，登記簿図書館などの名寄せで発見できる可能性もあるし，不動産を所有しているという情報の信憑性いかんによっては，情報取得手続（民執205条）による不動産調査によって不動産を発見することもあり得る。かつてYが会社を経営していたなどの事情からは，当該会社で所有していることも考えられる。当該会社が所有者である場合，会社に対する債務名義がなければ強制執行はできないため，会社所有の不動産に対する強制執行は断念するという選択肢もあるかもしれない。債権者代理人としてはこれらについて調査すべきであろう。

事例2　不動産価格の調査，被担保債権の残債務調査

　事例1の事案において，Xは，Yが土地と木造の建物を所有していることを発見した。ところが，当該不動産には，約25年前に債務者をYとする金融機関Zの5000万円の抵当権が設定されていた。土地だけであれば現在価値は概ね4000万円程度であるが，建物は老朽化していると思われるような場合，強制執行の引当財産となると判断してもよいのか。その見極め方はどうすればよいか。

第1　強制執行手続の対象となる不動産

不動産であればどのようなものであっても強制執行の対象となるものでは

18）山野目章夫『土地法制の改革』（有斐閣，2022）253頁は，「裁判所に申立てをして裁判所のコントロールのもと，不動産の情報を取得するべきである」とする。

ない。強制執行の対象としての「不動産」には，民法上の不動産（民86条 1
項）から登記することのできない土地の定着物を除いたもの（民執43条 1 項）
のほか，不動産の共有持分や登記された地上権等（民執43条 2 項）などが含ま
れる。

　不動産が民事執行法上の対象となったとしても，換価価値が低すぎる場合
には，強制執行によって最終的には換価されない。すなわち，当該不動産の
価格が安すぎて抵当権の被担保債務の弁済ができない場合（無剰余）や，入
札者がおらず売却できないのであれば，強制執行が開始されたとしても最終
的には強制執行手続による換価はできない（無剰余については設問12（157頁）を，
入札者がいなかった場合については設問14（175頁）を参照されたい。）。

　そこで，相手方の支払能力に疑問がある場合には，訴訟提起前や強制執行
開始前の段階で，不動産が売却対象となるのか否か，あるいは無剰余とはな
らないのかについて，事前に検討しておく必要がある。具体的には，不動産
の価格の決まり方，競売不動産の値付けのされ方及び被担保債権額の想定を
しておく必要がある。

第2　剰余価値の有無の見極め方法

1　不動産価格の種類

　不動産価格には，大きく分けて，①実勢価格，②公示価格，③路線価，
④固定資産税評価額等がある。

　まず，①実勢価格とは，時価あるいは取引価格と言われるように，実際
に不動産が市場で取引される際の契約金額のことである。東京都の実勢価
格を知りたい場合には，『東京都実勢地価図』（国際地学協会，年刊）という
書籍が参考になる。また，国土交通省の「土地総合情報システム」におい
て，取引情報を検索することも可能である。さらには，不動産会社に依頼
して，近隣での取引事例を基とした予想価格を出してもらうこともあり得
る。

　次に，②公示価格は，国土交通省の土地鑑定委員会が地域の標準的な地
点を選定し，毎年 1 月 1 日時点の 1 平方メートル当たりの正常な価格とし

て公表される価格である。不動産競売の鑑定書でも必ず参照される価格である。それゆえ，堅い数字という意味では公示価格を基準として検討することは一つの方法である。

そして，③路線価は，国税庁が定める相続税や贈与税の算定基準に利用される価格で，市街地において主要道路に面した1平方メートル当たりの土地の評価額を示したものである。国税庁のホームページにおいて検索が可能である。また，借地権割合についても記載があるため，当該地域の借地権割合を調査する際にも用いられることがある。なお，路線価がない地域においては，当該土地の固定資産税評価額に一定の割合を乗じて評価する倍率方式で行う場合があり，国税庁のホームページにも記載がある。

最後に，④固定資産税評価額は，市区町村が固定資産税を課税するために算定するもので，原則として3年に1回評価替えが行われる。一般的に公示価格の7割程度であるとされることが多いため，これらから概算値を逆算することが可能となる。

なお，未登記建物の場合であっても，市区町村は固定資産税評価額を算出しているため，強制執行において未登記建物を差し押さえる場合等には固定資産評価証明書を証拠として用いることがある。

2　民事執行法に基づく不動産評価

民事執行法は，不動産の強制競売の手続において，評価人を選任し，不動産の評価を命じ（民執58条1項），評価人は，近傍同種の不動産の取引価格，不動産から生ずべき収益，不動産の原価その他の不動産の価格形成上の事情を適切に勘案して，遅滞なく，評価をしなければならない（同条2項）と定めている。

評価人が行う評価について，民事執行法は，「強制競売の手続において不動産の売却を実施するための評価であることを考慮しなければならない」（民執58条2項）と定めていることから，強制競売においては，通常の不動産鑑定評価とは異なった「競売に必要な価格」が予定されている。

正確には不動産鑑定を経た価格が出されるが，競売不動産の価格の概算を計算する場合，競売市場修正として0.7を掛けていることが多いことに

着目し，売却基準価額は一般の取引市場における時価の7割程度と計算しておくとよい。

　具体的な価格については，設問4（57頁）に記載された評価書の見方を参照いただきたいが，競売対象となるような不動産は往々にして占有関係や借地関係など問題がある不動産があることが多く，そのような不動産の価格については堅く見積もる必要がある。

３　抵当権等の被担保債権の調査

　仮に不動産価格の概算がわかったとしても，優先弁済権のある被担保債権の金額が多い場合には，無剰余とされることがある。

　不動産登記簿において，抵当権は過去のある時点の被担保債権の金額しか公示されていないため，現時点の残債務がどの程度あるのかを予想する必要がある。

　この点，住宅ローンであれば，住宅ローンシミュレーションサイトなどで残債務を想定することが可能である。住宅ローンは，債務者の年齢にもよるが，一般的には抵当権設定時に35年ローンなどを組んでいることが多いと思われる。また，ローンといっても，頭金を入れている場合にはその分だけ余剰があるので，抵当権設定当時の状況からフルローンだったのか否かの想定も必要となる。公示されている被担保債権額が，当該不動産の分譲価格や相場価格よりも1000万円以上安ければ，購入時にまとまった金額の頭金を入れている可能性が考えられるし，当時の債務者の信用状況などから検討せざるを得ない。

　また，事業用融資であれば，5年や10年程度が融資期間であることが多いため，これを前提として計算することもできる。根抵当権設定の場合には計算は困難であるが，主債務者である事業者の経営状況等から想定せざるを得ない。

４　その他の調査

　マンションなど区分所有の場合には，修繕積立金や管理費を滞納しているケースも考えられる。これらは区分所有法上の先取特権として一般債権

よりも優先的に弁済されるため（区分所有7条参照），剰余価値の見極めの際にはこれらも考慮する必要がある。[19]　さらに，債務者に未払の公租公課がある場合にはこの点も考慮を要するが，[20]税金を多額に滞納している状態では一般的には剰余価値を望めないことが多いであろう（区分所有建物に対する強制執行は設問9（117頁）参照）。

　さらに，当該不動産を誰が占有しているのか否かという点も，不動産価格に影響を及ぼす。仮に賃貸借契約があるような場合には，利回り計算で鑑定価格に大きな影響を与える。それゆえ，これらについても可能であれば調査対象となるであろう。ただし，賃貸借契約よりも前に抵当権が設定されている場合，賃借人は抵当権者に対して賃借権を対抗できないため，買受人の意向次第では利回り計算が大きく変わる可能性も視野に入れておくべきである。

5　剰余価値の判断方法

　上記のような事情を踏まえて，総合的に当該不動産の剰余価値の判断を行う必要がある。正確な価格は明確にはわからない以上，概算で行わざるを得ないであろう。

　仮に剰余価値の判断に迷う場合であっても必ずしも諦める必要はなく，無剰余と判断された場合に備える対応方法（設問12（157頁））も事前に検討し，リスクを回避する方法を依頼者と相談し決定すべきであろう。

第3　設問に対する回答

　本件では，Yが土地と建物を所有していることを発見したとのことである。
　しかし，発見された建物は，木造で少なくとも築25年以上は経過しており，築年数からすれば建物についてはほとんど値段が付かないと思われる。それゆえ，堅く見るのであれば土地のみの価格を検討すべきである。老朽化した

---

19) 配当順位と不動産評価について，中村＝劔持（上）167頁以下。
20) 抵当権を設定していても，法定納期限の納付時期後に抵当権が設定されていた場合には，公租公課の方が優先されるので注意が必要である（税徴20条1項4項，地税14条の14第1項4号）。

建物となれば，解体費用を200万円から300万円ほど見込んで，任意売却時の実勢価格としては3700万円以下と考えておくのが無難であろう。

　競売価格となることを考慮すると，更に低く見積もる必要がある。すなわち，競売価格としては，競売市場修正率の0.7（近時は0.8とするものも見受けられる。）を乗じた2600万円程度と見ておくのが無難であろう。

　そして，25年前に債務者が所有していた物件に金融機関が5000万円の貸付けを行っていたことから，抵当権の被担保債権は住宅ローンと思われる（金融機関の属性からも推測できる。）。25年では住宅ローンを完済しているとは思われないが，他方で大きく残っているとも考えにくく，残債務は多く見積もっても2500万円以下と思われる。

　それゆえ，無剰余とはならないことが想定される。

設問 2　任意売却と強制競売

事例 1　任意売却か強制競売かの判断基準

　　Xは，Yに対する債務名義に基づきYの甲不動産を差し押さえた
ところ，差押登記がされてから間もなく，Yから依頼を受けた業者
から「甲不動産を任意に売却するので，差押えを取り下げてもらい
たい」と申入れを受けた。Xが債権をより多く回収するためには，
どのような場合であれば，差押えの取下げ等を検討すべきか。

第 1　債権回収手段としての不動産強制競売の可能性

　不動産に対する強制執行は，債権回収の中で必ずしも効果的な手段とは限
らない[1]。配当されるまで1年近くの時間が掛かることも通常であること，強
制競売手続を開始するためには少なくとも100万円近くの費用が掛かること[2]，
また，落札価格が時価よりも低いために想定していた金額以上の回収ができ
ないこともあるからである。

　もっとも，ひとたび強制執行を行えるとなると，不動産は一般的に価格が
高いことから，大きな金額を回収できる可能性が高い。また，令和元年の民
事執行法の改正により，一定の条件があるものの，財産開示手続や，債務者
名義の不動産に関する情報取得手続が法定され，債権回収を図るためにも不
動産の強制執行を検討すべき場面が増えたといえる（設問1（6頁）参照）。

　また，競売手続における落札額は，一般的には市場価格よりも低くなるが，

---

1) 中西ほか134頁参照。
2) 東京地裁民事第21部では予納金の金額を請求債権額によって区別しているが，令和2年4月1
　日以降，2000万円未満の請求債権の場合であっても，最低予納金は80万円となる（それ以外に，
　差押登記のための印紙代，申立手数料や郵券費用などが掛かる。）。ただし，不動産競売が無事に
　終了して，配当がある場合には，これらの手続費用は優先的に返還される。

リーマンショック後は競売物件数が減少傾向にあり，近年は物件数が限られていることもあって，割安物件は減少し，落札額も上向いているのが実情である。それゆえ，競売手続であっても，想定よりも高く配当をもらえるケースもあり得るであろう。

　しかし，債権回収という観点からは，強制競売を行う際に必ず並行して検討すべきなのが任意売却である。現に金融実務においては，担保権実行の競売申立てに先立って，多くの案件で任意売却を検討しているように，強制競売が行われた場合であっても任意売却の検討は必須であろう。特に形式的競売などの場合には，代理人間で任意売却の協議を行うことを検討した方が，経済合理性からすれば依頼者にとっても望ましいことが多い（形式的競売については設問7（91頁））。

第 **2**　強制競売との比較から見る任意売却

1　任意売却とは

　任意売却の法律上の定めはないが，「任意売却」という用語は，一般的に抵当不動産を任意に売却するという意味で使用されていることが多い[3]。

　任意売却を広く「債権者等の利害関係人全ての同意を得て，不動産を売却すること」と定義した場合には，抵当権は存在しないが強制競売や滞納処分がなされている不動産を処分する場合も，任意売却に該当する。本書では，このような広義の意味で任意売却という用語を用いることにする。

　任意売却の法的性質について言及された論稿は多くは見当たらないが，関係者全員が，対象不動産を売却して売却代金から弁済を受けることを条件として，互譲しつつ合意するという意味で，裁判外の停止条件付和解契約という説明が妥当であろう[4]。

　なお，任意売却の発展版としてリースバックという手法があるが，これ

3）　金融機関によっては，住宅ローンの担保設定時にあらかじめ担保権者が担保提供者から任意売却できる旨の特約を取り付けておき，その特約に基づいて，担保権者が一方的に任意売却を行うことができるようにしている。

4）　上野19頁も同旨。

は売却した不動産の買主との間で売主が賃貸借契約を締結するというもの
である。また，類似の概念として，リバースモーゲージという手法も存在
するが，本書では割愛する。

2　所有者にとっての任意売却のメリット・デメリット

(1)　メリット

　　所有者にとって任意売却の最大のメリットは，所有不動産が競売と比
較して高額で売却される結果，残債務がなくなる，あるいは残債務が少
なくなり，自己破産を免れるという点がある。特に連帯保証人がいるよ
うな場合には，自己破産しても保証債務の履行は免れないので，任意売
却によって保証債務も縮減するという点は大きなメリットである。ただ
し，残債務が免除されないとなると，任意売却のメリットは小さくなっ
てしまう。

　　また，引越し代金相当額として，10万～30万円を手元に残すことが認
められることがあるので[5]，たとえ自宅を失ったとしても生活を立て直し
やすいという点もある。

　　住み慣れた家を親族などに買ってもらうことで，生活を安定させると
いう意味での任意売却もある[6]。また，上記のリースバックも，所有者に
とっては，住み慣れた家を売却するものの，その後も賃貸でその家に住
めるという意味では，生活の安定化に資する。

(2)　デメリット

　　一方で，所有者にとって任意売却のデメリットはあまりないといえる。

　　住宅ローンを3か月以上滞納している時点で，信用情報機関に登録さ
れる可能性があるため，任意売却の時点では既に登録されている可能性

---

5) 住宅金融支援機構が筆頭債権者の場合に，任意売却の代金から控除を認める引越し費用相当額
は30万円以内とされているなど，債権者によって認める金額が異なる。控除額などの詳細につい
ては，黒木正人『担保不動産の任意売却マニュアル（新訂版）』（商事法務，2011）217頁に詳し
い。

6) 親族間売買となる場合，安価で売却することは，破産手続において否認の問題が生じ得るし，
税務上の問題もあるので注意が必要である。また，大手金融機関では，親族間売買の場合には適
正売買なのかが不明という理由で，住宅ローンの審査がほとんど通らないため，資金調達上の問
題もあることを念頭に置いておく必要がある。

が高い。また，結果的に自己破産するようなケースであっても，不動産
があると売却に時間を要することが多く，破産申立前に任意売却してお
くことで自己破産手続が早期に終わることのメリットの方が大きい。

　あえて言えば，それなりに豪華な家に住んでいて，自己破産必至のよ
うな事案では，引越後の家の利便性（通常は高額な賃貸には住めないであろ
う。）と比較すると，競売手続が終了するまでの間，豪華な家に住める
ことの方がメリットとなるため，任意売却を安易に選ぶことはデメリッ
トとなる可能性はある。

３　債権者にとっての任意売却のメリット・デメリット

（1）　メリット

　債権者にとってのメリットは，競売手続による配当よりも債権回収金
額が高くなる点や，予測可能性が高くなる点である。特に２番抵当権者
や３番抵当権者は，競売手続では配当を得られない場面でも，任意売却
であれば配当が回ってくることもあり得るし，少なくともハンコ代相当
額を得られる可能性がある。

　また，優先弁済権がない一般債権者が差押えを行っているような場合
には，他の債権者からの配当要求や参加差押え，滞納処分などが後から
追加される可能性を考えれば，任意売却を検討する方が経済合理性はあ
るであろう。

（2）　デメリット

　債権者にとって，任意売却は，経済的理由だけで見た場合には，デメ
リットは少ない。ただし，債権者が１番抵当権者であって，配当予想価
格からすればほとんど確実に回収できるようなケースでは，早期に任意
売却に応じてしまうと，かえって遅延損害金（多くは14.6％の高額な遅延損
害金が設定されている。）の請求ができなくなるため，早期に任意売却に応
じることはデメリットとなる。

　また，競売手続と比較すると，経済的理由以外の点においてデメリッ

トは存在する[7]。すなわち，任意売却は利害関係人全員の同意を得る必要
があり，売却後の分配においても債権者間の調整に苦労し，任意売却の
実施が困難となる場合がある。また，買受人が債務者の関係者であるよ
うな場合には，手続において不正が行われる可能性もある。さらに，競
売の場合には，当該不動産に不当に安価で居住している賃借人に明渡し
を求めることができるが，任意売却の場合には対抗することができない。

4　購入者にとっての任意売却のメリット・デメリット

(1)　メリット

　　任意売却の購入者は多くが業者であるが，当該不動産の状況を自ら確
認できるという点は大きなメリットである。競売手続においても内覧制
度（民執64条の2）などがあるが，ほとんど使われていないのが実情であ
り[8]，競売手続の場合，現況調査報告書によって判断せざるを得ないとい
うリスクがある。

　　また，任意売却の場合，任意で占有を解いているため，占有確保に対
するリスクが少ない点もメリットである。競売手続の場合，短期賃貸借
制度の撤廃などによって占有リスクは少なくなったものの，所有権を得
ても占有権を確保するまで長時間を要するケースがあるし，残置物処分
にも時間と費用が掛かる点を踏まえると，任意売却において占有者が任
意に物件を明け渡すメリットは大きい。また，占有に問題がないケース
であっても，競売手続では落札から所有権移転を受けて最終的に利用で
きるまで概ね2か月程度の時間を要するのに対し，任意売却では購入後
直ちに利用できるため，リフォーム工事などの予定も立てやすい。

　　さらに，競売手続の場合は現金が手元に多くないと参入が難しいのに
対し（少なくとも売却基準価格の2割は現金で入札段階で納める必要があるため），
任意売却の場合は手持ち資金が多くない業者なども購入手続に参入しや

---

7)　相澤＝塚原（上）44頁以下参照。
8)　「民事執行判例・実務フロンティア2014年版」判タ1398号付録3頁によれば，平成16年から平成
26年までででわずか8件の申立てとされている。

すい。[9]

(2)　デメリット

　　他方で，購入者にとって任意売却の最大のデメリットは，購入価格が競売物件よりも割高になる点である。とはいえ，上記のとおり，近時は，競売物件数が少なくなっていることや，市況から，競売手続であっても高額な金額でないと落札できないことが多くあり，任意売却よりも大幅に安く買える可能性は低くなっているといえる。

　　また，競売手続であれば賃借権を対抗できない賃借人がいるようなケースであったとしても，[10]任意売却では賃貸人たる地位を承継するため，購入者にとってデメリットとなる場合がある。

　　なお，競売手続の場合，契約不適合責任は追及できないが（民568条参照），任意売却の場合も，多くのケースで契約不適合責任を免責としているはずであり（仮に，免責としていなくても売主である債務者は債務超過であることが多いため，責任追及することが事実上難しい。），この点においてあまり差はないといえる。

5　その他の利害関係人にとっての任意売却

(1)　被担保債権の保証人

　　被担保債権の保証人からすれば，任意売却の方が主債務は縮減するため，利益が大きいことがほとんどである。任意売却の業者へ安く処分してしまったような場合には，保証人は，主債務者に対し，担保保存義務違反を請求することも考えられる。不動産の価格が安いか否かの判断は容易ではないため，実務的には保証人から念のため承諾書をもらっておくべきであろう。[11]

(2)　租税公課との関係

　　国又は地方公共団体から見れば，租税公課を回収するため，滞納処分

---

9) 競売物件であっても住宅ローンなどを利用することもできる。具体的な手続の詳細は，中村＝剱持(下)146頁（Q97）参照。
10) 多くの場合，1番抵当権の設定時よりも賃貸借契約の方が後であるから，賃貸借契約を対抗できないことが多い。
11) 増本善丈ほか『新債権法下の債権管理回収実務Q&A』（きんざい，2017）210頁以下。

による差押登記を入れることで，任意売却の際に租税公課を回収できるというメリットがある。もっとも，この滞納処分は，無益な差押えとなっているケースが多々見受けられる。

　国税徴収法48条2項（固定資産税に関する地方税法373条7項，市町村民税に関する地方税法331条6項でも準用している。）は，無益な差押えを禁じているが，実務上は，無益か否かは一見して不明確である以上，行政機関はとりあえず差押えを行う傾向にある。

　利害関係人からすれば，無益な差押えであるという理由で解除交渉を行うことも検討すべきであろう。[12]

第3　任意売却を行うに際しての検討事項

1　任意売却の要件と主催者

(1)　任意売却の要件

　任意売却は法定された制度ではないため，その正確な要件を定義するのは難しいが，あえて要件として書き出すのであれば，①所有者の協力，②抵当権者等の利害関係人の協力と同意，③買受人の存在，となろう。強制競売の際の任意売却においては，上記②の抵当権者「等」の利害関係人に差押債権者が含まれることになる。

　実務的には，所有者が翻意する場面も多くあることから，任意売却に進む場合は，所有者の意思確認をしっかりと書面で行っておくべきである。

(2)　任意売却の主催者

　任意売却が利害関係人全員の合意であるとすると，関係者の誰でも主催できる立場にあることになるが，要件①にあるとおり，所有者の協力は必須であり，一般的には，所有者が中心になって任意売却が行われることが多い。ほとんどのケースでは，所有者は債務者であり，かつ，債務超過に陥っているため，債務整理の依頼を受けた専門家（弁護士）な

---

12) 上野62頁以下。

どが主催することもある。[13] 破産手続中であれば，破産管財人が手続の主催者となる。

2 任意売却の実施時期

(1) 任意売却の始期

任意売却は，所有者の判断でいつでも開始できる。

もっとも，実務的には，任意売却業者（不動産業者）が所有者にアプローチをかけた時期から任意売却が行われるケースも多い。というのは，配当要求の終期は官報で公告されるところ（民執49条），任意売却業者は官報公告を見て，競売手続が開始された物件であることの情報を得ている（弁護士が破産管財人となった場合に，その旨が官報公告された後に，当該弁護士宛てに買取業者等から宣伝が来るのと同じである。）。官報情報を不動産業者に販売している業者もおり，情報を得た不動産業者が所有者の自宅に多くの宣伝などを入れているのが実情である。

配当要求の終期の公告の本来的な意味は，他の債権者に対する手続保障の意味があるが，実際にはこれを利用しているのは任意売却業者であり，制度そのものが形骸化している。このような現状を踏まえて，東京地裁では公告時期を遅らせる対応をしているようである。[14]

(2) 任意売却の終期

競売申立ての取下げは，期間入札の場合，開札期日前までは同意なく認められるが，開札後に最高価買受申出人や次順位買受申出人が決まった場合には，これらの者の同意を得なければできなくなる（民執76条1項）。

それゆえ，任意売却の終期は，理論的には競売が取下可能な時期までとなるが，実際には，それ以前に途中で二重開始決定や滞納処分があった段階で，利害関係人が増加し，合意形成が困難になる場合がある。

住宅ローンなどの抵当権が設定されている場合，対象不動産の市場性

---

13) 自己破産の申立代理人となっている事案では，原則として破産管財人に当該不動産の処分を委ねるべきである。任意売却の金額にもよるが，事後的に破産管財人から否認される可能性があるためである。任意売却に合理性がある場合に限り，例外的に関与するにとどめておくべきであろう。

14) 配当要求終期の公告が本来の役割を失っていることについて，平野139頁コラム参照。

等を勘案の上，利害関係人間で調整し，3か月や6か月と期限を区切る
ことが一般的であり，それが実質的な終期とされていることが多い[15]。

　なお，債務者が破産申立を行った場合には，競売手続が中止されるこ
とがあるが（破産24条1項1号）[16]，所有者を主催者とする任意売却の場合は，
破産管財人が任意売却中の不動産の管理処分権を有し（破産78条1項参照），
当該任意売却手続のその後の主催者となるため，必ずしも任意売却の終
了を意味しない。

3　処分禁止効との関係

　強制競売手続中の不動産は，差押えにより処分禁止命令が出されている。
このような処分禁止命令に違反して任意売却をしてもよいのか，登記は可
能なのかという問題が生じる。

　この点，民事執行法は，「手続相対効説と個別相対効説をめぐる錯雑し
た論議と実践の経過を経て，基本的に手続相対効説を採り，不動産執行で
は手続相対効説を明文で規定した」と説明されているように[17]，処分禁止効
に違反した処分は，差押債権者には対抗できないが，処分当事者間では有
効であるという手続相対効説が通説的見解である。

　そして，登記実務も手続相対効説に基づいて運用されており，差押え後
になされた不動産の処分に関する登記であっても受理されている。

　任意売却を行ったとしても差押登記が抹消されていないようなケースや，
競売手続が進行しているケースで不動産が売却された場合には，差押え後
の処分による権利の取得や変動は買受人に対抗できない。買受人は引渡命
令によって占有を取得でき，差押え後になされた登記は抹消される（民執
82条1項）。他方で，強制競売手続が取り消されたり，取り下げられたりす
ると，差押え後の処分は有効となる[18]。

　以上から，任意売却を行い，差押登記や抵当権登記を抹消できれば，完

15）上野46頁。
16）詳細な手続は，中村＝劔持（上）289頁以下（Q39）参照。
17）中野＝下村33頁以下。
18）平野139頁。

全に有効な所有権を得ることになる。

4　任意売却遂行中の注意点

　任意売却中，住宅ローンの支払を継続して行うことを要する場合がある。すなわち，金融機関によっては，住宅ローンを支払うことを任意売却の要件としていることがあり，どの立場であっても代理人弁護士等としては，住宅ローンの支払を検討する必要がある。

　強制競売手続において，所有者は対象不動産の処分を禁止されているが，使用収益まで禁止されているわけではない（民執46条２項）。処分禁止の範囲について，判例は，差押え後に債務者である賃貸人が賃借人の譲渡を承諾することも，特段の事情のない限り差押えの効力によって禁止される処分行為には当たらないとされている（最判昭53・６・29民集32巻４号762頁）。

　一般的には，差押え後に当該物件を賃貸することなどが考えられるが，賃貸借契約そのものは相対的に有効である。これらの賃料は，物上代位の対象となるため，任意売却を行う際には賃料の取扱いをどうするのか，関係者間で協議する必要が生じる。

第4　設問に対する回答

　一般的に，任意売却による回収金額の方が競売で回収できる金額よりも有利なことが多いはずであるから，差押債権者の立場であってもまずは任意売却を検討すべきである。ただし，任意売却は想定外の事態で進まない可能性もあり，利害関係人が多い場合，それなりの時間と労力を要する可能性が高い。他方，債務者の立場からすれば，任意売却の際に清算条項を希望することが多い。また，差押え等に要した費用は，競売手続であれば優先弁済されるが，任意売却の場合には，合意がない限り返済されないため，この点も考慮要素に入れるべきである。

　差押債権者としては，当該不動産の任意売却がスムーズにいくのか否か，債務者の他の引当財産があるか否かなどを総合的に考慮して，回収金額の最大化を図るべきであろう。

事例 2　強制競売の取下げ

　　事例１において，ＸとＹとの間で任意売却を行うことでは一致したが，どのような点に注意し，どのような形で強制執行手続を終結すべきか。

第 1　強制競売の取下げの効果

1　強制競売の取下げ理由

　強制競売では取下げや取消しで終わる事件が全体の７〜８割を占め（取下げが５割ほど），配当がなされる事件はわずか２〜３割程度である。取下げや取消しが７〜８割という数字は，担保権実行としての競売と比較すると件数は多い。担保権実行と異なり，いわゆるオーバーローンであることが差押え後に判明し無剰余取消となるようなケースが考えられるからである（無剰余取消については設問12（157頁）参照）。

　しかし，当初から，取下げを想定したと思われるような申立てが多いことも事実である。例えば，クレジット会社や消費者金融会社（あるいはこれらから債権を譲り受けたサービサー）など担保権を有していない一般債権者が，配当手続まではいかないだろうということは十分に理解した上で，債務者に履行を促す心理的強制を加えるために，あえて強制競売を申し立てているような事案である。[19] このような事案では，競売が進むと無剰余取消となるが，無剰余取消についてあまり詳しくない債務者は任意に弁済するケースもある。

　以上のように，取下げには様々な理由があり，実質的な理由によって，各当事者がとるべき方法も変わり得る。

2　強制競売取下げの効果

　取下げを行う前提として，強制執行の取下げの効果を把握しておく必要

19）平野120頁。

がある。

　強制執行の取下げがなされると，直ちに競売手続は終了する。そして，差押えの効力は遡って消滅するため，債務者が差押え後に行った処分行為があった場合には当該処分行為は有効になる。それゆえ，債権者としては，取下げ前に改めて強制執行登記の後の行為がないか確認すべきである。

　債務名義の時効が近い場合，強制執行の取下げによって時効となってしまうリスクがあったが，改正民法148条1項は，「その事由が終了する（申立ての取下げ……にあっては，その終了の時から6か月を経過する）までの間は，時効は，完成しない。」と定め，取下げから6か月の間は時効の完成猶予がなされることが明確化された。

3　強制競売を取り下げた場合の手続費用の負担者

　強制執行を取下げした場合，取り下げた時点における手続の進捗状況によって各手続に要する手数料が決まるが，予納金から手数料を控除した残額があれば，申立人の手元に戻る。

　しかし，強制執行に要した費用を申立人は債務者に請求できるのか。民事執行法42条1項は，強制執行の費用で必要なものを執行費用として債務者の負担とすると定めているが強制執行が途中で終了した場合の執行費用についての定めがないため問題となる。

　実務上は申立人が負担することを前提とした合意が多いように思われるが，申立人が債務者に対して競売に要した費用を請求することは少なく，裁判例も少なかったが，判例（最判平29・7・20民集71巻6号952頁）は，「既にした執行処分の取消し等により強制執行が目的を達せずに終了した場合における執行費用の負担は，執行裁判所が，民事執行法20条において準用する民訴法73条の規定に基づいて定めるべきものと解するのが相当である。」として，費用負担を裁判所書記官が定めるものとした。判例の事案は，強制競売開始決定後に債務者が弁済供託したことで請求異議が認められて競売手続が終了した事案であり，取下げの場面ではない。しかし，民事訴訟法73条1項は取下げの場合も含まれるため，取下げであっても執行

費用の請求を行うことが可能であると考えられる[20]。ただし，任意売却において申立人と債務者との間で合意がある場合にはそれに従うことになると思われる。任意売却をする際に，債務者代理人としては，後に執行費用が請求されないような条項を検討すべきであろう。

第2 設問に対する回答

1 債権者側の留意点

　債権者は，強制執行手続を取り下げると法的な回収手段がなくなるため，現金の授受と同時に取り下げるのが理想である。しかし，不動産の強制競売では債務の総額が多額であることが多く，債務者が多額の現金を持っているケースはあまり考えられない。

　そこで，取下げと同時に抵当権設定登記など何らかの保全措置をとることを検討することになる。なお，不動産競売の買受けの申出後の取下げには，最高価格買受申出人等の同意が必要となる（民執76条1項）。

　対象不動産の購入者が決まっているような場合であっても，一般的な不動産売買のような流れでは行えないことが多い。

　すなわち，一般的な不動産売買の場合，売買契約と同時に手付けなどが交付され，買主が金融するため決済日を1～2か月後と定めるが，金融する間に他の差押えなどが入る可能性がある。差押えが入ると差押権者との間で更なる弁済合意などを行う必要があるため，買主に現金を用意してもらうという解決策が必要になる。そうすると，結局，多額の現金を用意できる業者に売却せざるを得ず，高く売却できないこともある。

　また，債務者の親族が対象不動産を購入するなどといった場合，上述したとおり，親族間売買にはローンが付かないことが多いため[21]注意が必要である。

　債務者としては不動産をできる限り売りたくないと考えているケースも多く，対象不動産に剰余がある場合には，債務者に当該不動産を担保に供

20）中村＝剱持（下）394頁。
21）前掲注6）と同旨。

してもらい金融する方法もあり得る。このような場合，不動産担保ローンの会社が不動産に抵当権を設定して，貸付けを行うことが検討される。

　しかし，不動産担保ローンは，評価額の60〜80％程度しか貸付けを受けられないことが多く，債権者の満足いく金額まで貸付けを受けられることは多くない。

　そこで，債務者に不動産を残すことを前提とするとしても，債務者自身に合理的な弁済計画がある場合には，強制競売の取下げと同時に当該不動産に抵当権を設定し，弁済計画が不履行になった場合に抵当権を実行することで債権回収を図るという方法が効果的である。なお，譲渡担保として対象不動産の所有権を移転するという方法もあり得るが，これには応じない債務者が多いと思われる。抵当権設定や譲渡担保による保全は，その後の事情によって債務者が破産した場合のリスクを低減できるため（破産との関係は設問8（103頁）参照），債権者にとっては，費用は掛かるが合理的な方法であろう。

　対象不動産を売却する場合でも，時間を掛けてエンドユーザーに高く売るのであれば，取下げと同時に抵当権設定を行い，期限を定めて任意の売却を行うことは合理的な方法である。

　その際の合意では，双方で対象不動産の売却目標金額を設定しておくことも一つの方法である。このことは，共有物を共同売却する場合や，借地権と借地権負担付の土地を共同売却する場合においても同様である。不動産の価格が明確に定まっていない以上，事前にいくらであれば即決して売却してよいのかという合意形成をしておくべきであろう。たとえば，期限を3か月・目標金額を5000万円などと合意するのであれば，5000万円の買付けが入れば3か月の期限満了を待たずして終了し即決取引するが，目標金額に達しない場合には期限終了時に最も高い買付けを入れた人に売るという方法についても合意しておくことが重要である。

　売却後の明渡しをどのように保全するのかという点も検討する必要がある。しかし，この点は主として買主が考慮すべきであり，何らかの定めを置くとしても，その他の債務不履行と合わせて高額な違約金や遅延損害金の設定を行うことで担保できると思われる。

　売却できた場合の取り分をどうするのかという点も事前に決めておくことが望ましい。取決めにあたっては，概ね以下の項目の費用を考慮する必要がある。

① 　不動産取引に係る仲介手数料

② 　抵当権抹消等のための登録免許税及び司法書士手数料

③ 　境界確定，測量及び分合筆のための費用

④ 　固定資産税及び都市計画税

⑤ 　建物及び動産の撤去費用

⑥ 　処分物件に係る競売で費消した費用（予納金と還付金の差額）

⑦ 　後順位抵当権者等（国税滞納処分による差押え等を含む。）の解除料

2 　債務者側の留意点

　対象不動産が競売手続で無剰余取消となることが予想されるような場合（民執63条），当該強制競売によって金銭の回収を図ることができなくなることが明らかとなるため，債権者側の合意条件は低くなるのが一般的である。

　それゆえ，無剰余取消が予想される場合，債務者の立場からは，強制執行が開始されたからといって直ちに和解を行う必要性はない。

　また，無剰余となるか否か不明な場合には，評価書（不動産鑑定士が作成した鑑定書）が出された段階で，記録を閲覧謄写して協議を行うという方法もあろう（記録の閲覧謄写・評価書については設問4参照）。ただし，先順位抵当権者の同意がある場合など，無剰余取消とならず競売が進むこともあるため，注意が必要である。

　他方で，任意売却に時間を要すると想定していなかったことが多く発生するので，早期解決を検討することも重要である。[22]

　すなわち，ひとたび強制競売が始まると，配当終期という形で公告されることから，他の債権者が差押えをして二重開始決定が出される場合や，滞納処分による差押えがなされるなどの事態も発生し得る。また，差押えは多くの契約で契約解除事由となっていることから，抵当権者が期限の利

---

22) 高額で売却し不動産売却益が出た場合には税務上のリスクが出るが，競売などの強制換価と類似するものとして非課税とされ得る（所得税9条1項10号）。

益を喪失させて高額な遅延損害金が発生する可能性もある。そのような
ケースでは，早期に売却を試みたり，債権者と交渉することが望ましい。

公売は狙い目？

　本書には「公売」という言葉はほぼ出てこない。民事執行法の一般的な書
籍にもほとんど公売という言葉は出てこない。

　公売は，国税等の税金の滞納により国税局や税務署によって差し押さえら
れた不動産などを，入札方式等で売却する制度で，国税徴収法94条以下に
規定されている。国または地方公共団体の徴収する側の専門分野である。

　不動産に関する公売と競売で大きく異なる点は，3点セット（設問4参照）
の有無と引渡命令制度（設問16参照）の有無である。つまり，公売の場合，現況
調査がほぼなされていないため，物件明細書がなく，入札者にとってはどのよ
うな法的負担があるのか正確なことがわからずリスクが大きい。競売の場合
も現況調査報告書の記載内容が必ずしも正しいとは言い切れないのであるが，
関係者の陳述も含めてリスク把握には十分な資料といえる。公売について正
確な統計は見当たらなかったが，各地方自治体などの入札結果を見る限り，
競売と比較すると入札者数が少ない。これは，競売のBIT（不動産競売物件情
報サイト）のように一元的に管理するシステムがなく，税務署や都税事務
所・地方公共団体など主催者によって利用しているシステムが異なることも
要因であろうが，やはり制度上のリスクの大きさが原因であろうと思われる。

　しかし，逆に言えば公売は狙い目だともいえる。評価書がなくても概算で
計算は可能であるし，現況調査をする能力があり，かつ法律判断をする能力
があれば，3点セットは必ずしもいらなくなる可能性がある。システムの問
題もあり，統計上，競争相手が少ない入札であるから，落札できる可能性が
高いともいえる。さらに，競売の買受申出保証金は，概ね売却基準価格の2
割とされるが，公売保証金は見積価格の10％以上となっており（税徴100条
1項），入札のハードルは低いともいえる。

　近年の競売は高額な値段でなければ落札すら難しいことが多く，安く買う
ことは相当難しくなっている。今後は相続税を支払えずに相続税の滞納処分
などによって公売になるというケースが増えると思われるが，リスクが高い
ということは値段が安いということなので，リスクを把握できれば安く買え
るチャンスがあるということではないだろうか。

設問3　担保権実行としての競売申立てと強制執行としての競売申立て

事例1　担保権実行と強制執行の比較

　A銀行とBは，Cに対して各々別の債権を有しており，Cは甲不動産を所有しているところ，甲不動産には，A銀行を抵当権者とする抵当権が設定されている。

　A銀行とBが甲不動産について，不動産競売の手続をとる場合，それぞれどのような手続となるか。

第1　担保権の実行手続と強制執行手続

1　担保権の実行手続とは

　担保権の実行手続とは，債権者が債務者の財産について，先取特権，質権，抵当権等の担保権を有しているときに，これを実行して当該財産から満足を得る手続である。不動産に関しては抵当権の実行手続によることが大多数を占めるため，以下では，抵当権を前提として解説する。

　本事例では，A銀行は，Cに対する抵当権を有しているため，A銀行は，甲不動産について，後述する添付書類等を付して，担保不動産競売の申立てをすることができる。

2　強制執行手続とは

　強制執行手続とは，債権者が判決等の債務名義を得たにもかかわらず，相手方が債務を履行しない場合に，当該債権者の申立てに基づいて，債務者に対する請求権を強制的に実現する手続である。不動産に関しては不動産の競売申立手続が通常となるため，以下，不動産の競売手続を前提として解説する（なお，実務上の取扱いが少ない強制管理は本書では割愛する。）。

　本事例では，Bは，Cに対して債権を有しているため，勝訴判決等の債務名義を取得の上，後述する添付書類等を付して，甲不動産について，不動産強制競売申立てをすることができる。

　なお，仮に，Cが甲不動産以外に財産を有していた場合，A銀行とBのいずれも債務名義を取得の上，不動産競売のための実行手続をとることができるが，A銀行は，原則として，抵当不動産の代価から弁済を受けない債権の部分についてのみ弁済を受けることができる（民394条1項）。

第2　抵当権実行としての競売手続と強制競売手続の性質上の違い

1　性質上の違いについて

　抵当権実行としての競売手続と強制競売手続の性質上の違いは以下のとおりである。

	抵当権実行手続	強制競売手続
債務名義の要否	不　要	必　要
対象となる財産	抵当不動産のみ	一般財産 （抵当不動産を含む）
対抗要件を具備する時点	抵当権設定登記時[1]	差押登記時
競売による分配	対抗力が及ぶ他の債権者に優先できる	債権額按分
不動産収益による分配	同上 （担保不動産収益執行）	同上 （強制管理）
売却のための保全処分	競売開始決定前も可能 （民執187条・55条）	競売開始決定後 （民執55条）
申立費用	抵当権1個毎4000円	債務名義1個毎4000円

　また，上記以外にも，抵当権については，物上代位権や建物明渡猶予制度，妨害排除請求権等が行使できる等の違いもある。

1）　一般先取特権の場合，不動産について登記をしなくても，特別担保を有しない債権者に対抗することができる（民336条）。

2　実行に要する費用

東京地裁での予納金の額は，いずれの手続でも以下のとおりである[2]。

請求債権額2000万円未満………………………80万円（令和2年4月1日以降）

請求債権額2000万円以上5000万円未満……100万円

請求債権額5000万円以上1億円未満…………150万円

請求債権額1億円以上…………………………………200万円

二重開始事件の場合（先行して申立てがある場合），東京地裁では原則として30万円の予納金とされている。なお，配当要求と二重開始決定との違いや債権者としてどのような行動をとるべきかについては，設問11（148頁）を参照されたい。

さらに，対象不動産に差押えがなされると，差押登記がなされることになる。そのための登録免許税として，請求債権額の1000分の4に相当する金額が必要となる。なお，執行費用（民執42条1項）のうち，共益費用（民執63条1項）となるものは，売却代金から最優先で償還される[3]。

3　債権者から見た場合の抵当権の実行手続と強制競売手続

上記のように，債権者側から見た強制競売手続のメリットは，一般財産を強制執行の対象とすることができる点のみであるが，そもそも，強制執行の対象となるような債務者が潤沢な一般財産を有していることはあまりない。

したがって，抵当権の実行手続による方が申立債権者にとって有利であることがほとんどである。そのため，債権者としては，高額の取引や裁判上の和解等をする場合には，抵当権を設定しておくことが望ましい（本設問のコラムで記載しているグラフからも明らかなように，不動産執行の申立件数は，担保権の実行による不動産競売の件数が強制競売の件数より圧倒的に多い。）。なお，強制競売手続を取り下げて抵当権を設定する和解を行う場合については，設

2）大阪地裁では90万円，名古屋地裁では1件当たり70万〜80万円とされているなど，各裁判所によって予納金が異なるため，事前に確認が必要である。

3）これらの費用に該当するのか否かは，法律上の定めのある場合を除いて裁判所がケースバイケースで定めるものとしている（中西ほか191頁）。

問2（31頁）を参照されたい。

　また，本事例においては，Bは，A銀行の抵当権に対抗できないため，強制競売に向けて手続を進めるにあたっては，登記簿に載っている借入年月日と利率から残ローン額をいくつかシミュレーションし，不動産を簡易査定して，剰余金が発生しているのか等を検討した上で，甲不動産の価格，Bの被担保債権額の現在価格等を考慮してもなお余剰が生じるか否かを確認する必要がある。確認せずに着手してしまうと費用倒れになってしまう危険がある（剰余財産の見極め方については設問1（14頁）を参照されたい。）。

4　債務者から見た場合の抵当権の実行手続と強制競売手続

　債務者から見た場合，強制競売手続であれば，債務名義によって違いはあるものの，訴訟手続等を経た上で，和解や判決に従わなかった場合に，初めて不動産競売のための実行手続がとられることとなる。そのような段階を踏んで行われる手続であるという点からすると，債務者としては予測可能性が立てやすいという利点はある。

　他方，抵当権の実行手続（執行証書による強制競売手続も同様）の場合，強制競売手続のように段階を経るものではない。そのため，債務者が履行期限を徒過した場合等は，債務者が気付かないうちに抵当権の実行手続がとられてしまう可能性があるという点で，債務者としては不利になる。なお，以前は，抵当権者は，抵当権実行にあたり，第三取得者に対して抵当権実行通知をしなければならないとされていたが，この制度は平成15年法律第134号による民法改正によって廃止されている。

第**3**　抵当権の実行と強制競売手続との手続上の違い

1　総　論

　抵当権の実行と強制競売手続との主な違いは，上記第2にて述べたとおりであり，両者には性質上の違いがある。

　もっとも，申立後の手続はほとんど同じであるため，以下では，主な手続上の相違点を記載する。

2　申立時の手続

(1)　抵当権実行の場合における競売申立て

ア　申立書本文

担保不動産競売申立書の記載内容は，民事執行規則170条に規定されている。具体的には，以下のとおりである。

(ｱ)　債権者，債務者及び担保権の目的である権利の権利者の氏名又は名称及び住所並びに代理人の氏名及び住所

(ｲ)　担保権及び被担保債権の表示

(ｳ)　担保権の実行又は行使に係る財産の表示及び求める担保権の実行の方法

(ｴ)　被担保債権の一部について担保権の実行又は行使をするときは，その旨及びその範囲

(ｵ)　その他記載事項

また，申立人が当該抵当不動産に係る競売開始決定前の保全処分等の申立てをした場合には，当該申立てに係る事件の表示を記載しなければならないとされている（民執規170条2項）。

さらに，民法389条による一括競売の申立てである場合，一括競売の要件を具備している旨の主張及び一括競売を求める旨を記載し，一括競売の要件を証する書面を添付する必要がある。

そして，二重開始である場合には，二重開始である旨を記載することが実務上一般的である。また，事件番号を記載し，二重開始の関係にある不動産を記載することが望ましいとされている[4]。

加えて，競売開始決定前の保全処分等の申立てを行った債権者が申立てを行う場合には，円滑な手続進行等のために，当該保全処分等の事件の表示を行うこととされている[5]。

イ　添付書類

担保不動産競売申立書の添付書類は，民事執行規則173条及び23条に規定されている。具体的には，以下のとおりである。

---

4)　中村＝剱持（上）58頁。
5)　中村＝剱持（上）58頁。

$\quad$㋐　登記がされた不動産については，登記事項証明書及び登記記録の表題部に債務者以外の者が所有者として記録されている場合にあっては，債務者の所有に属することを証する文書

$\quad$㋑　登記がされていない土地又は建物については，担保権設定者の所有に属することを証する文書及び土地所在図等

$\quad$㋒　土地については，その土地に存する建物及び立木に関する法律1条に規定する立木の登記事項証明書

$\quad$㋓　建物又は立木については，その存する土地の登記事項証明書

$\quad$㋔　不動産に対して課される租税その他の公課の額を証する文書

ウ　提出書類

$\quad$また，民事執行規則173条及び23条の2において，以下の書類を提出するものと規定されている。

$\quad$㋐　不動産（不動産が土地である場合にはその上にある建物を，不動産が建物である場合にはその敷地を含む。）に係る不動産登記法14条の地図及び建物所在図の写し（電磁的記録に記録されているときは，当該記録された情報の内容を証明した書面）

$\quad$㋑　債務者の住民票の写しその他その住所を証するに足りる文書

$\quad$㋒　不動産の所在地に至るまでの通常の経路及び方法を記載した図面

$\quad$㋓　申立債権者が，不動産の現況の調査又は評価をした場合において当該調査の結果又は評価を記載した文書を保有するときは，その文書

(2)　強制競売の申立て

ア　申立書本文

$\quad$記載事項は以下のとおりである。強制執行手続における不動産競売であることから，債務名義の表示等を行う必要がある。

$\quad$㋐　債権者及び債務者の氏名又は名称及び住所並びに代理人の氏名及び住所

$\quad$㋑　債務名義の表示

$\quad$㋒　第五号に規定する場合を除き，強制執行の目的とする財産の表示及び求める強制執行の方法

⑴　金銭の支払を命ずる債務名義に係る請求権の一部について強制執行を求めるときは，その旨及びその範囲

イ　添付書類，提出書類

基本的な添付書類，提出書類は，上記(1)イ，ウと同様であるが（民執規23条・23条の２），それらに加えて，執行文の付与された債務名義の正本（民執規21条），送達証明書，目的不動産の登記事項証明書，公課証明書の添付が必要となる。

3　競売開始決定前後において当事者の承継があった場合

⑴　申立債権者の承継

ア　抵当権の実行手続の場合

抵当権の実行手続において当事者の承継があった場合，実務上は，競売開始決定前後を問わず，また，一般承継であると特定承継であるとにかかわらず（民執181条３項前段・後段），抵当権の移転を表示する付記登記を経由した上で，登記事項証明書を提出することで対応されている。[6]

イ　強制競売手続の場合

強制競売手続において当事者の承継があった場合は，競売開始決定前は，特定承継，一般承継を問わず，承継執行文の付与を受けて強制競売を行うこととなる（民執27条２項）。

他方，競売開始決定後に承継が生じた場合は，承継人は，承継上申書及び承継執行文が付与された債務名義の正本を提出することにより，承継手続の続行を求めることができる（民執規22条）。

⑵　債務者の承継

ア　抵当権の実行手続の場合

競売開始決定前に一般承継が生じた場合は，戸籍謄本や商業登記事項証明書等の承継を証する文書を提出することとなる（民執181条３項前段）。

他方，競売開始決定後に一般承継が生じた場合，競売手続はそのまま進行することになるが，実務上，送達・通知のために，速やかに承継を

---

6)　中村＝劔持(上)222頁。

証する文書を提出することが要請されている。

　イ　強制競売手続の場合

　　上記(1)イ同様，競売開始決定前に一般承継が生じた場合は，承継執行文の付与を受ける必要がある。

　　他方，競売開始決定後に一般承継が生じた場合は，そのまま手続を続行することができる（民執41条1項）。同条項は死亡のみを規定しているが，実務上，法人の合併等の一般承継にも準用されている。

(3)　所有者の承継の場合（抵当権の実行手続の場合のみ）

　ア　競売開始決定前

　　抵当権の実行手続において所有者の一般承継が生じた場合は，差押登記は，新たな所有者に所有権移転登記が経由されていることを前提とするから，執行裁判所から競売申立ての受理証明を取得した後，法務局に対し，代位登記の方法により，所有権移転登記手続をする必要があるとされている。

　　他方，特定承継の場合は，所有権移転登記を経由していなければ，旧所有者を所有者として申し立てれば足り，登記を経由している場合には，新所有者を所有者として申し立てることとなる。

　イ　競売開始決定後

　　競売開始決定後に所有者の承継が生じた場合においては，競売手続が開始されている以上，そのまま手続が進行するが，実務上，一般承継の場合には，送達・通知のために，申立債権者は，速やかに承継を証する文書を提出することが要請されている。

4　その他手続上の違いについて

(1)　執行異議，執行抗告

　　強制競売手続の場合，執行抗告，執行異議ができる場合が限定されている（民執10条1項・11条1項）。

　　これに対し，抵当権による競売手続においては，訴訟手続等を経ておらず，実体的な主張を行う機会を経ていないため，担保不動産競売の開始決定に対する執行抗告や執行異議において，抵当権の不存在又は消滅

といった実体上の理由を主張することができる（民執182条）。

(2)　執行停止，取消し

　　強制競売手続と抵当権による競売手続においては，異なる執行の停止事由が定められている（民執39条1項各号・183条）。

　　また，執行の取消しについては，強制競売手続では明文の規定があるものの（民執40条1項），抵当権による競売手続においてはそのような定めがない。そのため，実務上は，執行停止の判断にあたっては，解釈によって具体的な効果を判断する等して補っているようである。

(3)　破産手続等との関係

　　破産開始決定がなされた場合，強制競売手続については，既に開始されていてもその効力を失うが（破産42条2項），抵当権の実行手続の場合は，既に開始されている場合，中断や中止されることなく，そのまま進行するといった違いがある（破産65条1項）。

　　各手続（破産法，民事再生法等）との関係については，設問8（103頁）を参照されたい。

事例2　落札後の担保不動産競売と強制競売手続の違い

　　Dは，甲不動産を競売で落札し，買い受けた。担保不動産競売の場合と強制競売手続の場合とで違いがあるか。

第1　手続的な違いについて

　我が国の民事執行法では，消除主義がとられているため（設問12（163頁）参照），抵当権の実行による不動産競売の場合には，その性質上，抵当権の抹消登記等の手続がとられることとなるが，それ以外には手続上大きく異なる点はない。

　なお，強制競売手続の場合，事件番号(ヌ)となり，担保権の実行による競売の場合は，事件番号が(ケ)となる。

第2　事実上の違い

　あくまで事実上の評価の問題ではあるが，抵当権実行による競売の場合，当該抵当不動産について，金融機関が確認，調査し，その上で，抵当権設定当時，被担保債権額を上回る財産的価値があると判断して抵当権を設定していることが多い。

　一方，強制競売の場合，訴訟手続等の段階を経たにもかかわらず，債務者が任意で履行等をしてこなかったものであり，問題のある債務者が居住している可能性が否定できない。

　そのため，買受人側からすると，事実上，強制競売手続による競売物件に比して，抵当権の実行による競売物件の方が，手を出しやすいといった違いもある。

Column

不動産執行の件数

　本設問事例1の第1で述べたように，抵当権を含む担保権の実行手続の方が，強制競売手続に比して，対抗要件の具備のタイミング等の点で有利である。また，強制競売手続は，通常，任意交渉や訴訟手続等を経たにもかかわらず，なお支払等が行われない場合になされるものであるため，申立てまで至る件数自体が少ない。そのため，下記グラフのとおり，担保権の実行手続と強制競売手続とでは，担保権の実行手続の件数の方が，新受件数が多い傾向にある。

　なお，下記グラフのとおり，両手続ともに新受件数が徐々に減少している傾向にあったが，いわゆる新型コロナウイルスの流行等により，不動産を扱う業界は大きな打撃を受けているため，今後，両手続が増加していくことが予想される。

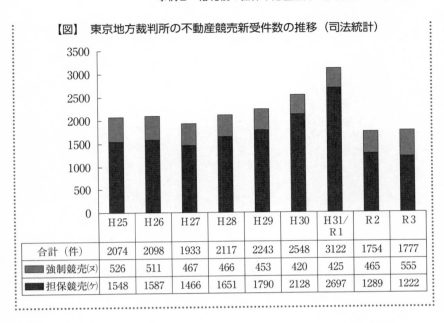

【図】 東京地方裁判所の不動産競売新受件数の推移（司法統計）

	H25	H26	H27	H28	H29	H30	H31/ R1	R2	R3
合計（件）	2074	2098	1933	2117	2243	2548	3122	1754	1777
強制競売(ヌ)	526	511	467	466	453	420	425	465	555
担保競売(ケ)	1548	1587	1466	1651	1790	2128	2697	1289	1222

設問 4　競売物件の調査

事例1　競売物件の調査方法

競売物件を調査する方法にはどのようなものがあるか。利害関係人として競売関係資料や債権届出書を見るにはどうすればよいか。また，過去の競売記録を見るにはどうすればよいか。

第1　競売関係資料と閲覧

1　3点セットとは

競売物件の調査の出発点は，執行裁判所が提供している3点セットを調べることである。3点セットとは，物件明細書，現況調査報告書，評価書のことをいう。

物件明細書は，執行裁判所の書記官が記載する執行裁判所の正式見解であり，3点セットの中では一番重要である。不動産の表示，不動産に係る権利の取得及び仮処分の執行で売却によりその効力を失わないもの及び売却により設定されたとみなされる地上権の概要，また，不動産の買受けに際して注意すべき事実や参考になる事実が記載される。なお，対象不動産の占有に関する裁判所の認定は，物件明細書に記載される。

現況調査報告書は，執行官が，競売不動産の形状，占有関係，その他の現況について調査した報告書である。

評価書は，執行裁判所が任命した評価人（通常は不動産鑑定士）が，競売対象不動産の評価額及び評価の過程を記載した書面である。対象不動産についての都市計画法，建築基準法等の不動産に関する公法上の規制についても記載される。

なお，これらの一般的な説明については，不動産競売物件情報サイト

（BIT）のホームページ上で「競売ファイルをご覧になる方へ」という書面が掲載されているので,[1] 参照されたい。

2　閲覧方法

　執行裁判所には，3点セットのほか，売却手続の公告書の写しが，一般の買受け希望者の閲覧資料に綴られている。この3点セット及び公告書の写しは，裁判所の資料閲覧室で誰でも閲覧することができる。ただし，東京地裁においては，霞が関庁舎での3点セットの閲覧はできない。[2]

　執行裁判所で閲覧可能な日時は，土日祝日及び年末年始を除いた月曜日から金曜日で，朝9時頃から夕方頃までであるが，裁判所によって多少時間は異なっているため，実際に訪問する場合は，事前に確認しておくことが望ましい。

3　インターネットによる閲覧

　平成16年4月1日から，物件明細書の写し等を執行裁判所に備え置く方法に代わるものとして，不特定多数の者が物件明細書等の内容の提供を受けることができるインターネット等で一般に公開する方法が認められている（民執62条2項，民執規31条）。これを受けて，最高裁事務総局が運営している全国の裁判所が管轄している不動産競売物件情報提供サービスがBIT（Broadcast Information of Tri-set system）である。

　会員登録などの手続はなく，利用料等の負担も一切掛からない。

　公告日から入札期日終了日まで売却物件情報の検索ができ，閲覧開始日から入札期間終了日まで3点セットの閲覧やダウンロードが可能である。インターネットで入手する3点セットは，プライバシーに配慮するために自然人の名前などをマスキングしている。マスキングのない書面を入手したい場合には，実際に閲覧するか，後述する一般社団法人不動産競売流通協会（FKR）の提供している981.jp（競売.jp）などからマスキングのない資

---

1) https://www.bit.courts.go.jp/info/info_31311.files/info_31311_02.pdf
2) 東京地裁民事第21部FAQ参照。なお，令和4年4月1日から霞が関庁舎の執行官室は，目黒の民事執行センターに移転した。

【図】　「不動産競売物件情報サイト（BIT）」ウェブページ（不動産競売物件情報
　　　 サイト（BIT）提供）

料を取得することになる。また，登記情報の所有者を確認すればほぼ同様
の情報を取得することができる。

　閲覧が可能となる時期については，裁判所によって取扱いが異なるよう
だが，概ね公告日から約２週間程度で３点セットの閲覧が可能となる[3]。

第2　利害関係人による競売申立資料等の閲覧・謄写

1　利害関係人の範囲

　競売関係資料には３点セット以外にも，申立書，配当（交付）要求書，
債権届出書といった事件関係人の提出書類や，各種決定書，配当表等の裁

3）　３点セットの写しの備置きは，法律上は売却実施の日（入札期間の開始日）の１週間前までに
開始しなければならず（民執62条２項・188条，民執規31条・173条１項），入札期間の終了日ま
で備え置かれることとされている（民執規31条２項・173条１項）。しかし，東京地裁民事執行セ
ンターでは，できるだけ多くの買受希望者を募るという趣旨から，入札開始日の約15日前に備え
置く取扱いがなされている（中村＝剱持（下）74頁以下（Q83））。

判所側が作成する書面が存在する。民事執行法17条は，「利害関係を有する者」は裁判所書記官に対して競売申立資料等の閲覧・謄写等を請求することができる旨を定めている。

「利害関係」とは，法律上の利害関係，すなわちその者の権利関係に法律上影響があることを指し，事実上の利害関係では足りないと解されている。「利害関係を有する者」には，直接的に法律上の影響を受ける当事者（申立債権者，債務者，所有者）が含まれることは当然であるが，間接的に法律上の影響を受ける者も含まれる。

2　**閲覧等に必要な書類**

閲覧等を行う場合には，以下の書面を提出する必要がある。[4]

申出人が自然人の場合，本人であることを証する書面（身分証明書，運転免許証，パスポート，健康保険証など）の提出が必要である。本人に代わり代理人が申請する場合には，本人と代理人との身分関係を証する書面（戸籍謄本，住民票等），代理人が同居の親族である場合にはその事実を明らかにする書面，本人が閲覧等に来庁できない理由を記載した書面，代理人が委任状に表示された代理人本人であることを証する書面が必要となる。

申出人が法人等の場合，資格証明書，代表者本人であることを証する書面の提出が必要である。代理人が従業員の場合，委任状，資格証明書，社員証明書，代理人がその委任状に表示された代理人本人であることを証する書面が必要となる。

また，記録上利害関係を有することが明らかでないときには，利害関係があることを証する書面（執行力のある債務名義の正本など）の提出が必要となる。

3　**閲覧等が可能な範囲**

利害関係人といえども，原則として売却基準価額の決定までは現況調査報告書及び評価書の閲覧謄写申請ができない（東京高決平3・10・11判タ784

---

4) 東京地裁では，原則として閲覧謄写1件について150円の手数料が掛かる（https://www.courts.go.jp/tokyo/vc-files/tokyo/file/301001_etsuranosirase.pdf）。

号261頁も同旨）。ただし，債権届出や強制執行申立書などの記録は閲覧謄写することができるため，閲覧謄写する目的に応じて時期を考慮すべきである。また，債権者が売却のための保全処分を申し立てる必要から現況調査報告書の閲覧謄写を求めるなどの場合には例外的に特に認められる可能性がある。[5]

　なお，裁判所書記官がこれらを計画的に作成していることが多いため，利害関係人は，事前に閲覧謄写できるようになったら連絡をしてもらうようにお願いしておくと滞りなく閲覧謄写することができる。

第3　過去の競売記録に関する調査方法

　不動産競売物件情報サイト（BIT）によって，過去の競売物件に関する情報も調査することができる。

　BITのサイトには，「過去データ検索」のページが設定されており，裁判所名，不動産の種別，対象事件の年度，売却価額などで検索できる。ただし，BITが提供している過去の競売データは，上記のような結論のみであり，また，入札期間が終了して3年が経過した競売物件の結果に関しては，買受人のプライバシー保護の観点から，一般には閲覧できなくなってしまう。

　3年以上前の競売データを検索するためには，民間会社の提供するサービスを利用する必要がある。一般社団法人不動産競売流通協会（FKR）の提供している981.jp（競売.jp）という競売不動産検索サイト（https://981.jp/?locale=ja）では，BITに掲載された競売データを基にデータベースを作成しており，入札期間が終了して3年以上経過した競売データを検索することも可能である。物件の所在地，物件種別，種類（現況），スケジュール，敷地利用権，用途地域，占有者の有無などで検索することができる。また，有料会員であれば，過去の3点セットを購入することも可能である。ただし，必ずしも全ての物件の3点セットがあるわけではないようである。

　また，裁判所は過去5年分までの終了した事件記録を保存しているため

5）前掲東京高決平3・10・11。

（事件記録等保存規程（昭和39年12月12日規程第8号）4条別表第一13号），民事執行事件の利害関係人として閲覧謄写申請することも可能である。

事例 2　3点セットの見方

競売物件の資料はどのように見ればよいか。内容に誤りがある場合にはどうすればよいか。

第 1　物件明細書の見方[6]

1　物件明細書の概要

物件明細書には，現況調査報告書，評価書に基づいて賃借権等の競売対象不動産の負担となる権利，地上権，土地賃借権等の競売対象建物に付随する土地利用権，対象不動産の占有者等に関する執行裁判所の認識が記載されている。

物件明細書に記載される法定の項目は，①不動産の表示，②不動産に係る権利の取得及び仮処分の執行で売却によりその効力を失わないもの，③売却により設定されたものとみなされる地上権の概要である（民執62条1項）。

物件明細書の目的は，買受希望者に対して目的不動産の権利関係に影響を及ぼすような重大な情報を提供することにより，買受人に不測の損害を与えないようにし，不動産売却手続の適正化を図ることにある[7]。したがって，物件明細書は，一般の買受希望者が閲覧できる資料の中で最も重要な資料ということができる。

2　物件明細書の閲覧（民執規31条・173条1項）

物件明細書の写しの備置きは，売却の実施の日の1週間前までにしなければならない。執行裁判所は，一般の閲覧に供するために，現況調査報告

---

6) その他の参考図書として，競売実務研究会『安心できる競売物件の見方・買い方（第6版）』（民事法研究会，2018）。
7) 物件明細書の機能面から整理したものとして，中村＝剱持（下）36頁以下（Q80）。

書及び評価書の写しを物件明細書の写しとともに執行裁判所に備え置かなければならない。

　物件明細書の写し等が備え置かれたときは，裁判所書記官は，その旨及び備え置かれた年月日を記録上明らかにしなければならない。

３　物件明細書の記載事項

　物件明細書の記載事項には，法律上，必ず記載すべき事項（必要的記載事項）と買受希望者に有益な情報として記載すべき事項（任意的記載事項）がある。

(1)　必要的記載事項

ア　不動産の表示

　目的不動産を特定するための表示であるが，通常は，別紙で物件目録が作成される。

イ　不動産に係る権利の取得及び仮処分の執行で売却によりその効力を失わないもの

　物件明細書では「買受人が負担することとなる他人の権利」という表題等で表示される。

　民事執行法上，担保権については，原則として不動産に関する負担は売却により消滅する（消除主義）が，例外として買受人が引き受けることになる場合があると定めている（引受主義，民執59条4項）。

　買受人が引き受ける権利には，次の権利がある。すなわち，最先順位の抵当権に優先する使用及び収益をしない旨の定めのない不動産質権，地役権，地上権，永小作権，賃借権，被担保目的の所有権移転仮登記，仮処分の執行及び抵当権設定後差押え又は留置権である。

　したがって，これらの権利の権利者や権利の内容が，物件明細書に記載されることになる。

ウ　売却により設定されたものとみなされる地上権の概要

　物件明細書では，「売却により成立する法定地上権の概要」という表題等で表示される。一定の法律上の要件を満たした場合に発生する法定地上権があると，土地を買い受けてもその土地を利用することができな

い。そのため，法定地上権は物件明細書に記載されることになる（法定
地上権については設問7（87頁）参照）。

　ここに記載される法定地上権には，次のものがある。すなわち，民法
上の法定地上権（民388条），民事執行法上の法定地上権（民執81条），特別
法上の法定地上権（立木ニ関スル法律5条）である。

(2)　任意的記載事項

ア　占有者及び占有権原に関するもの

　「物件の占有状況等に関する特記事項」という表題等で表示される。

　占有者は誰か，権原があるか否か等，占有状況が記載される。

　特に，権原のない占有者に対しては買受後に引渡命令によって排除す
ることが可能な場合があることから，本項目の記載は，引渡命令の発令
の可能性についての判断資料となる。

イ　その他

　「その他買受けの参考となる事項」という表題等で表示される。

　主なものとして，建物の敷地利用権等に関するものがある。競売物件
が借地上に建っている建物である場合，その借地権の種類，地代の滞納
の有無等は，買受人にとって重大な関心事である。特に，民事執行法に
は，借地権付建物の所有者が地代を支払わない場合に，所有者に代わっ
て差押債権者が地代を払って執行手続内で回収することのできる地代等
代払許可制度があり，その許可がされている場合は，「地代代払の許可
あり」と記載される。また，借地権設定者が借地権の解除を通知してい
る場合には，物件明細書上に「土地所有者から借地権解除の意思表示が
されている」と記載されることがある。

　また，区分所有建物で管理費等に滞納があった場合，区分所有法上，
その管理費等の滞納に関する支払義務は買受人が承継することになって
いることから（区分所有8条），その金額が記載される。

┗　物件明細書の注意事項

　物件明細書は，執行裁判所に提出された現況調査報告書，評価書等に基
づいて作成されるものであり，その記録に表れている事実とそれに基づく

法律判断に関して，裁判所書記官の一応の認識を記載したものである。

　この物件明細書の記載は訴訟等において重要な証拠とはなるが，利害関係人間の権利関係を最終的に確定する効力は有しない。

　そして，買受人が代金を納付して所有権が移転するまでは，競売物件はその所有者のものであるから，自ら使用したり，他の者に貸すなどしたりして通常の用法に従って当該物件を使用又は収益することができる（民執46条2項）。

　したがって，代金納付時までに物件の占有状況等が変化することもあり得ることから，物件の状況は必ず現場で確認したい。

第**2**　現況調査報告書の見方

1　現況調査報告書の概要

　現況調査報告書とは，執行官が，競売不動産の形状，占有関係，その他の現況について調査した報告書（民執57条）である。また，差押えに近接した時点で執行官が売却物件についての現地調査を記載した報告書でもある。

　執行官は，不動産の現況調査をしたときは，所定の事項を記載した現況調査報告書を所定の日までに執行裁判所に提出しなければならない（民執規29条1項）。

　現況調査報告書作成の目的は，物件明細書作成，売却基準価額決定，引渡命令発令，買受希望者に対する各種の有益情報の提供等である。

2　現況調査報告書の記載事項

　現況調査報告書の記載事項は，民事執行規則29条に列挙されている。

(1)　調査の目的物が土地・建物共通の事項

　ア　事件の表示，不動産の表示，調査の日時・場所及び方法

　イ　当該不動産について，債務者の占有を解いて執行官に保管させる仮処分が執行されているときは，その旨及び執行官が保管を開始した年月日

　　ウ　その他執行裁判所が定めた事項

(2)　調査の目的物が土地であるとき

　　ア　土地の形状及び現況地目

　　イ　占有者の表示及び占有の状況

　　ウ　占有者が債務者以外の者であるときは，その者の占有の開始時期，
　　　権原の有無及び権原の内容の細目についての関係人の陳述又は関係人
　　　の提示に係る文書の要旨及び執行官の意見

　　エ　土地に建物が存するときはその建物の種類，構造，床面積の概略及
　　　び所有者の表示

(3)　調査の目的物が建物であるとき

　　ア　建物の種類，構造及び床面積の概略

　　イ　占有者の表示及び占有の状況，占有者が債務者以外の者であるとき
　　　は，その者の占有の開始時期，権原の有無及び権原の内容の細目につ
　　　いての関係人の陳述又は関係人の提示に係る文書の要旨及び執行官の
　　　意見

　　ウ　敷地の所有者の表示

　　エ　敷地の所有者が債務者以外の者であるときは，債務者の敷地に対す
　　　る占有の権原の有無及び権原の内容の細目についての関係人の陳述又
　　　は関係人の提示に係る文書の要旨及び執行官の意見

3　現況調査報告書の注意事項[8]

　　現況調査報告書には，占有権原に関する調査事項が多いが，現況調査報
告書に記載すべきは占有権原の有無及び内容それ自体ではなく，これにつ
いての関係人の陳述及び提示された文書の趣旨並びに執行官の意見である
ことに注意が必要である。

　　すなわち，裁判所書記官が，調査事項について，改めて直接その事実認
定ができるような客観的な資料とそれに基づく執行官の判断の二つの事項
の記載が要求されている。

---

8)　現況調査を行う上での問題点や現況調査報告書を作成する上での留意点については，中村＝劒
　持(上)358頁以下（Q 48・Q 49）に詳しい。

　また，調査過程，判断過程等，不明な事項がある場合には，調査方法等も記載される。

　裁判所書記官の意見に法的な拘束力がない点は重要である。例えば，現況調査報告書における占有状況は，現地調査を行った現実の状況がそのまま記載されるのであり，その状況についての裁判所書記官の認識は，物件明細書に記載されている。しかし，裁判所書記官の占有に対する判断が誤っていることもあり，そのことについては入札者の自己責任で対応する必要がある。したがって，入札をする者は，両者を対照させながら，占有状況及びそれに対する判断を把握するようにすることが重要である。

第3　評価書の見方

1　評価書の概要

　評価書は，執行裁判所が任命した評価人（実務上，不動産鑑定士である）が，競売対象不動産の評価額及び評価の過程を記載した書面（民執58条，民執規30条）のことをいう。

　評価書には，評価人による対象物件の評価額（売却基準価額の根拠となる。），その算出の過程等が記載される。また，その物件の公法上の規制の内容，物件の所在する場所の環境，物件の詳細内容，ライフライン供給処理施設の整備状況などが記載される。

　評価書作成の目的は，執行裁判所が売却基準価額の決定を行う際の基礎とされるほか，裁判所書記官が作成する物件明細書，執行官が作成する現況調査報告書とともに一般の閲覧に供して，買受希望者に対して有益な情報を提供することにある。

　評価人は，不動産の評価をしたときは，所定の事項を記載した評価書を所定の日までに執行裁判所に提出しなければならない。

2　評価書の記載事項

　評価書の記載事項は，民事執行規則30条に列挙されている。

(1) 評価の目的物が土地・建物共通の事項

   ア 事件の表示

   イ 不動産の表示

   ウ 不動産の評価額及び評価の年月日

   エ 不動産の所在する場所の環境の概要

   オ 評価額の算出の過程

   カ その他執行裁判所が定めた事項

(2) 評価の目的物が土地であるとき

   ア 地籍

   イ 都市計画法，建築基準法，その他の法令に基づく制限の有無及び内容

   ウ 規準とした公示価格その他の評価の参考とした事項

(3) 評価の目的物が建物であるとき

   ア 建物の種類，構造及び床面積並びに残存耐用年数その他の評価の参考とした事項

3 売却基準価額の変更（再評価・補充評価）

　執行裁判所は，必要があると認めるときは，売却基準価額を変更することができるが（民執60条2項），売却基準価額の決定は，評価人の評価に基づいて行わなければならない（民執60条1項）ため，売却基準価額を変更する際には，執行裁判所は原則として，再評価命令又は補充評価命令を発令して，評価の見直しを行う必要がある。

　再評価とは，目的物の所在地等において再度現地調査を行った上，評価を全部やり直すことをいう。補充評価とは，評価の基礎となった公示価格の変動や市場性等に関する見解を机上の作業で見直すことをいう。

4 公法上の規制について

　不動産には，一般に，防災や周辺環境保持などの行政目的のために，法律，政令，条例等によりその利用に一定の制約が定められている。これらを「公法上の規制」という。

「公法上の規制」の有無は，土地の利用方法に直接影響することから，「公法上の規制」に関する事項は「評価書」のみに記載されている。

規制の内容によっては，金融機関の融資が制約される場合もある。主な公法上の規制としては，建築基準法，都市計画法，農地法上の各種規制等があるが，特に建築基準法には様々な規制があり要注意である。

5　評価書の注意事項

評価書を見るポイントは，評価書後半部分の「評価額の判定」である。ここには素の状態の物件評価額に，市場性修正，競売市場修正，管理費の滞納などを係数にしたものを掛けて，売却基準価額が算出されているが，特に市場性修正率が1.0以外のときは競売とは関係なく，物件そのものに瑕疵がある場合が多く，建ぺい率・容積率オーバー，無道路地，事故物件などは係数が小さくなっている。

競売市場修正率は，競売という制度で取引されるだけで，0.5〜0.7の係数が入ることが多い。

第4　3点セットの内容や手続に誤りがある場合

3点セットは競売における基礎資料となるため，内容に誤りがあった場合にはこれを争うことも想定されている。

1　物件明細書に対する不服申立て

物件明細書の作成は，裁判所書記官の処分行為であり，その記載内容に不服がある場合は，執行裁判所に対して異議を申し立てることができる（民執62条3項）[9]。異議申立ては，物件明細書作成後であればいつでも申し立てることできる。もっとも，開札期日以降は，売却決定期日において売却不許可事由（民執71条6号）の存在を主張すべきであり，その主張が受け入れられない場合に，売却許可決定に対する執行抗告（民執74条1項）で争う

---

9) 異議を申し立てることができる時期や範囲，記載例については，内田義厚＝関述之『民事執行・民事保全　不服申立ての手続と文例』（新日本法規，2021）80頁以下参照。

べきであるため，本件異議の申立てをなし得るのは開札期日の前日までと解されている。

2　現況調査報告書に誤りがある場合

　現況調査報告書の内容の誤りそれ自体では執行抗告や執行異議は認められない。その後の売却基準価額の決定や，一括売却の決定，物件明細書の作成に重大な誤りが生じた場合に売却許可決定に対する執行抗告を認めることで足りると考えられているからである。

　なお，現況調査報告書の誤りの原因が執行官の注意義務違反だったとしても，判例（最判平9・7・15民集51巻6号2645頁）によれば，看過し難い相違が生じたような場合でなければ国家賠償の対象とはならない。[10]

3　評価書に誤りがある場合

　評価書の作成それ自体に対する執行異議はできない。ただし，売却基準価額に対する執行異議は行うことはでき，また，売却基準価額の決定手続に重大な誤りがあった場合として評価額算出の過程において執行異議の申立てができる。[11]

　なお，評価人が物件に立入りしてまで評価する義務があるのか否かについて裁判例は結論が分かれているが，[12]実務上は，評価人と執行官が相互に協力することで（民執規30条の2），評価人は立ち入って調査しているのが原則である。

---

10)　判例（最判平9・7・15民集51巻6号2645頁）は，「現況調査報告書の記載内容が目的不動産の実際の状況と異なっても，そのことから直ちに執行官が前記注意義務に違反したと評価するのは相当ではないが，執行官が現況調査を行うにあたり，通常行うべき調査方法をとらず，あるいは，調査結果の十分な評価，検討を怠るなど，その調査及び判断の過程が合理性を欠き，その結果，現況調査報告書の記載内容と目的不動産の実際の状況との間に看過し難い相違が生じた場合には，執行官が前記注意義務に違反したものと認められ」るとしている（百選【28】）。

11)　記載例については，内田義厚＝関述之『民事執行・民事保全　不服申立ての手続と文例』（新日本法規，2021）72頁以下参照。

12)　福岡高決平元・2・14判タ696号218頁（百選【29】）。

不動産テックの広がり

　金融（Finance）と技術（Technology）を組み合わせた造語である「FinTech」という言葉が認知されて久しい。そして，不動産業界においても，「不動産Tech」と呼ばれる，従来の不動産関連業務にテクノロジー（主としてIT）を融合させる動きが我が国でも急速に発展している。

　一般社団法人不動産テック協会がまとめている「不動産テックカオスマップ」（令和4年8月8日に公開された第8版）によれば，不動産Techと呼ばれるカテゴリーとして，「VR・AR」（オンライン内見等），「IoT」（建物の遠隔操作等），「業務支援」（顧客，契約・決済，管理・アフター，設計・施工），「価格可視化・査定」，「マッチング」等，極めて多岐に亘る分野において広がりを見せている。

　デジタル社会の形成を目的としたデジタル改革関連法整備の一環として，令和4年5月には，宅地建物取引業法が改正・施行され，これまで宅地建物取引士の押印が必要で，かつ，紙媒体による交付が必要とされていた重要事項説明書や売買契約等締結後の交付書面等について，押印義務が廃止され，紙媒体ではなく電磁的方法による交付が可能となった。重要事項説明自体も遠隔で行うこと（いわゆる「IT重説」）が令和3年4月から全面的に認められていたこととも相まって，今や不動産売買はオンラインのみによって完結することができるまでになった。これまで，現地まで内見に行き，対面で重要事項説明を受け，何枚もの紙に押印をする……という段階を踏むのが当たり前だったことを考えると，劇的な変化である。

　さて，それでは不動産競売手続ではどうかというと，残念ながら未だ不動産Techの波は押し寄せていないようである。本文でも紹介したとおり，現状は，せいぜいインターネット上で競売物件の情報を閲覧できる程度である。そもそも民事訴訟手続においてもようやく期日をWEB会議によって行う方法が導入されたり，試験的に書面をインターネット上にアップロードする運用が開始されるといった段階であるので，不動産競売手続が「デジタル化」するのはもうしばらく，いや，かなり先のことであろうと思われる。しかし，いつか，ネットオークションのように，競売物件に気軽に入札できるシステムが作られるかもしれない。そのような想像をしてしまうほど，不動産Techは，これまでアナログだった不動産業界にインパクトを与えている。

設問 5　債務名義と登記名義の異なる不動産に対する強制執行

事例 1　債務名義と登記名義が異なる不動産の強制執行

XはYに対する債務名義を取得している。Yが未登記建物しか所有していない場合に，XはこのYの未登記建物の差押えができるか。

第1　原　則

強制競売は，債務者の責任財産を差し押さえ，換価した代金から金銭債権の回収を図る手続であるから，強制競売の対象となる不動産は債務名義上の債務者の所有に属することが原則である。

不動産の所有者は不動産登記によって公示されているため，執行裁判所は，登記の外観に従って所有者を認定し，執行手続を進める。

したがって，登記名義上の所有者が債務名義上の債務者とは異なっている不動産について，当該債務名義を用いて強制競売手続を行うことは原則として不可能である。

第2　例外（建物が未登記の場合）

未登記建物について，債務者の所有に属することを証明し，かつ，保存登記に必要な資料を提出することで強制競売の申立て対象になる（民執規23条2号）。

債務者の所有に属することを証明するための文書は，公文書でも私文書でもよいが，実務的には，固定資産税の納付証明書や，建築に関する証明書（消防法7条，建築基準法6条）などが多い[1]。

---

1) 園部厚『書式　不動産執行の実務（全訂九版）』（民事法研究会，2011）19頁。

　保存登記に必要な資料は，建物の評価証明書，建物表題登記に必要な建物図面・各階平面図などである。

第3　設問に対する回答

　本事例では，債務者Yは未登記建物しか所有していないが，債権者Xは，当該未登記建物がYの所有であることを証明し，かつ，保存登記に必要な資料を提出すれば，これを差し押さえることが可能である。

事例2　相続登記がなされていない不動産に対する強制執行をする場合

① 　2012年にXはYに対する3000万円の債務名義を取得したが，Yには見るべき財産がなかったため，強制執行によって回収することができなかった。2020年になりXはYの配偶者Aが死亡したという話を聞いたため，調査を行った。その結果，Aは2018年に死亡しており，YのほかAの子3名（B・C・D）が法定相続人であったが，Aの所有する時価約5000万円の甲不動産の名義はAのままであることが判明した。

　XはYに対して，甲不動産の法定相続分の持分の差押えができるか。

② 　上記事例において，差押えの登記をされたYや，他の相続人（B・C・D）は，どのような対抗手段をとることができるか。

第1　債務者が相続した不動産への強制執行の可否（事例2①）

1　相続財産への強制執行

　債務者が相続により取得する相続財産への強制執行には，法令上，特段の制限はない。したがって，債権者としては，債務者の近親者が死亡した旨の情報を入手した場合は，債務者が相続財産を取得している可能性があると考え，更に詳しく調査を行うことを検討すべきである。具体的には，

次のような調査を行う。

(1)　相続関係の調査

　　まず，債務者及び被相続人の戸籍等を入手して相続関係を調査する。

　　被相続人の出生から死亡までの戸籍謄本等を取り寄せて，被相続人の子（第一順位の相続人，民887条1項）及び配偶者（民890条）の有無と，その生死を調べる。代襲相続（民887条2項・3項）もあり得るので，戸籍謄本等をよく確認することが必要である。

　　子がいない場合には，親などの直系尊属（第二順位の相続人，民889条1項1号）の有無と，その生死を調べる。

　　子がおらず，直系尊属も死亡している場合には，被相続人の兄弟姉妹（第三順位の相続人，民889条1項2号）の有無と，その生死を調べる。ここでも，代襲相続（民889条2項）があり得るので，戸籍謄本等をよく確認することが必要である[2]。なお，調査の結果，相続人の存在が不明である場合は，相続財産の保全に必要な処分として相続財産管理人の選任を申し立てることが考えられる（民897条の2第1項）。

(2)　家庭裁判所への照会

　　被相続人について相続放棄・限定承認の申述がなされているかどうかを家庭裁判所に照会する。

　　被相続人が亡くなった日の翌日から数えて3か月を経過した後に，被相続人の最後の住所地を管轄する家庭裁判所に対して，被相続人に関する相続放棄等の申述の有無について照会を行う[3]。

(3)　相続財産の調査

　　被相続人の住所地の不動産について全部事項証明書を取得するなど被相続人の相続財産を調査する。なお，被相続人名義での財産調査については設問1（2頁）を参照。

---

[2]　相続財産管理人の選任が行われた場合の各種費用が共益債権となるのかについては，(中村＝劔持(下)275頁以下（Q120）参照)。

[3]　被相続人の死亡後3か月が経過した後に相続放棄の申述がなされることもある。そのため，一旦相続放棄等の申述の照会を掛け，相続放棄等がなされていないことを確認した場合であっても，その後申立ての準備に時間が掛かってしまったような場合には，改めて照会を掛けておいた方がよい。

2　法定相続の確定時期

　　相続人は，自己のために相続の開始があったことを知った時から原則として3か月（熟慮期間）以内に，相続について単純承認，限定承認又は放棄をしなければならない（民915条）。

　　したがって，債務者たる相続人が，相続開始後特に何らの対応をとらなかった場合には，法定相続は，相続人が相続の開始があったことを知った時から3か月を経過した段階で，単純承認が確定することになる。

　　しかし，熟慮期間は，各相続人が「自己のために相続の開始があったことを知った時」から起算されるため，離れて暮らす被相続人の死亡に相続人が気付かないというケースもあり得る。そのため，実際には，被相続人の死亡から3か月を超えても，相続放棄の申述がなされることが多い[4]。また，熟慮期間の伸長がなされるケースもある（民915条1項ただし書）。したがって，相続開始後3か月経過したからといって，直ちに相続による権利関係が確定するわけではない。

　　また，被相続人が遺言を残していた場合には，検認手続などを経るため，権利確定までに1年程度の時間を要することもある。逆に言えば，相続開始後1年以上経過し，相続人たる債務者に対して相続放棄申述受理通知書が出されていないことが確認できた場合には，被相続人の遺産が債務者に対して法定相続されている蓋然性が高いといえよう。

3　代位による相続登記

　　本事例において，Aの財産をYが法定相続していると思われる場合，Xは当該財産を対象とした強制執行を申し立てることができる。

　　しかし，上述のとおり，債務名義に表示された債務者と，当該財産の不動産登記上の名義人が異なる場合には，強制執行はできない。そのため，

---

4) この点，被相続人の戸籍には，死亡届を誰が提出したかが表示されている。そのため，相続人が被相続人の死亡を知らなかったと主張して，熟慮期間の起算点を遅らせて相続放棄の申述をしたとしても，当該相続人自身が被相続人の死亡届を提出しているような場合には，かかる申述は認められないはずである。しかし，熟慮期間の起算点は「自己のために相続の開始があったことを知った時」であり，単に被相続人が死亡したことを知っただけでは足りない。そのため，事情によっては，家庭裁判所はこれを受理する可能性も考えられる。

　Ｘとしては，債権者代位権（民423条）に基づき，相続を原因とする所有権（持分）移転登記の代位登記をする必要がある（不登59条7号）。

　この手続は，以下のとおりに行われる。

(1)　強制執行の申立て

　まず，申立債権者Ｘは，相続人であるＹを所有者とする甲不動産について強制執行の申立てを行う。

　申立てにあたっては，代位による相続登記をする旨の上申書を添付しておく。また，差押対象の甲不動産の登記名義は被相続人Ａとなっているため，甲不動産の相続人がＹやＡの3人の子であることを示す書類（相続関係図，戸籍謄本，戸籍の附票，相続放棄の申述の有無についての家庭裁判所の証明書等[5]）を添付することが必要になる[6]。これらとともに，競売申立受理証明書を申請する必要がある[7]。

　なお，代位による相続登記をする旨の上申書や，競売申立受理証明の申請の書式は，東京地裁民事第21部のホームページ[8]でダウンロードすることができる。

(2)　相続登記の代位登記

　次に，上記の競売申立受理証明書を代位原因証書として，相続登記の代位登記申請を行う。この手続は，債権者が自ら行う必要があり，一般的には司法書士に委託して行う。

---

5)　なお，債権者が相続登記を相続人に代位して申請する場合に，その添付情報として相続放棄の申述がないことを証する情報の提供は，必ずしも必要がないとの法務省民事局の回答がある（令和3年7月29日法務省民二第886号，https://shihoshoshi.com/touki2030/wp-content/uploads/2021/08/r030729m2_886_asiken.pdf）

6)　あらかじめこれらの書類を用意しておく必要があるため，申立てのスケジュールを十分に吟味することが必要である。なお，これら相続関係を疎明するために添付する戸籍謄本等は，後述する相続登記の代位登記申請のために申立債権者に一時的に還付されるため，申立時には写し1部の提出も必要である。

7)　実務上，執行裁判所では，相続登記が未了の段階でも，相続人を所有者とする競売申立てを受理し，申立債権者の申請により「競売申立受理証明書」を発行し，代位による相続登記がされている登記事項証明書が提出されたときに競売開始決定をすることとなっている（中村＝剱持（上）240頁以下参照）。

8)　https://www.courts.go.jp/tokyo/saiban/minzi_section21/keibaimousitate_daiitouki/index.html

(3) 執行裁判所への提出

　　代位登記終了後，申立債権者は，相続登記が経由された登記事項証明書を執行裁判所に提出する[9]。執行裁判所は，それらを確認した後に，競売開始決定を行い，差押登記の嘱託を行う。

　　なお，上記の手続の注意点としては，相続登記の代位登記を行うと，法務局から相続人にその旨が通知されることである。すなわち，不動産登記規則183条1項2号に基づいて登記が完了した段階で通知が行われ，債務者（あるいは相続人代表者）は当該不動産が代位登記されたという事実を知ることになる。

4　設問に対する回答

　　調査の結果，債務者Yが甲不動産を相続により取得していることが判明すれば，債権者Xは，相続人であるYを所有者とする甲不動産について強制執行の申立てを行うとともに，相続を原因とする所有権（持分）移転登記の代位登記の手続を行うことにより，甲不動産のYの持分を差し押さえることが可能である。ただし，差し押さえることができるのは，法定相続分に限られるため，不動産の評価も低額なものとなり，優先弁済権などが多額にある場合には無剰余取消などの対象となる可能性があることにも注意が必要である。

第2　債権者に対する対抗手段（事例2②）

1　相続に関する事情を理由とする場合

　　亡Aの遺産である甲不動産について代位登記がなされ，差し押さえられたYや，他の相続人は，以下のような対抗手段をとることが考えられる。

(1) 代位登記に対する不服申立て

　　代位登記は法務局による行政処分であるとして，通知には審査請求できる旨が教示される（不登156条）。

---

9) 申立後に一時的に還付された戸籍謄本等の原本も提出する。

したがって，法定相続に対して異議のある債務者は，6か月以内に審査請求や取消訴訟を提起することができる（行政不服審査法の適用はない（不登158条）。）。

(2) **Y以外の相続人へ相続されていた場合**

甲不動産をY以外の相続人（例えばB）へ相続させる旨の亡Aの遺言書が存在する場合や，相続人間において甲不動産をBに相続させる旨の遺産分割協議が成立していた場合には，実体法上，甲不動産はBの所有となる。それゆえ，債務者Yへの代位登記を経てなされた競売開始決定に対して，Bが第三者異議の訴えを提起することが考えられる（民執38条1項）。

ただし，相続発生が2019（令和元）年7月1日以降は，平成30年法律第72号による改正相続法が施行され，相続を原因とする権利変動について，これによって利益を受ける相続人（本問ではB）は，登記等の対抗要件を備えなければ，法定相続分を超える権利の取得について，第三者による差押えに対抗できないことになった（民899条の2第1項）。

(3) **相続放棄の申述がなされていた場合**

上記のとおり，相続放棄の申述は，相続開始後3か月を超えたとしても行われることが多く（民915条1項ただし書），期間によっては，Yは自己に対する相続を知りえなかったと主張することもあり得るところである。

しかし，本問のように，相続開始後2年も経過している場合には，相続放棄の申述が認められる可能性は低く，また，負の財産が多い場合であればともかく，相続財産があるような場合には，相続放棄の申述は実際には容易ではない。

なお，相続放棄の申述が認められる場合には，他の相続人が第三者異議の訴えを行うことが考えられる。

(4) **第三者Eへ甲不動産を遺贈する旨の遺言が存在していた場合**

本事例において仮に，甲不動産を第三者Eへ遺贈する旨の亡Aの遺言書が存在していた場合には，実体法上，甲不動産はEの所有となる（ただし，当該遺言によりYの遺留分が侵害されている可能性がある。）。この場合，甲不動産の競売開始決定に対して，受贈者Eは，甲不動産が自らの所有

物であるとして，Xの差押えに対して第三者異議の訴えを提起すること
が考えられる（民執38条 1 項）。

　　ただし，相続人以外の受遺者Eが遺贈により甲不動産の所有権を取得
した場合には，受遺者Eは遺贈による登記を備えなければ，債権者Xに
対抗できない（民177条。最判昭39・3・6民集18巻 3 号437頁）。

(5)　強制執行の停止仮処分

　　上記(1)〜(4)のいずれの場合であっても，ひとたび強制執行手続が始ま
ると，原則として手続は停止しない。それゆえ，Yや他の相続人らが上
記の事実関係を主張する前に，競売手続が終了してしまう可能性もある。

　　そこで，このような場合に備えて，差押えの登記をされたYやBらは，
競売停止仮処分を申し立てておく必要がある（民執38条 4 項・36条 1 項）。

　　ただし，仮処分の申立てにあたって，相当額の担保金を差し入れる必
要があるため，その費用を工面しておく必要がある。

(6)　債権者との任意交渉

　　もちろん，債権者との間で差押えされた財産の換価価値を前提として
任意交渉することも考えられる。この場合，任意売却と同様の考慮要素
によって交渉すべきであろう（設問 2（19頁）参照）。

2　請求異議訴訟

　　上記 1 は，いずれも，債務者Yや他の相続人らが，相続に関する事情を
理由とする場合にとり得る手段である。

　　それに対し，債務者Yが，そもそも債権者Xの有する債務名義上の請求
権が存在しないことを主張するのであれば，請求異議訴訟（民執35条）を
提起する必要がある。この場合であっても，上記 1(5)の強制執行の停止仮
処分を行う必要がある。

3　設問に対する回答

　　債務者Yが相続放棄をしていたり，亡Aの遺言や遺産分割協議によって
甲不動産を取得しない場合には，他の相続人らが第三者異議の訴えを提起
して対抗することが考えられる。

　　また，債務者Ｙは，債権者Ｘの有する債務名義上の請求権が存在しないとして，請求異議訴訟を提起することも考えられる。

第**3**　不動産の相続登記の義務化（改正不動産登記法）

　　令和３年４月28日に不動産登記法の改正法（令和３年法律第24号）が公布された。同改正法では，不動産の所有権の登記名義人が死亡し，相続又は遺贈によって当該不動産の所有権を取得した相続人は，３年以内に登記申請を行うことが義務付けられている（改正不登76条の２第１項）。

　　この規定の改正は，令和６年４月１日より施行予定であるが（令和３年12月17日政令第332号），施行日前に所有権の登記名義人に相続が発生した場合についても適用される。すなわち，相続人は，①施行日，又は②自己のために相続開始があったことを知り，かつ，不動産の所有権を取得したことを知った日の，いずれか遅い日から３年以内に，相続登記を行う必要がある（民法等の一部を改正する法律附則５条６項）。

　　このように，相続に伴う不動産の権利変動についての登記が義務化されることによって，上記のようなケースは今後少なくなる可能性がある。

事例 **3**　相続人が債務名義のある債務を承継したとして不動産に強制執行をする場合

　①　2012年にＸはＣに対する3000万円の債務名義を取得したが，Ｃには見るべき財産がなかったため，強制執行によって回収することができなかった。2020年になり，ＸはＣが死亡したという話を聞いたため，調査を行った。その結果，Ｃは2018年に死亡しており，Ｃの配偶者ＺはＣの唯一の相続人であり，Ｃとの結婚前から時価約4000万円の乙不動産を所有していることが判明した。また，ＺはＣの相続放棄手続をしていなかった。

　　　ＸはＺに対して，乙不動産の差押えができるか。

　②　差押えの登記をされたＺは，どのような対抗手段をとることができるか。

第1　債務者の相続人に対する強制執行（事例3①）

1　債務者の相続人に対する強制執行

　本事例において，債権者Ｘは，債務者Ｃに対する3000万円の債務名義を取得しているが，その後，Ｃが死亡している。Ｃの唯一の相続人Ｚは，ＣのＸに対する債務も承継している可能性があり，かつ，自ら固有の資産として乙不動産を有しているのであるから，債権者Ｘは，債務名義上の債務者Ｃの地位をＺが承継したとして，Ｚの所有する乙不動産に強制執行することを検討すべきである。

2　法定相続の確定時期

　事例2の第1の2で述べたとおり，法定相続は，相続人が相続の開始があったことを知った時から3か月（熟慮期間）を経過した段階で，単純承認が確定する（民915条）。

　ただし，事例3の場合は，事例2と異なり，被相続人Ｃにはプラスの資産がなく，Ｘに対する3000万円の債務というマイナスの負債が存在するのみである。このような場合には，熟慮期間の起算点が遅くなる可能性があり，相続放棄の申述が認められやすいことに注意が必要である。すなわち，被相続人に相続財産が存在しないと信じる正当な理由がある場合は，熟慮期間の起算点は，相続財産の全部又は一部の存在を認識した時又はこれを通常認識し得るべき時から進行するとした判例（最判昭59・4・27民集38巻6号698頁）があり，相続人Ｚが，被相続人に相続財産がないと信じる正当な理由がある場合は，熟慮期間の起算点が，被相続人Ｃの死後かなり経った時点になることがあり得る。そのため，Ｘとしては，後にＺがＣの相続放棄の申述をする可能性があることに注意する必要がある。

3　承継執行文の付与の申請

　相続人Ｚが債務者Ｃの債権債務を相続していることが確認できた場合には，債権者Ｘは，Ｚが有する乙不動産に対する強制競売の申立てをする。

　しかしながら，債権者Ｘが有する債務名義には，債務者Ｃは表示されて

いるものの，Ｃの相続人であるＺは表示されていない。そのため，債権者Ｘは，相続による承継の事実を裁判所書記官又は公証人に証明し，債務名義に承継執行文の付与を受け（民執27条2項），これを執行裁判所に提出して，強制競売の申立てをすることになる。

　承継執行文の付与の申請は，債務名義が確定判決の場合には，判決を言い渡した裁判所に対して行う。本事例のように，債務者が死亡して相続が発生した場合には，債務者の死亡の事実とその相続関係について，戸籍謄本等を提出して立証する必要がある。承継執行文が付与されると，裁判所は，執行文及び債権者が提出した承継を証明する文書の謄本を，相続人Ｚに対して特別送達により送達するため（民執29条後段），相続人Ｚは承継執行文付与の事実を知ることができる。

　債権者Ｘは，承継執行文の送達証明書を執行裁判所に提出することで，乙不動産の強制執行の申立てが可能となる。

４　設問に対する回答

　相続人Ｚが債務者Ｃの債権債務を相続していることが確認できた場合には，債権者Ｘは，債務名義に承継執行文の付与を受けた上で，Ｚが有する乙不動産に対する強制競売の申立てをすることが可能となる。

第２　債権者に対する対抗手段（事例3②）

１　承継執行文付与に対する異議の訴え

　本事例においてＸが承継執行文付与の申請を行った場合，Ｘは，債務者ＣのＸに対する債務をＺが相続していることを前提としている。

　しかし，実際にはＺが相続放棄をしている場合や，債務名義上の債務をＺ以外の者へ特定承継させる旨の債務者Ｃの遺言が存在する場合など，債務名義上の債務がＺに承継されていないことがあり得る。

　このような場合，Ｚは，承継の事実がないことを主張し，執行文付与に対する異議の訴え（民執34条）を提起することができる。この訴えでＺの主張が認められた場合は，Ｚは執行機関に判決正本を提出して執行手続の

開始を阻止することができ，既になされた執行手続があれば，その停止・取消しを求めることができる（民執39条1項1号・40条1項）。

2　相続放棄の申述

　上記のとおり，相続放棄の申述は，3か月を超えたとしても行われることが多く，Zは，自己に対する相続の開始を知りえなかったという主張もあり得るところである。

　しかし，マイナスの財産が多い場合であればともかく，プラスの相続財産があるような場合には，相続放棄の申述は容易ではない。

3　強制執行の停止仮処分

　既に述べたとおり，ひとたび強制執行手続が始まると，原則として手続は停止しない。そのため，上記の事実関係を主張する前に，競売手続が終了してしまう可能性もある。

　そこで，そのような場合に備えて，差押えの登記をされたZは，競売停止仮処分を申し立てておく必要がある（民執38条4項・36条1項）。

4　設問に対する回答

　債務者Zは，承継の事実がないことを主張して執行文付与に対する異議の訴えを提起することが考えられる。

事例
4

配偶者居住権

　2012年にXはDに対する3000万円の債務名義を取得した。

　2021年になり，XはDの父親Eが死亡し，Eが所有し妻Fと共に居住していた丙建物をDが相続したという話を聞いたため，Dに対する債務名義をもって丙不動産の差押えを行った。

　ところが，丙不動産には，Eの死亡後もFが居住し続けており，Fは配偶者居住権又は配偶者短期居住権があると主張している。

　この場合，Xは丙不動産から債権の回収が期待できるか。

第1　概　要

　平成30年法律第72号による民法改正により，配偶者居住権（民1028条以下）
と配偶者短期居住権（民1037条以下）の制度が新設された。これらの制度は，
いずれも，配偶者死亡後の居住建物における生存配偶者の居住権の保護を，
相続法の枠組みの中で図ろうとする制度である。

　このうち，配偶者短期居住権は，一方の配偶者死亡後の生存配偶者が居住
建物を無償で使用することができる使用貸借類似の法定の権利とされており，
使用貸借と同様，第三者対抗力を有していない。したがって，差押えがなさ
れた建物に居住していた生存配偶者が配偶者短期居住権を主張したとしても，
差押権者には対抗できない。

　したがって，本事例でFが配偶者短期居住権を主張している場合には，X
は丙不動産を差し押さえて競売することで，債権の回収が期待できる。

　問題は，Fが配偶者居住権を主張している場合である。そこで，以下では，
配偶者居住権と不動産競売について検討する。

第2　配偶者居住権の成立要件と効果

1　配偶者居住権の成立要件

　配偶者所有権が成立するためには，以下の三つの要件を充たす必要があ
る（民1028条・1029条）。

　① 　配偶者が，相続開始時に相続財産である建物に居住していたこと

　② 　当該建物が，被相続人の単独所有あるいは配偶者と二人の共有にか
　　　かるものであること

　③ 　当該建物について，配偶者に配偶者居住権を取得させる旨の遺産分
　　　割もしくは審判，遺贈又は死因贈与がされたこと

　第三者に対抗するためには対抗要件として登記を具備する必要があり
（民1031条2項・605条），借地借家法31条の建物の引渡しでは足りない。

2　配偶者居住権の効果

　配偶者居住権は，賃借権類似の法定の債権である。

　配偶者居住権は，建物の全部について成立するものであり，配偶者は，相続開始前に居住建物の一部にしか居住していなかったとしても，配偶者居住権を取得した場合は居住建物の全部について使用及び収益をすることができる。

　また，配偶者居住権は，存続期間の定めがないときは，その存続期間は配偶者の終身の間とされている（民1030条本文）。

第**3**　配偶者居住権が競売手続に与える影響

1　評価額の減価

　配偶者居住権の制度は，相続開始の時に被相続人の財産に属した建物に居住していた生存配偶者にその居住建物の全部について無償で使用及び収益をする権限を認めることで，遺産分割の際に，居住建物の所有権を取得する場合よりも低廉な価額で生存配偶者が居住権を長期的に確保することができるようにする制度である（民1028条1項）。

　それゆえ，配偶者居住権負担がある場合，当該物件の価値は，競売手続においても減価される。

2　減価額の評価方法

　減価の方法については，評価人の判断や今後の解釈・実務運用に委ねられているところであるが，概ね還元方式と簡易な評価方法の二つが考えられる[10]。簡易な評価方法によると，配偶者居住権の価額は，建物敷地の現在価格から，負担付建物所有権の価額と負担付土地所有権等の価額の合計額を控除した価額であると説明がされている[11]。

　東京地裁民事執行センターでは，配偶者居住権の残存期間を前提に，配

10）より詳細な鑑定方法については，（公社）日本不動産鑑定士協会連合会「配偶者居住権等の鑑定評価に関する研究報告」の実務指針を参照されたい。
11）片岡武・菅野眞一『改正相続法と家庭裁判所の実務』（日本加除出版，2019）121頁以下。

偶者居住権消滅時の建物及び土地利用権価格を現在の価値に割り戻す方法を基にした計算により算出した減価率を乗じるものとしつつも，実際には簡易迅速な観点から戸建て住宅及びマンションそれぞれについて，配偶者居住権の一定期間ごとの残存年数に応じて定められた減価率を用いることとしている。[12]

　ただし，競売手続において買受人は目的物件を買い受けた後に配偶者に立退料を払うことなどで配偶者居住権を消滅させる可能性もある以上，極端な減価をすることは不要であるとして，減価率には一定の上限を設けているようである。[13]

第4　設問に対する回答

　本事例では，丙建物の登記の状況が不明であるが，丙建物の登記名義がDとなっていてFが配偶者居住権の登記を具備していない場合は，債権者Xは何ら負担のない丙不動産を差し押さえたこととなり，抵当権などが設定されていなければ相応の債権の回収も期待できる。

　他方，丙建物の登記名義人がDとなっていたとしても，Fが丙不動産について配偶者居住権の登記を先に具備していた場合，Xは配偶者居住権の負担付で競売手続を進めることになるため，丙建物の評価は相応の減価がなされることとなり，債権の回収はあまり期待できないことになる。減価額はFの年齢等により異なる。

　なお，Eの遺言や遺産分割協議があるにもかかわらず，相続人らが相続登記をせず登記名義がEのままになっているような場合には，Xはそのままでは差押えを行えず，本設問の事例2と同様にEの法定相続持分を代位登記によって強制執行することになる。

---

12)　中村＝劔持（上）491頁。
13)　中村＝劔持（上）491頁。

空き家の相続放棄

　近時，被相続人が生前に住んでいたが，死亡後に空き家になってしまった家屋について，相続放棄をして保存義務を逃れようとする人たちがいる。これが，近時の空き家の増加の要因の一つになっていると考えられる。

　しかし，相続放棄をしたからといって，相続人が全く責任を負わないわけではない。民法940条は，「相続の放棄をした者は，その放棄によって相続人となった者が相続財産の管理を始めることができるまで，自己の財産におけるのと同一の注意をもって，その財産の管理を継続しなければならない。」と定めており，法律上は別の相続人が確定するまで管理義務を負うのである。

　さらに，相続放棄した結果，親戚が相続人となることもあり，親戚との関係が悪くなる可能性もある。

　空き家の問題は日本全体の問題であり，年々深刻化してきている。一部の地方自治体では，空き家の解体費用の補助を出すところも出てきており，自治体に相談することも検討すべきである。

　なお，相続により取得した土地の所有権の放棄に関して，令和3年4月28日に「相続等により取得した土地所有権の国庫への帰属に関する法律」（令和3年法律第25号）が公布された。これは，相続等により取得した土地所有権を，法務大臣の行政処分によって国庫に帰属させることができる制度（相続土地国庫帰属制度）を新設するものである（施行日は令和5年4月27日）。この制度は，建物の存する土地ではそもそも申請することができない制度ではあるが，空き家を含む相続不動産の処理に困っている人にとって，相続不動産トータルの処理を行うために検討に値する制度であると考えられる。

設問 6　権利能力なき社団に対する強制執行の可否

事例 1　権利能力なき社団に対する強制執行

　　Ｘは，権利能力なき社団に該当するＡに対し，債務名義を有している。

　　Ｙは，Ａに関連するもののＡとは異なる独自の法人格を有する法人であり，Ｙが所有権の登記名義人となっている不動産が存在している。

　　Ｘは，Ａに対する債務名義に基づいて，Ｙが所有する不動産に対して強制執行を行い，債権の回収を図ろうと考えた。

　　Ｘは，どのような手続をとるべきか。

第 1　原則の確認

1　権利能力なき社団と登記

　「権利能力なき社団」とは，団体としての実態は有しながらも，法人格を有していない団体のことをいう。例えば，法人格を有しない学校の同窓会や町内の自治会が挙げられる。法人格を有していないため，権利義務の帰属点としての地位を認めることはできないが，団体としての社会的な実態を有していることから，法人格を有する団体と類似した取扱いを行うことが有用である場合もある。

　このような考慮から生み出されたのが，「権利能力なき社団」という概念である（正確には「権利能力なき財団」という概念もあるが（民訴29条参照），以下では「権利能力なき社団」に限って論を進める。）。

　判例上，当該団体が権利能力なき社団であるというためには，団体としての組織を備え，多数決の原則が行われ，構成員の変更にもかかわらず団

体そのものが存続し，その組織によって代表の方法，総会の運営，財産の管理その他主要な点が確定していることを要する（最判昭39・10・15民集18巻8号1671頁）。

　このような権利能力なき社団が成立することの効果の一つに，当該団体を構成する個人の財産と権利能力なき社団が有する団体の財産が峻別されるという点がある。

　しかし，上記のとおり，権利能力なき社団に法人格はないため，権利能力なき社団の有する財産は，権利能力なき社団の全構成員に総有的に属するものと解されている（最判昭32・11・14民集11巻12号1943頁）。

　このことの帰結として，権利能力なき社団が資産として不動産を有する場合，社団の代表者や社団の規約等に定められた手続により登記名義人とされた個人が，社団の構成員全員の受託者たる地位において，個人の名義で所有権の登記をすることができるにすぎず，社団自体を権利者とする登記をすることや，社団の代表者である旨の肩書を付した代表者個人名義の登記をすることは許されないとされている（最判昭47・6・2民集26巻5号957頁，最判平6・5・31民集48巻4号1065頁）。

2 権利能力なき社団に対する債務名義を有する場合の問題点 ⬛⬛⬛⬛⬛⬛

　特定の債務名義に基づく不動産に対する強制競売の申立てにあたっては，登記事項証明書を添付することが必要である（民執規23条1号）。

　そして，民事執行規則23条1号には明記されていないものの，実務上（及び民事執行規則の解釈論上），所有権の登記がされている場合は，債務名義上の債務者が所有者として登記されていない限り，強制執行を行うことはできないとされている[1]（このような登記事項証明書が添付できない場合，強制執行の申立ては却下される。）。

　このように，本来は債務者が登記名義人となるべき不動産について債務者以外の第三者が登記名義人となっている場合には，強制競売の申立てに先立って，債権者代位権（民423条）を行使し，強制競売の対象としようと

1）最高裁判所事務総局民事局監修『条解民事執行規則（第3版）』（司法協会，2007）99頁。

している不動産の登記名義を第三者から債務者に移転させておく必要がある（不登59条7号参照）。

　ところが，上記のとおり，権利能力なき社団は，その社団名義で登記を行うことができないため，債務者名義（＝権利能力なき社団名義）の登記事項証明書を添付することも，不動産の登記名義人を第三者から権利能力なき社団に移転させることもできない。

　事例のような権利能力なき社団に対する債務名義を有する債権者が同社団の資産である不動産に強制執行を行おうとする場合，困難な問題が生じるのである。

第2　Xがとるべき手続

1　学説の状況

　民事訴訟法においては権利能力なき社団が当事者能力を有することが認められているにもかかわらず（民訴29条），いざ執行の場面になると，上記のような問題が生ずることは矛盾していると言わざるを得ない。

　また，上記第1の1で述べた権利能力なき社団に関する最高裁判例を前提とすると，債務名義に表示された「債務者」と「執行の対象となる財産の名義人」が一致することはありえないため，「強制執行の申立てにあたっては債務名義に表示された債務者が所有者として登記された登記事項証明書を添付する必要がある」との取扱いを貫くと，権利能力なき社団の債権者による権利の実現の可能性を閉ざしてしまうことになる。

　そこで，学説においては，強制競売申立ての際に添付すべき書類は，当該不動産が社団の所有に属することを明らかにする書類で事足りるとする見解[2]や，登記名義人を「請求の目的物の所持人」（民執23条3項）に準じるものとして扱い，権利能力なき社団が有する資産としての不動産について登記名義人に対する承継執行文の付与（民執27条2項）を認める見解[3]が存

---

[2]　星野英一「いわゆる『権利能力なき社団』について」『民法論集第1巻』（有斐閣，1970）277頁以下。

[3]　新堂幸司『新民事訴訟法（第4版）』（有斐閣，2008）142頁，伊藤眞『民事訴訟法（第6版）』

在した。

2 最判平成22年6月29日民集64巻4号1235頁

　上記のとおり，権利能力なき社団に対して債務名義を有する債権者が，社団の構成員全員の総有に属しているものの登記名義人が第三者である不動産に対してどのように強制執行の申立てを行うことができるかについては学説が分かれていたが，この点について重要な判断を行ったのが，最判平成22年6月29日民集64巻4号1235頁（百選【7】）（以下，「平成22年最判」という。）である。

　平成22年最判は，本設問の事例と同様の事案に関するものである。

　すなわち，権利能力なき社団に対する債務名義を有する債権者が，権利能力なき社団と関連する団体である被告法人が登記名義人となっている不動産について，被告法人が民事執行法23条3項所定の「請求の目的物を所持する者」に準ずる者であるとし，被告法人を債務者として，上記不動産を執行対象財産とする民事執行法27条2項の執行文の付与を求めたものである。

　平成22年最判は，このような事案において，「権利能力のない社団を債務者とする金銭債権を表示した債務名義を有する債権者が，構成員の総有不動産に対して強制執行をしようとする場合において，上記不動産につき，当該社団のために第三者がその登記名義人とされているときは，上記債権者は，強制執行の申立書に，当該社団を債務者とする執行文の付された上記債務名義の正本のほか，上記不動産が当該社団の構成員全員の総有に属することを確認する旨の上記債権者と当該社団及び上記登記名義人との間の確定判決その他これに準ずる文書を添付して，当該社団を債務者とする強制執行の申立てをすべきものと解するのが相当」と判断した。

3 Xがとるべき具体的方法

　平成22年最判を前提とすると，権利能力なき社団に対する金銭債権の債

（有斐閣，2018）127頁等。

務名義を有する債権者がその債務名義に基づいて権利能力なき社団の構成員の総有不動産に対して強制執行を行う場合，実務上，次のような方法によることが考えられる。

　平成22年最判は，債務名義に加え，「不動産が当該社団の構成員全員の総有に属することを確認する旨の上記債権者と当該社団及び上記登記名義人との間の確定判決その他これに準ずる文書」を添付する必要があると判示する。

　ここでいう「確定判決その他これに準ずる文書」の具体例が何かということが問題になるところ，この点については，平成22年最判の田原睦夫裁判官の補足意見が参考となる。田原裁判官は，補足意見において，上記文書の具体例として，執行の対象となる不動産が権利能力なき社団の構成員全員の総有に属することを確認する旨の債権者と社団及び登記名義人との間の確定判決に加え，当該不動産が社団の構成員全員の総有に属することを明らかにする判決理由中の判断，和解調書，若しくは公正証書や，登記名義人を構成員のうち特定の個人（一定の役職者等）とすることを定めた当該社団の規約（ただし，公正証書又はそれに準ずる高い証明度の認められる文書）等が考えられると指摘する。

　以上のような田原裁判官の補足意見を参考にすると，権利能力なき社団の規約に定められる者が登記名義人である場合には，債権者は，強制執行の申立書にその規約を添付することが考えられる。

　しかし，当然であるが，部外者にとっては規約を入手することは困難である。その際，実務的に考えられるのが，債務名義を取得した際の訴訟記録である。相手方が争った上で，権利能力なき社団と認定されていたのであれば，それらの証拠関係は本訴において裁判所に提出済みのはずであるので，これらを閲覧謄写することが合理的である。

　一方，権利能力なき社団の規約に定められる者が登記名義人でない場合，又は，規約そのものが存在しなかったり，債権者において規約の入手が困難な場合は，別途の文書を取得しなければならない。

　この文書については，上記のとおり「確定判決その他これに準ずる文書」という限定が付されている。そこで，債権者は，権利能力なき社団に

対する金銭債権を被保全債権とし，権利能力なき社団に代位した上で，登記名義人に対し不動産が権利能力なき社団の構成員全員の総有に属することを確認する旨の確認訴訟や，同じく債権者代位により，登記名義人から規定上登記名義人となるべき者に対する所有権移転登記請求訴訟を提起するなどして，当該訴訟による確定判決や和解調書等を添付文書として提出することが考えられる。

　注意点として，確定判決等を添付文書として提出する場合は，その訴訟等の手続においては，権利能力なき社団を当事者とするだけでなく，登記名義人をも当事者とする必要があるという点である。平成22年最判を担当した調査官は，「債権者と社団との間において社団の構成員の総有不動産であると認められても，その間での馴れ合いのおそれもあり，登記名義人の手続保障の必要性もあることに照らせば，原則として，登記名義人も当事者として関与したものと解するのが相当であるように思われる」と指摘している[4]。

　なお，最決平成23年2月9日民集65巻2号665頁は，権利能力なき社団に対する金銭債権を有する債権者が，第三者を登記名義人とする不動産が債務者たる権利能力なき社団の構成員全員の総有不動産であると主張して，当該不動産について仮差押命令を申し立てた事案において，平成22年最判を参照して，仮差押命令申立ての際に提出すべき文書について，「強制執行の場合とは異なり，上記事実（注：仮差押命令の対象となる不動産が社団の構成員全員の総有に属する事実）を証明するものであれば足り，必ずしも確定判決等であることを要しないと解するのが相当である。」と判示した。

　このように，権利能力なき社団に対する強制執行は，実務上，難しい問題をはらんでいる。債権者としては，権利能力なき社団に対する債務名義を取得するにあたっては，その取得する段階で不動産の存在が明らかなようであれば，強制執行の申立てにあたって必要となる添付文書の取得をも視野に入れ，債務名義を取得する行動（典型的には訴訟提起）と並行して行

4）榎本光宏「判解」最高裁判所判例解説民事篇（平成22年度）（上）427頁。

動する必要があろう。

第3　設問に対する回答

　本事例では，XがAに対して有する債務名義の種類や内容が不明である。仮に，債務名義が公正証書であったとすれば，Xは当該公正証書作成段階から，不動産がAの総有財産であることを確認する条項を入れておくことが肝要であろう。

　また，公正証書作成段階で，Aの規約を提出するよう求めておくことも考えられる。このことは，債務名義が裁判上の和解調書である場合も同様であろう。債権者としては強制執行を実行できない可能性がありそうであれば，和解段階で多少和解条件が悪くなったとしても，抵当権の設定を条項に入れることも検討すべきである。

　他方で，債務名義が確定判決であった場合には，相手方の提出した付属書類を閲覧謄写すべきである。仮に，そのような書類が入手できなければ，判決理由中の判断において当該不動産が社団の構成員全員の総有に属することが明らかになっているかどうかを吟味する必要があろう。そのような記載が見受けられないとすれば，上記第2の3で述べたとおり，債権者は，権利能力なき社団に対する金銭債権を被保全債権とし，権利能力なき社団に代位した上で，登記名義人に対する代位訴訟を提起せざるを得ないと考えられる。

　以上からすると，債務者が権利能力なき社団である場合は，債務名義取得の段階から，後の強制執行を踏まえた対応をとることが重要であると考えられる。

設問 **7**　　**共有不動産の不動産執行における問題**

事例 **1**　**共有不動産における法定地上権の成否**

　　AとYの父親Bは甲土地と甲土地上に乙建物を所有していたが死亡し，子であるAとYの二人が法定相続人となった。Aは多額の債務を抱え，YはAと音信不通であったため，遺産分割協議を行っていなかったが，Yは乙建物に居住していた。

　　Aの債権者は，甲土地と乙建物についてそれぞれ2分の1の法定相続の代位登記を行い，Aの土地と建物の持分が強制競売にかけられた（第1競売）。甲土地の持分で債権額を支払えそうなことから，甲土地の持分だけが売却されることになり，Xが買受人となった。その後，XはYに対し甲土地の売買に関する協議を申し入れたが，Yとの話がまとまらなかったため，甲土地について共有物分割訴訟を提起し，Xが共有物分割訴訟で競売に付する旨の判決を得た後，甲土地の競売手続（第2競売）を行った。

　　①　第2競売で甲土地について法定地上権は成立するか。

　　②　Xが第2競売で自ら買受人となる場合，甲土地について法定地上権は成立するか。

第 **1**　共有不動産における法定地上権

1　競売手続における法定地上権の意義

　　法定地上権は，民法388条と民事執行法81条に規定されている。条文上は，「抵当権」の実行の場面として民法が，強制執行としての「差押え」の場面として民事執行法が規定されているが，民事執行法81条は，民法388条の射程が及ばない範囲においてその趣旨を貫徹するために補充的に

適用される規定であると説明されている[1]。すなわち，抵当権が設定されている不動産に対する強制競売の場合，民法388条あるいは同条の類推適用の問題とされるのであり[2]，民事執行法81条が問題となる場面とは，抵当権が設定されていない不動産の差押えの場面である。もっとも，民事執行法81条は，民法388条と同趣旨であると考えられており，民法388条の解釈や判例法理が妥当するものと解される。

　法定地上権の価格は更地価格の50〜80％程度とされていることが多く，法定地上権の成否は極めて重要な意味を持つ。

　建物所有者・占有者・買受人は，法定地上権が成立すれば，借地借家法3条により30年間の地上権が設定され，競売後も土地の使用権原があることになる。他方，法定地上権が成立していなければ，一転して不法占有となるため，建物を解体して明渡しをしなければならず，極めて大きな差がある[3]。

　法定地上権の成否は当該建物価値に直結することになるため，執行手続上では，評価書が出された後の売却基準価格に対する執行異議等の形で争いとなったり（争い方について設問4（60頁）参照），配当まで進んだ後は，配当異議訴訟という形で争われることもある[4]。

2　法定地上権の要件とその効果

(1)　法定地上権の成立要件

　民事執行法81条の成立要件は，①土地上に建物が存在したこと，②土地と建物の所有者が同一であったこと，③土地又は建物に差押えがなされたこと，④同差押えに基づく強制競売の売却の結果，土地と建物の所有者が別々になったこととされている。これらの要件の基準時は，差押え時であるとされる。すなわち，差押え時に②土地と建物の所有者が同一である必要がある。

---

1)『条解民事執行法』803頁。
2) 中西ほか156頁。
3) 担保権の実行としての競売の場合には，通常，土地と建物が一括競売となるため，土地の持分だけ抵当権が実行されることなどは少ないと思われる。
4) 訴訟実務上は，建物収去土地明渡訴訟よりも配当異議訴訟の方が多い（中村＝剱持(上)502頁）。

　差押えに先立ち，仮差押えが行われ，仮差押え時には土地と建物は同一所有者であったが，その後に所有権が譲渡され，本差押えをする際には所有者が別々となった場合に同要件を満たすといえるのかについて，最判平成28年12月1日民集70巻8号1793頁（百選【36】）は，仮差押えの時点を基準として上記所有者要件を判断している[5]。

(2)　一括売却と評価上の法定地上権

　民事執行法61条は，複数の不動産を一括して売却の目的物とする一括売却について定めている。土地と同土地上の建物は，通常，相互利用の牽連性があるため執行裁判所は一括競売とするのが通常である。他方で債務者（所有者）からすれば，自らの所有権を超過して売却されることは避けたいはずであり，一部の不動産の売却によって債権者が完全な満足を得られる場合には，全ての不動産を一括売却する必要はない。そこで，債務者の同意がない限りは超過売却の禁止を定めている[6]。

　一括売却の場合には，現実の利用権としての法定地上権と，「評価上の法定地上権」が区別されることには注意が必要である。すなわち，上記(1)の法定地上権の成立要件のうち，④土地及び建物の所有を異にするに至ったことという要件を満たさない場合でも，土地と建物が別々の不動産である以上，評価上の法定地上権が成立したことを前提として，価格を決定している[7]。そして，その結果，超過売却（民執73条）となるようであれば債務者の同意がない限りは，土地又は建物のみの売却となることもある。

(3)　共有不動産における法定地上権の成否

　土地と建物が共有である場合に上記(1)の要件を満たして法定地上権が成立するのかという点は，複数の判例がある[8]。

　とりわけ，土地建物が共有で，土地の共有持分のみについて強制競売

5)　最判の事案と異なり，仮差押え後に本差押えに移行したものではなく，別債権者が差押えした場合にはどの時点を基準とすべきかという論点もあるが，先行した仮差押えによるべきであるとする考え方が有力である（『条解民事執行法』814頁）。
6)　『条解民事執行法』585頁。
7)　中村＝剱持(上)502頁・504頁。
8)　中野＝下村438頁，志賀剛一「共有と法定地上権」『実務に効く　担保・債権管理判例精選』（有斐閣，2015）56頁に主要な判例が整理されている。

となった場合，判例は民事執行法上の法定地上権は成立しないとしている（最判平6・4・7民集48巻3号889頁（百選【35】））。本事例と異なり土地及び建物の共有持分が強制競売となった場合には，法定地上権が成立する点には注意が必要である。

⑷　法定地上権が成立した場合の処理

　法定地上権が成立した場合，上記のとおり，30年の地上権が成立することになるが（借地借家3条），直ちに地代は決まらない。

　地代について，まずは地上権者との間で協議を試みるべきであるが，当事者間に信頼関係がなく協議が難航する可能性もある。そこで，地代について確定しない場合には地代確定訴訟を行う必要がある。なお，この地代確定訴訟は，裁判所が当事者の申立てに拘束されない形式的形成訴訟であり，裁判所が地代を決定する。

　地代確定訴訟において，地代は法定地上権の成立時の諸事情を斟酌して定められるが，近隣地域の相場や慣行及び租税公課，利回り，競売価格等の具体的事情も考慮して決せられる。[9] 東京都では，固都税の4倍の年額，土地価格の1％を目安にするという見解があるが，[10] 判決まで求める場合には不動産鑑定などを入れることが多いと思われる。

　また，地主が地上権登記に応じない場合には，併せて地上権設定登記手続請求を行うことも考えられる。[11] 特に法定地上権があるか否か疑義があるような場合であれば，今後，売却する際に問題となる可能性もあるため，念のため上記の地代確定訴訟とあわせて登記手続請求も行うべきであろう。[12] もっとも，地上権登記をしなくても，土地上の建物の所有権登記が法定地上権の対抗要件となるため（借地借家10条1項），明らかに法定地上権が成立しているが，地代の金額のみが問題となるケースでは，同請求を行う必要性はない。

9）これらを踏まえて決定した裁判例として，東京地判平成18年6月30日判例秘書L06132615，東京地判平成29年10月6日判例秘書L07231479などがある。
10）小山弘『司法書士の裁判事務実例集』（日本加除出版，2004）133頁。
11）野田宏＝後藤邦春『裁判実務大系⑭』（青林書院，1991）186頁。
12）同様の請求を行っている事案として東京地判平成5年1月27日金判950号26頁がある。

第2　形式的競売に関する諸問題

1　形式的競売とは

　本事例では第1競売と第2競売の2回の競売が行われているが，第2競売は換価を目的としているのではなく，共有物の分割をすることを目的とした形式的競売である。

　形式的競売とは，金銭債権の満足を目的として行われる強制執行や担保権実行の競売と区別するための講学上の概念で，金銭債権の満足を目的とせずに行われる競売のことをいう。[13] 共有物分割訴訟が形式的競売の典型的な例であるが，これ以外にも，遺産の換価を命ずる裁判（家事194条）に基づく競売や，区分所有の共同利益に著しく反するための競売請求（区分所有59条）に基づく競売などもその例である。[14]

　この形式的競売については，無剰余措置の規定（民執63条），消除主義の規定（民執59条）が準用されるのか否かという点が問題となる。

2　消除主義（民執59条），剰余主義（民執63条）等の適用の有無

　上記のとおり形式的競売は，金銭債権の満足を目的としている強制執行ではない。それゆえ，あるがままの状態で売却するのであれば，売却条件を定める際に，目的不動産に定めている抵当権を消滅させる必要はなく，原則は引受主義となるのではないかという問題がある。

　この点に関して，消除主義，引受主義，二分説など見解が対立しているが，[15] 実務的には，消除主義が準用されるという取扱いがなされている。

　東京地裁民事執行センターでは，形式的競売で抵当権等の担保権を消滅させるか否かの売却条件について，担保不動産競売と同様に消除主義での取扱いを行っている。[16] また，最決平成24年2月7日判タ1379号104頁も「民法258条2項所定の競売を命ずる判決に基づく不動産競売について，民

---

13)『条解民事執行法』1694頁。
14) その他にも，相続財産換価のための競売，別除権目的物換価のための競売などがある。
15) 詳細な内容は『条解民事執行法』1708頁以下に詳しい。
16) 中村＝剱持(下)432頁以下（Q148・Q149）参照。

事執行法59条が準用されることを前提として同法63条が準用されるものとした原審の判断は，正当として是認することができる。」として，事例判断ではあるが，消除主義が適用されるとしている。

　また，無剰余取消などもする必要がないのではないかという問題が生じる。

　この点，明文によって準用を排除している規定（破産42条3項等）以外は解釈問題として，形式的競売の類型ごとに検討すべきであるとされているが，共有物分割に基づく形式的競売については，上記最決が妥当するものと思われ，実務上は剰余主義が適用されている。

　以上に加えて，東京地裁民事執行センターでは，形式的競売であっても，交付要求や配当要求（民執51条），配当手続への参加を認めている。[17]

　したがって，実務上は形式的競売といえども，強制競売の申立ての場合と比較して大きく異なる点はないと言えよう。[18] ただし，形式的競売については，私文書をもって競売権の存在を称する文書とすることはできないため，当事者間の和解合意の履行確保のために債務不履行の場合に競売申立ができるという条項を作る際には注意が必要である。和解調書など執行力のある債務名義が競売の開始文書として必要となるため，即決和解など債務名義を得られる文書作成を検討すべきである。

第3　設問に対する回答

1　事例1①について

　本事例では超過売却を避けるためＡの甲土地だけが競売となり，Ｘが買受人となったため，甲土地はＸとＹの共有（各2分の1），乙建物はＡとＹの共有（各2分の1）となった。そして，上記の最判平成6年4月7日に従えば，土地共有の場面では建物共有者のために法定地上権は成立しないことになる。

17）ただし，学説上は形式的競売では配当要求を認めるべきではないという見解も有力に唱えられている（中野＝下村826頁）。
18）中村＝剱持（下）432頁以下（Q148・Q149）参照。

したがって，ＡとＹは甲土地の買受人に対しては，乙建物の占有権原を主張できず，乙建物は収去して甲土地の明渡しをしなければならない。

2　事例１②について

上記のとおり，法定地上権の要件は，買受人の属性によって変更されることはない。したがって，Ｘが甲土地の買受人となっても法定地上権は成立しない。

なお，法定地上権が成立しないことについては物件明細書にも記載されるため，第２競売の最低売却価格は更地を前提とした高額なものとなることが予想される。とはいえ必ずしも入札者がいるとは限らない。そこで，Ｘとしては，資金回収のためには自ら入札することは合理的な行動である。評価額程度の金額で入札しておけば，その金額よりも高く入札した者がいない場合には，自らが評価額程度で甲土地の所有権を得ることができる。他方，Ｘの入札金額よりも高額な値段で入札する者がいれば，甲土地の所有権は得られないが，相当な配当を得ることができる。また，競売に要する費用についても配当を受けることができる。

令和３年民法改正による不動産の共有状態の解消

事例１において，Ｙは，自らが乙建物に住み続けたいと考えているときにどのようなタイミングでどのような対応方法をとることができたか。令和３年民法改正によってとるべき方法は異なるのか。

第 1　一般的な共有不動産の共有解消方法

1　協議による対応[19]

一般的に共有不動産の共有解消方法としては，現物分割，代償分割，換

---

19) 詳細なケースごとに検討しているものとして，三平聡史『共有不動産の紛争解決の実務（第2版）』（民事法研究会，2021），渡辺晋『不動産の共有関係　解消の実務』（新日本法規，2021），宮崎裕二『共有不動産の33のキホンと77の重要裁判例』（プログレス，2018）などがある。

価分割，共有持分の売却，共有持分の放棄などがある。これらのうち，どのような方法をとるかは，共有に至った理由，使用状況，共有者の同意の有無，代償資金の有無，課税されるか否かなど税務上の問題などを総合考慮して決定すべきである。なお，分割合意により共有持分を取得した場合，共有者は共有物に関する証書の保存が義務付けられている（民262条 1 項）。

選択方法によっては課税額が大きくなる可能性もあり，生じる税金については事前に確認しておく必要がある。特に共有持分放棄によって共有を解消するような場合，みなし贈与とされるため（相続税 9 条，相続税基本通達 9 -12），税金は高くなる。また，共有持分を譲渡して利益が出た場合には，譲渡益に対して所得税と住民税が課税される。

共有者が行方不明の場合には不在者財産管理人の選任の申立てを行い（民25条 1 項，家事146条 1 項），不在者財産管理人と協議することもできるが，予納金を事実上，選任を求めた共有者が負担しなければならないという点が問題視されている。[20]

なお，不在期間が長期にわたる場合には失踪宣告の申立て（民30条，家事148条 1 項）を行うことになる。

2　訴訟・審判手続による共有不動産の解消

協議による分割が難しい場合，共有物分割訴訟（民258条 1 項）を提起することが考えられる。

実務上，全面的価格賠償の方法による分割が許されるとされた判例（最判平 8 ・10・31民集50巻 9 号2563頁）以降は，事案の性質に応じて，裁判所が，①現物分割，②代償分割（全面的価格賠償分割），③競売分割のいずれかの方法によって共有物の分割の裁判を命じている。[21]

遺産分割の未了を理由とする共有状態の場合には，地方裁判所による共有物分割の手続ではなく，家庭裁判所による遺産分割の審判によらなけれ

20）予納金額は事案に応じて20万～100万円の範囲で設定されることが多い。令和 2 年度の司法統計によれば，不在者財産管理人の選任申立件数は3157件であった。

21）形式的形成訴訟であり非訟事件的な性質を有しているとされている東京地判平成19年 2 月27日判例秘書L06230903参照。

ばならないとするのが判例（最判昭62・9・4判タ651号61頁）である。すなわち，遺産分割未了で共有持分を有している場合には，まず遺産分割の調停又は審判の中で代償分割や競売分割などを行う必要がある。もっとも，不動産の法定相続持分が第三者に譲渡された場合には，当該譲受人と他の共有持分権者との間では，遺産分割協議を経ることなく共有物分割訴訟が可能である（最判昭50・11・7民集29巻10号1525頁）。

　ところで，近時，共働き夫婦が増え，いわゆるペアローン[22]を用いて不動産を共有して購入するケースが多い。このように住宅ローンなどの債務が残っている事案における代償金算定のための不動産評価方法は，必ずしも定まっていない。

　一般的には不動産の価格からローン残額を控除して不動産の価値を算出し，共有持分割合を代償金とする考え方が多いと思われるが，[23]ローンを控除せずに代償金を計算する裁判例もある。また，オーバーローンの場合，形式的には０円となるようにも思えるが，「潜在的な利益」があるとして相応の代償金とされた裁判例もあり，[24]代償金の算定方法は財産分与の場面とは計算方法は必ずしも一致していない。

　全面的価格賠償の場合には，確実な履行の確保のために，不動産移転登記と代金支払の引換給付判決が出されることもあるが，[25]代理人がいる事案では判決と同じ内容を当事者間での和解によって実現する方が住宅ローンの利用など柔軟に対応できる。

　共有者が共有物の固定資産税や管理費など持ち分に応じて負担すべき債務を１年以上支払わない場合，民法253条２項による価格賠償によって所有権を得る方法もあるが，利用実績は多くない。[26]

22）夫婦で共同して不動産の持分を購入し，ローンの返済債務を相互に連帯保証するものをいう。
23）東京地判平29・3・9判例秘書L07231111。
24）東京地判平18・6・15判タ1214号222頁。
25）親族間売買となるため住宅ローンがつきにくい点には注意が必要である。
26）認容されている事例としては東京地判平成28年9月8日判例秘書L07133523。

第2　令和3年民法改正による共有不動産の共有解消方法

1　共有に関する令和3年民法改正・新法制定 {#}

　所有者不明土地の解消が国家的な課題となり，所有者不明土地の発生防止と利用円滑化の観点から令和3年に民法・不動産登記法の民事基本法制の改正が行われ，令和5年4月1日に施行されることになった。また，あわせて相続等により取得した土地所有権の国庫への帰属に関する法律が制定され，令和5年4月27日に施行されることになった。

　以下では，令和3年改正のうち，共有不動産の強制執行に関連する部分のみを取り上げる[27]。

2　改正法における所在等不明共有者がいる場合の共有物の管理・変更方法 {#}

　共有物の管理のためには，共有持分の過半数による同意を得る必要があった（改正前民252条）。しかし，他の共有者が所在不明の場合には，過半数の同意を得ることができず，共有物の管理に支障が生じる場面があった。また，管理と変更の区別についても不明確であるという指摘がなされていた。

　そこで，令和3年改正民法では，裁判所の決定により，所在等不明共有者（改正民262条の2第1項括弧書において定義されている）の持分を除いた過半数によって共有物の管理を行うことができるとされた（改正民252条2項）。また，これらの裁判を行う手続として非訟事件手続法も改正された（改正非訟85条1項2号）。さらに，管理行為として行える内容を条文化し，変更行為との区別を明確化した（改正民252条4項）。

　共有物に変更を加えるためには，他の共有者全員の同意を得る必要があった（改正前民251条）。しかし，他の共有者が所在不明の場合には，同人の同意を得ることができず，共有物に変更を加えることができなかった。

27）令和3年度改正については，村松秀樹＝大谷太編著『Q＆A令和3年改正民法・改正不登法・相続土地国庫帰属法』（きんざい，2022），所有者不明土地問題等に関するワーキンググループ『新しい土地所有法制の解説』（有斐閣，2021）などに詳しい。

　そこで，令和3年改正民法では，裁判所の決定により，所在等不明共有者（改正民262条の2第1項括弧書において定義されている）以外の全員の同意により共有物に変更を加えることができる旨が明記されるに至った（改正民251条2項）。また，これらの裁判を行う手続として非訟事件手続法も改正された（改正非訟85条1項1号）。

3　改正法における法的手続を用いた共有不動産の共有解消方法

　令和3年改正民法では，裁判による共有物分割の方法として，①現物分割，②賠償分割（代償分割）を並列して列挙し（改正民258条2項），これらでは対応できないときに競売を命じることができると定め（改正民258条3項），競売分割を補充的な位置づけであることを明記した。また，価格賠償を命じる際の給付命令の根拠条文を明記した（改正民258条4項）。これらは，これまでの判例実務を踏襲した改正である。

　判例（最判昭62・9・4判タ651号61頁）により，遺産共有状態の場合，遺産分割協議を経てからでなければ共有物分割訴訟を行えなかったが，令和3年改正民法では相続開始の時から10年経過したときは，相続人から異議の申出がない限り，遺産共有状態であっても共有物分割請求を行うことができることを明記した（改正民258条の2）。これは遺産分割手続を尊重しつつ，共有の問題を解決するために新たに設けられた規定である。

　所在等不明共有者との関係では，改正点として以下の2点が重要である。

　まず一つ目は，所在等不明共有者の持分を他の共有者が代償金を支払って持分取得できるという改正である（改正民262条の2）。共有物分割訴訟においては，固有必要的共同訴訟として共有者全員を当事者とする必要があったが，本改正では1名の共有者が所在等不明共有者を相手に，非訟事件として請求することができることとした（改正非訟87条）。共有者が多数いるが一部が行方不明というような事案では効果的な規定である。

　二つ目は，他の共有者全員が第三者に共有持分を譲渡する場合に，所在等不明共有者の持分を裁判所の許可により売却することができるようになる改正である（改正民262条の3）。代償金を支払うことが難しい場合でも，第三者に売却した金銭で代償金を支払えるようになった。

　これらの規定は所在等不明共有者の個別の承諾を得ることなく，当該共有者の持分を処分できるという制度であり，大きな改正である。ただし，遺産共有状態の場合には相続開始の時から10年経過している場合に限られる（改正民262条の2第3項・262条の3第2項）。

第3　設問に対する回答

1　改正前民法における対応方法

(1)　父親Bの相続時における対応

　本事例ではAの債権者が債権者代位に基づいて法定相続登記を行っているが（不登59条7号），本来なら共有持分とならないように早期に動いておくべきであった（債権者の立場で代位登記を行う場合については設問5（66頁））。

　仮に父親BがYに単独で相続させる旨の遺言を残していた場合，相続の時期が令和元年7月1日よりも前であれば，登記なくして対抗できるため（最判平14・6・10判タ1102号158頁），YはXに対して差押えに対する第三者異議の訴えを提起することができた。しかし，改正相続法が施行された令和元年7月1日よりも後に相続が開始している場合，Yは相続させる旨の遺言があっても登記していなければ，Aの持分を相続したことについて第三者に対抗することができなくなった（民899条の2第1項）[28]。

　遺言が残っていなかったとしても，Yは乙建物に住み続けたいと考えていたのであれば，主体的に遺産分割協議を行い，Yの単独名義にしておくべきであった。仮に単独名義にするには代償金などを支払う必要があり資金的に難しい場合には，土地と建物の賃貸借関係などを明確にしておくべきであった。ただし，自己賃借権は例外的な場面にしか認められておらず（借地借家15条），YがAの協力なく自己のために自己の賃借権を設定することはできないという難しさもあった[29]。

28）民法及び家事事件手続法の一部を改正する法律（平成30年7月13日法律第72号）附則第3条。
29）本事例と異なり相続人がAとY以外にいる場合には，Yともう1名が合意すれば過半数の土地の持分権者として短期間の賃貸借契約を締結することも可能であろう。

Ａと音信不通であったためＡとの合意に基づく対応はできないが，遺産分割協議ができない場合でも，遺産分割審判を申し立て代償金を支払うなどしてでも共有名義を回避しておくべきであったといえる（家事195条）。あるいは，遺産の換価を命ずる裁判（家事194条）を得て，換価処分を行うことも検討しておくべきであった。

Ａの債権者が債権者代位を行った段階で，Ｙにはその旨の通知がなされているのであり（不登規183条１項２号），少なくともこの時点で専門家に対応を相談できたはずである。

(2)　第１競売時における対応

第１競売について，開始決定が出されると，競売開始決定が共有者に通知される。これは特別送達であるため，この段階で自らの自宅の一部が競売となっていることを理解できたであろう。

競売手続が開始すると，配当終期の公告がなされ，これを見た不動産業者から任意売却の申入れがなされることが多い（詳細は設問２（20頁））。この段階で不動産業者に状況を確認することも一つの選択肢であった。競売開始決定後ほどなく現況調査のために乙建物に執行官と鑑定人が来る（民執57条２項）。Ｙに対して状況確認が行われているはずであり，Ａの債権額の確認も取れたはずである。本事例では超過売却（民執73条）となったことからも推測されるように，債権額は大きなものではないことが予想され，「正当な利益を有する者」として第三者弁済（民474条）を行うことで競売を回避できたと考えられる。ただし，Ｙは第三者弁済によって確定的にＡの所有権を得られるわけではないため，結局は早期に遺産分割協議等を行い，共有状態を解消すべき事案であった。

また，第１競売の入札に参加するという方法もあった。一般的に共有持分の場合，利用権がないことから入札者も少なく落札金額は安くなりがちであり，落札することで甲土地の持分を取得することはできた（ただし，本件では乙建物の２分の１はＡのままであるので，問題点としては残るが法定地上権の問題は回避できる。）。

(3)　第２競売に入る前の段階

共有物分割訴訟（民258条１項）は「協議が調わない」ことが要件であ

り，協議を行う必要がある。ただし，共有者の一部が明らかに共有物分割の協議に応じる意思がない場合は「協議が調わない」場合に該当するとされている[30]

　買受人Xは不動産業者であることが予想され，同業者は共有者Yとの交渉や共有者Yに対する共有物分割訴訟を行うことで，投下資本の回収を行っていると思われる[31]不動産業者は自らが購入してもよいし買受した持分を売却してもよいというスタンスであるため，Yとしては買受人である不動産業者との間で可能な限り協議を行うべきであったといえよう。

(4)　共有物分割訴訟の段階

　Xとの間で協議が調わず，共有物分割訴訟となった場合であっても和解をすることはもちろんのこと，全面的価格賠償請求（最判平8・10・31民集50巻9号2563頁）を行うことも検討できたはずである。ただし，改正前民法では必ずしも全面的価格賠償の主張が採用されるわけではないため，価格賠償できるだけの資金があることや，現在の利用状況，Yの居住継続の意思を訴訟において明確にする必要がある。なお全面的価格賠償の主張方法としては，抗弁として主張すれば足り，必ずしも反訴や別訴による必要はない。

(5)　第2競売が始まった段階

　本事例は判例の事案と同様であり法定地上権の成立を争うことは難しいが[32]この段階ではXは第1競売の時の値段よりもより高額な金額でなければ和解には応じないと思われる。しかし，最終的には建物収去となるリスクがある以上，和解を検討すべきであろう。

　最終手段としては，第2競売に入札するという方法もあるが，上記のとおり高額な金額となることが予想されるため回避すべきである。

　第2競売後には，買受人との間で任意の交渉を行うことも検討すべきである。

---

30) 最判昭46・6・18民集25巻4号550頁。同判例は改正民法で条文化された。
31) 平野139頁。
32) 最判平成6年4月7日民集48巻3号889頁については批判もある（平野158頁（コラム37））。

2　改正民法下での対応方法

　本事例では父親Ｂの相続開始から10年が経過していたのかが不明であるが，仮に相続開始から10年が経過していた場合には，ＹはＡとの間で遺産分割協議を経ることなく共有物分割訴訟を行うこともできる。また，Ｙは行方不明のＡを所在等不明共有者として，甲土地及び乙建物の譲渡請求や，第三者への譲渡について裁判所の決定を得るということも考えられる。

　しかし，本事例では，当初の段階でＡの甲土地の持分が差押えされたことから，改正法によって対応できることが増えたわけではない。

　したがって，令和３年民法改正によってもＹがとっておくべきであった方法に変更はない。

設問 8　債務整理・破産と不動産執行

事例 1　破産手続と不動産執行

① 　債権者Ｘは，債務者Ｙの所有する甲不動産に対して強制執行を行い不動産強制競売の申立てを行った。Ｙは，Ｘから甲不動産を差し押さえられた後に，破産申立てを行い，破産手続開始決定がなされた。この場合，Ｘが行っている差押え及び競売手続はどうなるか。

② 　債務者Ｙが破産手続準備中に，債権者Ｘが他の債権者Ｚに先んじて不動産強制競売の申立手続で債権回収を行おうとする場合，Ｙ及びＺはいかなる対応をとることができるか。

③ 　甲不動産には抵当権者Ｗの抵当権があり，ＷがＸの不動産強制競売申立後に二重開始の申立てを行っていた場合には，上記①②の結論は異なるか。

第 1　破産手続と不動産執行の関係（事例１①）

1　破産手続開始決定の効力（総論）

　自らの債務について債務名義を取得されているにもかかわらず，債権者に対して任意に債務を履行しないために，自己所有の不動産に強制競売の申立てがなされる債務者は，他の債権者に対しても債務を負っている場合が少なくない。そのため，債権者が不動産強制競売の申立てを行う段階で，債務者が破産手続開始の申立てを行うことも起こり得る。その際，強制競売と破産手続との関係が問題となる。

　破産手続が開始されると，債権者は，以後は破産手続によらなければ破産債権を行使することができなくなる（破産100条１項）。そのため，債権者

は，債務者に対する破産手続開始決定が行われた後は，破産債権に基づく債務者財産に対する強制執行等はできなくなる（破産42条1項）。

2 強制執行の効力

　本事例①におけるXのように，債権者が，債務者所有の不動産に対して不動産強制競売の申立てを既に行っていたが，その後に破産手続開始決定が行われた場合，債務者に属する不動産（事例1①では甲不動産）に対する強制執行はどうなるのか。

　上述のとおり，破産手続開始決定があった場合，債権者は，破産法上特別の定めがある場合を除き破産手続によらなければ破産債権の行使はできないため，破産財団（債務者が破産手続開始時において有する一切の財産）に属する財産に対して既になされている強制執行についても，その効力を失うこととなる（破産42条2項本文）。そのため，執行債権者は，強制執行における配当金の受領権限等を失うことになる。他方，破産管財人は，特別の手続を経ることなく，執行機関に対して配当金の引渡しを請求することができる[1]。また，破産管財人は，個別の強制執行の効力を無視して財産換価を行うことも可能である。

　もっとも，執行裁判所は，債務者について破産手続開始決定があったことを当然に知るわけではない。そのため，債務者又は破産管財人は，執行裁判所に対して，破産手続開始決定の存在を上申する必要がある。

　なお，破産手続開始決定前に既になされた強制執行は，上述のとおり，破産手続において効力を失うものであって，絶対的に無効になるものではない。そのため，破産管財人は，既になされている個別の強制執行の手続を続行することも可能である（破産42条2項ただし書）。

---

1) 伊藤眞『破産法・民事再生法（第5版）』（有斐閣，2022）459頁。

第 **2**　執行停止のための手続（事例 1 ②）

1　中止命令と取消命令制度

　破産手続開始決定後は，個別の債権者による強制執行は開始できず，既に開始されている強制執行は効力を失う。そのため，債務者が，破産手続開始の申立てを行うことが現実味を帯びてくると，債権者は，破産手続開始決定前に自らの債権を回収しようとするため，多数の債権者がそれぞれ個別執行手続をとったり，独自の債権回収方法をとるといった事態が生じ得る。

　しかし，このような事態を放置すると，債務者が申し立てる予定である後の破産手続の円滑な遂行が困難になる可能性がある。また，破産手続は債権者間の公平に配慮する手続であるところ，一部の債権者による抜け駆け的な回収を防がなければ，他の債権者が害される可能性がある。そのため，破産手続開始決定前の中止命令，取消命令等の制度が設けられている。

　なお，強制執行手続によって取立てを行っているような場合でも，支払停止通知を受けたにもかかわらずあえて取立てなどのように否認権の要件を満たす場合には，否認対象となる（破産165条）。

2　債務者及び債権者による中止命令・取消命令の申立て

　債務者や他の債権者などの「利害関係人」（破産24条 1 項本文）は，債務者の破産手続開始の申立てがあった後，破産手続開始決定があるまでの間，個別の強制執行手続について中止命令を申し立てることができる（破産24条 1 項本文）。

　中止命令は，中止の必要があり強制執行を申し立てた債権者に不当な損害を及ぼすおそれがない場合に限って認められる（破産24条 1 項ただし書）[2]。中止命令がなされると，当該強制執行手続は停止し，それ以上は進行せず，

---

[2]　執行債権者が，破産配当によって得ることが期待される利益が，強制執行によって受けられる利益を下回ることは，不当な損害とは言えないとされている。したがって，担保権を持たない債権者にとって，不当な損害の発生が認められるのは，極めて限られた場面であると言える（伊藤眞『破産法・民事再生法（第 5 版）』（有斐閣，2022）162頁）。

中止命令に違反して続行された手続は無効となる。

　中止命令は，破産手続開始の申立てについて決定があるまでの間に効力を有するものなので，破産手続が開始されると当然に失効する（破産42条2項本文）。他方，破産手続開始の申立てが棄却又は却下された場合には，中止されていた強制競売手続は再度進行する[3]

　なお，実際に強制執行を停止させるためには，中止命令の正本を提出して強制競売手続停止の上申をする必要がある[4]

　中止命令が発令された場合でも，それまでに既になされた強制執行手続の効力は存続しているため，債務者は，対象不動産を処分したり利用することはできない。しかし，破産手続開始決定前に，対象不動産を任意に売却した方が，後の破産財団の増殖に資する場合もある。そのため，裁判所は，債務者の財産の管理及び処分をするために特に必要があると認められるときに，中止した強制執行手続の取消しを命ずることができる（破産24条3項）。

　取消命令は，保全管理命令が発生されていることが要件となっているので，債務者が法人の場合に限って認められることになる（破産91条1項）[5]。取消命令により，強制競売手続は遡及的に効力を失う。

3　複数の不動産に対して強制執行が行われている場合

　債務者が多数の不動産を所有しており，それらの不動産に対して多数の強制執行が係属している場合に，債務者や他の債権者が個別に中止命令を申し立てなければならないとすると，事務作業に多大な労力を要することになり，結果として債務者の財産が保全できなくなるおそれがある。

　このように，破産手続開始の申立てがあった場合で，中止命令によっては破産手続の目的が十分に達成することができないおそれがあると認めるべき特別の事情がある場合には，利害関係人の申立て又は職権により，破産手続開始決定があるまでの間，全ての債権者に対して，包括的に強制執

---

3)　中村＝劔持（上）290頁。
4)　中村＝劔持（上）291頁。
5)　中村＝劔持（上）291頁。

行等の禁止を命ずることができる（包括的禁止命令，破産25条1項）。

　　包括的禁止命令が発令されると，新たな強制執行ができなくなり，既に
なされている強制執行の手続は中止する（破産25条1項・3項）。

　　強制競売開始決定前に，包括的禁止命令が発令されている場合には，強
制競売手続を開始することは許されない[6]。

　　そのため，債務者や他の債権者等の利害関係人は，執行裁判所に対して
包括的禁止命令正本を添付した上申書を提出し，当該強制競売手続の申立
てを却下してもらうよう働きかけることができる。

　　また，強制競売開始決定が出てしまった場合でも，利害関係人は，速や
かに包括的禁止命令正本を添付した上申書を提出し，強制競売手続の取消
しや停止を求めることができる。

４　同時廃止決定と執行の効力

　　破産手続開始決定がなされると，破産債権者及び財団債権者は，破産財
団に属する財産に対する強制執行の申立てをすることができず，先行する
これらの手続は原則として失効する（破産42条1項・2項本文）。

　　もっとも，破産手続について，同時廃止決定（破産216条1項），異時廃止
決定（破産217条1項）の確定，又は終結決定（破産220条1項）があった場合
には，当該破産手続は終了するため，上記の権利行使の禁止が解除される。

　　したがって，同時廃止決定後に免責の審理を行う場合には，免責審理期
間中に強制執行禁止の効果が働かないこととなる。

　　しかし，この場合に強制執行を許してしまうと，破産者の経済的再生を
図るとする免責制度の趣旨を没却することになる[7]。

　　そのため，破産手続廃止決定等によって破産手続が終了した場合であっ
ても，免責許可手続が終了するまでは，破産債権に基づく強制執行等は禁
止される（破産249条1項）。ただし，執行裁判所は，破産手続において免責
許可申立てがあったことや，同時廃止決定があったことを当然に知りえな
いので，個別執行の中止を求める債務者は，執行裁判所に対し，破産手続

---

6)　中村＝劔持(上)292頁。
7)　伊藤眞『破産法・民事再生法（第5版）』（有斐閣，2022）803頁。

廃止決定正本等を提出するとともに，免責許可申立てをしている旨を上申
して，[8] 執行手続停止の申立てを行う必要がある。

　なお，異時廃止決定の場合については，免責審理期間中の債権者による
強制執行が禁止されることから（破産249条1項），既に停止されている強制
競売手続の効果に変動はない。[9]

第3　担保不動産競売手続と破産（事例1③）

　抵当権をはじめとする担保権は，破産法上，別除権（破産2条9項）として，
破産手続によることなく行使することができる（破産65条1項）。二重開始決
定がなされている場合，先行手続が停止した場合，後行差押債権者は，後行
の開始決定に基づいて手続を進める旨の続行決定を申し立てることができる
（民執47条6項）。

　そのため，担保不動産競売の手続は，その後に抵当権の目的たる甲不動産
の所有者Yが破産手続開始決定を受けたとしても，中断や中止することなく，
そのまま進行することとなる。

　したがって，本事例では，①②と異なり，債務者Yや他の債権者は，Wに
よる担保不動産競売手続に対して，破産手続開始決定があったことなどを上
申して手続の中止を求めることはできない。

　なお，後になされた破産手続において，先行する担保不動産競売手続を止
める方法としては，破産法上の担保権消滅制度[10]（破産186条）があるが利用実
績は多くない。[11] また，本事例のように，先行事件が停止となったものの二重

8）東京地裁民事執行センターの運用では，上申書に，破産手続開始申立ての際に免責許可申立て
について反対の意思表示をしていない旨の申述を記載すれば足りるとしている（中村＝劔持（上）
296頁）。
9）中村＝劔持（上）296頁。
10）この制度は，破産管財人が，担保権の目的財産を強制執行の手続によらずに任意に売却する場
合に，裁判所の許可を得て，当該財産について存在する全ての担保権を消滅させ，任意売却によ
り取得することができる金銭の一部を担保権者の弁済に充てずに破産財団に組み入れ，破産債権
者への配当の原資とするものである。この制度は破産管財人による任意売却を実現させるための
制度であるから，債務者や他の債権者が利用できるものではない。
11）東京地裁では2005年から2018年までで申立件数が40件である（蛭川明彦「東京地方裁判所にお
ける破産事件の運用状況」金法2110号19頁）。

開始決定により後行事件で続行した場合，東京地裁民事執行センターでは，先行事件に要した費用も後行事件に要した費用も全て共益費用になると解している。[12]

 事例2

民事再生と不動産執行

債権者Xは，債務者Yの所有する自宅不動産に対して強制執行を行い，不動産強制競売の申立てを行った。YはXから不動産を差し押さえられた後に，民事再生手続開始の申立てを行い，同開始決定がなされた。この場合，Xが既に行っている差押え及び競売手続に影響はあるのか。

第1　民事再生手続の効力（総論）

　民事再生手続は，破産手続とは異なり，いわゆる再生型の手続である。破産手続の場合は，破産手続の機関として破産管財人が選任され，破産管財人が破産財団の管理・処分権を持って手続を追行するが（破産78条1項），民事再生手続の場合は，再生債務者は業務遂行権及び自己の財産の管理処分権を失わない（民再38条1項）とされているのも，その現われである。

　しかしながら，民事再生手続においても債権者間の平等な満足を確保する必要があることは破産手続と同様であり，再生債務者の業務遂行権及び財産管理処分権の行使は，再生手続の機関として債権者に対して公平かつ誠実に行わなければならない（民再38条2項）。

　したがって，民事再生手続においても，強制競売手続との関係が問題となる。

---

12)　中村＝剱持（下）260頁。

第2　民事再生と不動産執行の効力（債務者・債権者）

　本事例のように，債務者が申し立てた民事再生手続について再生手続開始決定が出された場合に，債権者が既に申し立てた不動産執行の効力はどうなるか。

　民事再生手続開始後は，民事再生法に特別の定めがある場合を除いて再生計画の定めるところによらなければ債権者が個別に権利行使をすることができない（民再85条1項）。

　したがって，再生手続開始決定があったときは，再生債務者の財産に対する再生債権に基づく強制執行手続を申し立てることはできない。

　また，既にされている再生債権に基づく強制執行手続は中止される[13]（民再39条1項）。

　もっとも，破産手続では，破産債権のみならず財団債権に基づく強制執行等も失効するとされているのに対し（破産42条2項），民事再生手続では再生債権に基づく強制執行等が中止の対象であって，共益債権や一般優先債権に基づく強制執行等は，原則として再生手続開始決定による影響を受けないとされている点は，注意が必要である。

　なお，民事再生手続開始決定が出た場合に強制執行等は当然に中止されるわけではなく，強制執行等の停止を求める再生債務者等は，執行裁判所に対し，再生手続開始決定の正本を添えて上申する必要がある[14]。

第3　再生手続開始決定前の中止命令，取消命令及び包括的禁止命令

　民事再生手続の開始決定前においては，債務者が経済的危機にあることを債権者が知っている場合も多く，特に，民事再生手続開始申立てがなされると広く知られることになる。このように，再生手続開始決定前の段階においても，必要に応じて債権者による個別の権利行使を制限しなければ，再生手

---

13) 破産手続の場合は強制執行手続が「失効」するのに対し，民事再生手続の場合には「中止」にとどめられているのは，再生手続が頓挫した場合に備えるためである。

14) 中村＝劔持（上）305頁。

続の目的が実現できなくなるおそれがある。

　そのため，民事再生法では，再生手続開始の申立て後，再生手続開始決定までの間に，再生債務者の財産の散逸を防止するために，個別の強制執行についての中止命令制度（民再26条1項）及び取消命令制度（同条3項）が設けられている。

　再生債務者等は，再生手続開始の申立てをしてから，再生手続開始決定があるまでの間に，債権者による個別の強制執行等を中止する必要がある場合には，裁判所に対し中止命令の発令を求めることができる（民再26条1項本文）。そして，中止命令正本及びこれを停止文書とする旨の上申書を執行裁判所に提出することで，再生債務者の財産との関係で執行手続は中止される（民執39条1項7号）。

　ただし，強制執行手続の進行の度合いによっては，強制競売手続が停止しないときがある。すなわち，入札期間開始後・開札期日前や，開札期日後・売却決定期日前であれば，中止命令の提出によって原則として強制競売手続は停止するが，売却決定期日後・代金納付前の場合は，売却許可決定の取消し若しくは失効又は売却不許可決定が確定しなければ強制競売手続は停止しない（民執72条2項・3項）。また，代金納付後は，既に不動産の所有権が買受人に移転しているため，手続は停止しない[15]。

　したがって，再生債務者等は，中止命令を得た場合は，速やかにその旨を執行裁判所に上申するよう，注意が必要である。

　中止命令が発令されると，対象となった強制執行等の手続についてそれ以上は進行しないが，既にされた手続はそのまま維持されるため，差押えの効力は残ったままとなる。

　そうすると，再生債務者は，対象となった財産を管理・処分することに制限を受けることになる。このような場合に，「再生債務者の事業の継続のために特に必要があると認めるとき」には，再生債務者等は当該強制執行等の手続について取消命令の発令を求めることができる（民再26条3項）。

　取消命令により，強制執行等は遡及的に失効し，差押えの効力も遡及的に

15）中村＝剱持（下）375頁。

失われると解されている。[16]

　複数の不動産に対して強制執行が行われている場合は，包括禁止命令の申立てが考えられる（民再27条1項）。ただし，事前に又は同時に，保全処分（民再30条1項）・監督命令（民再54条1項）・保全管理命令（民再79条1項）が発令されている場合に限られている（民再27条1項ただし書）。

事例 3 　民事再生手続と別除権による不動産競売

①　Yは甲マンションを購入するにあたり，銀行Wから住宅ローンの借入れを行うとともに，購入した甲マンションにWのために抵当権を設定した。しかし，Yが住宅ローンの支払が滞るようになったことから，WはYのマンションに対する担保不動産競売の申立てを行った。Yは，甲マンションを自宅兼事務所として使用しており，甲マンションを手放すことはどうしても避けたかったため，民事再生手続の申立てを行うことにしたが，この場合に，甲マンションに対する担保不動産競売の手続はどのように扱われるのか。

②　Yは，Wによる担保不動産競売手続に対して，何ができるか。

第 1 　別除権による担保不動産競売と民事再生手続（総論）

　担保権は，別除権の行使として，民事再生手続によらないで行使することができる（民再53条2項）。したがって，担保不動産競売手続がなされている最中に，債務者について民事再生手続が開始されても，何らの影響を受けないのが原則である。

　もっとも，再生債務者の経済的再生を図るという民事再生法の趣旨に照らし，後述する担保権消滅制度等の制度的制約に服することがある。

　担保不動産競売を申し立てた債権者は，再生債権の額又は担保不足見込額

16）中村＝劔持（上）303頁。

について，再生手続の中で弁済額を策定し，再生計画に従い弁済を受けることになる。

　具体的には，再生裁判所に対し，書面による異議があった場合（民再226条1項，民再規121条），一般異議申述期間の末日から3週間以内に，再生債権の評価の申立て（民再227条）を行うことによって，再生債権の存否及び額又は担保不足見込額を再生裁判所に定めてもらうことになる。

第2　再生債務者等のとり得る手段

1　担保権消滅制度（民再148条）

　債権者に担保不動産競売を申し立てられた再生債務者等は，競売目的財産が再生債務者の事業の継続に欠くことができない財産である場合には，その価額に相当する金銭を再生裁判所に納付することにより，当該財産上の担保権を消滅させることができる。これが，民事再生法上の担保権消滅制度である。[17]

　本事例において，甲マンションを事務所として事業の用にも使っていたYは，Wによる担保不動産競売申立てに対し，民事再生法上の担保権消滅制度を利用して，甲マンションの売却を防ぐことが考えられる。

2　住宅資金貸付債権に関する特則

　本事例では，Yは甲マンションを自宅としても使用しており，債権者Wの債権は住宅資金貸付債権（住宅ローン）である。

　住宅資金貸付債権（民再196条3号）については，原則として，再生計画において住宅資金特別条項（同条4号）を定めることができる。

　そして，この計画が認可される見込みがあるときは，再生債務者Yは，要件が緩和された抵当権実行としての競売手続の中止命令（民再197条）の申立てを行うことも可能である。[18]

---

17)　破産法上の担保権消滅制度は，担保目的物を任意売却してその一部を破産財団に組み入れることを目的としている制度であり，民事再生法上の担保権消滅制度とは異なる。
18)　中村＝剱持（上）287頁。

破産手続と滞納管理費の求償

　区分所有不動産が競売手続において売却される場合，債務者（当該不動産の所有者）は管理費を滞納しているケースが少なくない。そして，建物区分所有法8条により，滞納管理費の支払義務は所有権に付随して移転するのが原則である。そのため，管理費の滞納が生じている区分所有建物を買い受けた者は，前所有者が滞納した管理費の支払義務を負うことになる。もっとも，理屈上は買受人が，滞納管理費を支払った場合には前所有者に求償することができるため，買受人が専ら負担することになるという結果は生じない。

　他方で，債務者が管理費の滞納をしているようなケースにおいては，債務者が破産を申し立てることや管財人の任意売却への努力が結実せず，競売に至ることも少なくない。そのため，債務者が破産した場合に求償権行使がなしえるのか否か，ということが実務上問題になる。

　原則として，破産手続開始決定前の原因により生じた債権は，破産手続との関係では，租税債権等の一部の債権を除き破産債権として取り扱われる。そのため，破産者が破産手続開始決定前に滞納した管理費等については，破産債権として手続の中で配当を受けることになる。また，債務者が区分所有不動産を保有した状態で破産手続の申立てを行い，破算管財人が管理している間に発生した管理費については，「破産財団の管理」に関する費用（破産148条1項2号）に該当する財団債権であり，手続上は管理費及びその求償権も優先弁済を受けることができる。

　そのため，競落人が破産手続終了までに，不動産を競落し滞納管理費を清算した場合には，求償債権は破産手続の中で，破産債権又は財団債権として取り扱われ，配当を受けることができるということになる。

　他方で，破産手続開始決定後に管財人が選任され，任意売却を目指したものの，最終的に抵当権者との協議が調わず，当該不動産を財団から放棄するということもある。そのような場合には，一般債権者又は抵当権者により，当該不動産は競売に付されることになり，破産手続と分離して競売手続が進行することになる。そして，競落人が当該不動産を競落し，滞納管理費を清算した時点で，既に破産手続は完了しており，免責許可決定が出ているという事態もあり得る。

　破産法の一般原則に従えば，破産債権（破産2条5項）及び財団の管理に関する債権（破産148条1項2号）は，免責許可決定により免責される。そ

のため，破産手続終了後に，不動産を競落した者がいたとしても，破産債権・財団債権を問わず，求償権は既に免責されているため，破産者に対して改めて請求することはできない。

　しかしながら，破産管財人が破産手続中に区分所有不動産を放棄した場合，放棄後（放棄から代金納付までの間）に生ずる管理費等については，「破産財団の管理」に関する費用には該当しないため，免責許可決定後であっても，債務者（破産者）に対する求償ができるか問題になる。

　この点，裁判例[19]においては，財団から放棄された後に発生した管理費の取扱いについては，破産法や民事執行法上は，該当する規定がないことを前提として，破産者が義務を負わないとする法律上の根拠に欠けることから，競売手続において競落した者が代位弁済した管理費等を求償請求した場合，破産者は，これを支払うべき義務を負うことになると判断している。この裁判例からすれば，滞納管理費が存在する区分所有不動産を買い受けた場合に，債務者が既に破産していたとしても，財団から放棄された以後の分に限っては，求償することができるということになりそうである。

　このように，債務者が破産する場合に，競落人が求償をなし得るのか否かということについては，管理費が発生した時点で区別することができる。すなわち，①破産手続開始前の滞納管理費，②破産手続開始決定後に生じた滞納管理費，③財団からの放棄後に生じた滞納管理費という3つの区分に分けることができ，①②については求償不可，③については求償可能という結論になる。そして，破産者であっても，破産手続上，自由財産として一定額の財産の保持が認められることからすれば，回収可能性自体も，必ずしも皆無というわけではない。

　そのため，競売で滞納管理費がある不動産を買い受けた場合に，債務者が破産していることが判明したとしても，破算手続上不動産が財団から放棄された時期を確認するなどして，求償の可能性を探ることも重要であると思われる。

設問 9 区分所有建物の強制執行

事例 1 　滞納管理費の回収方法

　Yは，Aマンションに区分所有法上の区分所有建物を所有している。Aマンションには，X管理組合が存在しており，Yは管理費を長期にわたって滞納している。

① 　X管理組合は，どのような方法で滞納管理費を回収することができるか。

② 　当該区分所有建物の競売で買受人となったBが，X管理組合にYの滞納管理費を支払った場合，BはYに対して管理費の求償請求できるか。

第 1 　不動産競売手続を利用した管理費回収方法

1 　マンション管理費等の回収の必要性

　マンション管理費は，建物や敷地内の良好な状態を維持できるように管理するために必要な費用である。エントランス・廊下・階段などの共用部分の定期清掃，エレベーター・電気・給排水設備の点検，管理組合の運営などに使用される費用であり，管理費が滞納されると，適切な管理の遂行が困難となり，共用部分の清掃が十分行われなかったり，廊下の電球が切れたままになったりする事態となり，防犯面を含む住環境の悪化，ひいてはマンションの資産価値の低下にもつながりかねない。

　国土交通省の調査によれば，管理費等（管理費及び修繕積立金の総称をいう。以下同じ。）の滞納が発生しているマンションのうち，管理費等を3か月以上滞納している住戸があるマンションの割合は24.8%にも上っているとさ

れている[1]。

　そのため，管理組合にとって，滞納された管理費等をいかに回収するかは，極めて重要な問題である。

2　区分所有法7条の先取特権に基づく競売申立て

　滞納された管理費等を回収するために不動産競売手続を利用する際の手続として，区分所有法上の先取特権に基づく担保不動産競売の申立てがある。

　区分所有法7条には，マンションの管理費や修繕積立金も同債権に含まれるため[2]，管理費等が滞納された場合，管理組合は同条により，管理費等の滞納者所有の区分所有建物に対し，担保不動産競売を申し立て，区分所有建物の売却代金から管理費等を回収することができる。

　この方法のメリットは，競売に先立って債務名義を取る必要がない，すなわち，訴訟等を行う必要がない点である。しかし，区分所有権には住宅ローンを被担保債権として抵当権が設定されていることが多く，先取特権は抵当権に優先順位が劣るため，競売落札価格よりも多額のローン残高がある場合，先取特権に基づく担保不動産競売を申し立てても無剰余取消となってしまう。それゆえ，この方法が利用できる場面は明らかに無剰余にならない場合や，金融機関が不動産競売に同意することが予定されている場合など限定的な場面である。

　滞納管理費は，一般の先取特権である共益費用の先取特権とみなされるので（区分所有7条2項），配当の順位及び効力は以下のとおりとなる[3]。

①　一般の先取特権と抵当権，質権その他の担保物権との優劣は，物権変動の一般原則により，登記の先後によって定められる（民341条・373条）。

　　したがって，滞納管理費の先取特権は，目的不動産について登記が

1）平成30年度マンション総合調査（https://www.mlit.go.jp/common/001287412.pdf）。
2）先取特権により担保される債権には，規約又は集会決議で定められた管理費等の債権のほか，これに付加される遅延損害金も含まれると解されるが，区分所有関係に由来しない町内会費支払請求権等は含まれない（中村＝劔持(上)162頁）。
3）中村＝劔持(上)167頁。

された段階で，抵当権，質権その他の担保物権との優劣は，登記の先後によって定められる。

　注意が必要なのは，公租公課との関係では法定納期限等と登記の先後によって優劣が定められる点である（税徴20条1項4号，地税14条の14第1項4号）。すなわち，先取特権について登記しても固定資産税の未払があった場合には法定納付期限の関係で劣後する場合がある。

② 滞納管理費についての先取特権は，目的不動産に登記がされていない場合でも，担保を有しない一般債権者には対抗することができ（民336条本文），一般債権者に優先する。

③ 滞納管理費についての先取特権は，共益費用の先取特権とみなされるので，一般の先取特権の中では第一順位となる（民329条1項・306条）が，特別の先取特権には劣後する（民329条2項本文）。

　なお，滞納管理費等の回収方法としては，区分所有法7条の先取特権に基づく物上代位という方法も考えられる。区分所有建物が売却され，あるいは賃貸されている場合に，先取特権に基づいて売却代金や賃料から滞納管理費等を回収するという方法である。ただし，売却代金や賃料が滞納者に支払われる前にこれらを差し押さえる必要がある。売却や賃貸の情報を把握することは容易ではないため，物上代位による回収についても，困難である場合が多い。

3　滞納管理費等請求訴訟の勝訴判決に基づく不動産競売申立て

　滞納者を相手方として滞納管理費請求訴訟を提起し，勝訴判決の債務名義を得た上で，滞納者の区分所有建物の不動産競売の申立てを行う方法が考えられる。

　滞納管理費等請求訴訟の勝訴判決を得た場合，区分所有法7条の先取特権による場合と異なり，差押対象財産は滞納者の区分所有建物に限定されない。それゆえ，まずは，滞納者の金融資産などに対して債権執行することが考えられる。

　しかし，区分所有建物しか明確な財産がない場合，当該建物に対する強制執行による競売申立てを行うことが考えられる。ただし，無剰余取消の

可能性がある点は，区分所有法7条の先取特権に基づく不動産競売申立ての場合と同様である。

　そのため，滞納者の区分所有建物の価格，住宅ローン残高を考慮し，同区分所有建物からの配当が見込める場合は，区分所有法7条の先取特権に基づく担保不動産競売を申し立てて同区分所有建物からの回収を図ることが考えられる。他方で，同区分所有建物からの配当が見込めない場合（オーバーローンの場合）には，滞納管理費請求訴訟の勝訴判決に基づいて滞納者の一般財産からの回収を図る方法が適切であろう。

4　区分所有法59条に基づく競売請求訴訟を通じての回収

(1)　競売請求訴訟

　上記各手続によっても滞納管理費が回収できない見込みである場合，その他に手段がないとして，区分所有法59条に基づく競売請求訴訟を提起し，競売手続を通じて新たな買受人が特定承継人であるとして回収することが考えられる。

　区分所有法6条により，区分所有者は，建物の保存に有害な行為その他建物の管理又は使用に関し区分所有者の共同の利益に反する行為をしてはならず，同法59条は，区分所有者にこの義務を果たさない者がいる場合に，その者に係る専有部分について，競売を請求することができることを定めたものである。

　同競売を実行することにより，滞納者を排除した上で新しい所有者から滞納管理費の支払を受けることが可能となる。区分所有法59条は競売について定めたものであり，滞納管理費の回収について定めたものではない点には注意が必要である。

　同条に基づく競売請求が認められるための要件は以下のとおりである。

① 　建物の管理又は使用に関し区分所有者の共同の利益に反する行為があったこと，又はそのおそれがあり，その行為による区分所有者の共同生活上の障害が著しいこと

② 　他の方法によってはその障害を除去して共用部分の利用の確保その他の区分所有者の共同生活の維持を図ることが困難であること

　区分所有法59条に基づく競売請求は，同法57条（共同の利益に反する行為の停止等の請求）や同法58条（専有部分の使用禁止の請求）とは異なり，区分所有者に対する終局的不利益処分となることから要件は厳格に規定されている。

(2)　各要件についての裁判例

　ア　要件①について

　区分所有者は，各自が区分所有する部分（専用部分）につき，自由に使用・収益・処分することができるが，「区分所有者の共同の利益に反する行為」はできないと定められている（区分所有6条）。

　長期の管理費等の滞納が①の要件に該当するかについて，約5年半もの間，管理費等の滞納をしていたという事案で，積極判断をした東京地判平成18年6月27日判時1961号65頁は，「一部の区分所有者が管理費等の支払をしない場合，その区分所有者は他の区分所有者の負担で共同使用施設等を利用することになる。このような事態は他の区分所有者の迷惑となることは明白であり，区分所有者の間で不公平感が生じ，管理費等の支払を拒む者が他にも現れることが予測され，最終的には，マンション等共同住宅全体の維持管理が困難となるものと考えられる。」「このような観点からすれば，長期かつ多額の管理費等の滞納は，同法6条1項所定の共同利益背反行為に当たるということができ……これによって，同法59条1項所定の，共同生活上の著しい障害が生じているといえる。」としている[4]。

　長期の管理費等の滞納については，要件①を満たすと判断した裁判例が多く存在するが，消極判断した裁判例が一部あることには留意すべきであろう。東京地判平成16年10月29日判例秘書L05934412は，「管理費の滞納額は約50万円（18か月分）であり，未だ区分所有者の共同生活上の障害が著しいというには足りない。」と判断している。また，東京地判平成22年5月21日判例秘書L06530347は，「滞納額約180万円（68か月分）

---

4)　その他の裁判例として東京地判平成20年6月20日判例秘書L06331643がある。

であり，管理費等の滞納によって他の区分所有者に生じた実害（マンションに必要な改修工事が実施できない状況になることなど）を認めるに足りる的確な証拠がないことから，区分所有者の共同生活上の障害が著しいとまでは認め難い」と判断している。

イ　要件②について

区分所有法7条の先取特権に基づく担保不動産競売申立て等他の民事上の法的手段を講じることが必要であり，これらが効を奏さない場合に初めて同要件に該当し得ることになる（補充性の要件）。

要件①を認めた前掲東京地判平成18年6月27日は，「もはや同条の競売による以外に回収の途がないことが明らかな場合に限るものと解するのが相当である。」として，補充性要件を厳しく判断し，預金以外の債権執行をしていないことや，滞納者が分割弁済を希望していることなどを理由として，②要件は認められないとしている。[5]

補充性要件を満たすか否かについては，滞納管理費に係る支払督促の申立ての有無，訴訟の提起の有無，先取特権の実行の有無，滞納者の財産に対する強制執行の有無，和解の可能性の有無等の手段を講じたか否かなどを総合的に判断すべきであろう。

(3)　**区分所有法59条の競売の申立てにおける問題点**

区分所有法59条に基づく競売請求訴訟が認容された場合，同判決に基づいて競売を申し立てることができるようになる。

この競売により，管理費の滞納者から区分所有権を剥奪し，新たな買受人から滞納管理費を回収することになる。競売の買受人が区分所有法8条の「特定承継人」に含まれるのかという問題もあるが，含まれると解されている。[6]

なお，同判決に基づく競売申立ては，その判決が確定した日から6か月を経過したときはすることができなくなるため（区分所有59条3項），注

5）その他の裁判例としては稲本洋之助＝鎌野邦樹『コンメンタールマンション区分所有法（第3版）』（日本評論社，2015）344頁，関口康晴ほか『マンションにおける共同利益背反行為への対応』（日本加除出版，2018）163頁参照。

6）東京地判平9・6・26判時1634号94頁参照。

意が必要である。

　区分所有権には住宅ローンを被担保債権とした抵当権が設定されているケースが多く，競売を申し立てたとしても共益費用や優先債権を弁済して剰余を生ずる見込みがない場合が少なくない。

　それゆえ，区分所有法59条競売の申立てを行ったものの，剰余が生ずる見込みがないとして，民事執行法63条2項により，競売手続を取り消す無剰余取消がなされてしまうのか，区分所有法59条競売に基づく差押えに優先する担保権者がいる場合，剰余主義が適用されるかが問題となる。

　この点について積極的に解した東京高決平成16年5月20日判タ1210号170頁は，「同59条に基づく競売は，当該区分所有者の区分所有権を売却することによって当該区分所有者から区分所有権を剝奪することを目的とし，競売の申立人に対する配当を全く予定していないものであるから，同条に基づく競売においては，そもそも，配当を受けるべき差押債権者が存在せず，競売の申立人に配当されるべき余剰を生ずるかどうかを問題とする余地はない」として，共益費用や優先債権を弁済して剰余を生ずる見込みがない場合であっても，競売の実行を認めている。

　剰余主義の趣旨は，差押債権者に配当されるべき余剰がなく，差押債権者が競売によって配当を受けることができないにもかかわらず，無益な競売がされ，あるいは差押債権者の債権に優先する債権の債権者がその意に反した時期に，その投資の不十分な回収を強要されるというような不当な結果を避け，ひいては執行裁判所をして無意味な競売手続から解放させるものである。一方で，区分所有法59条の競売は，区分所有者の共同の利益（区分所有6条1項）に違反する行為があった場合に，他の方法によって共同生活の維持を図ることが困難であるときは，他の区分所有者によって当該区分所有者の区分所有権を剝奪することができるものとし，そのための具体的手段として認められたもの，すなわち，債権回収を図るための競売手続ではなく換価のための競売（形式的競売）と位置づけられる（なお，形式的競売については，設問7（91頁）参照）。

　このような条項の趣旨から，区分所有法59条競売には剰余主義の適用

がないものと解されており，実務上も，東京地裁民事執行センターでは，剰余主義の適用はないと解して売却に付している[7]。

区分所有法59条競売において，不動産に対する抵当権・先取特権などの全ての負担を売却により消滅させる消除主義（民執59条）が適用されるか。上記剰余主義との関係で問題となる。

実務上，区分所有法59条競売において消除主義を適用している。すなわち，剰余を生ずる見込みがない場合であっても区分所有法59条の競売手続を実施することができるのであるから，競売手続の円滑な実施及びその後の売却不動産（区分所有権）をめぐる権利関係の簡明化又は安定化，さらには買受人の地位の安定化の観点から，民事執行法59条1項（消除主義）が適用され，当該建物の区分所有権の上に存ずる担保権が売却によって消滅する。

剰余主義が適用されないにもかかわらず消除主義が適用されることによる不利益を抵当権者に負わせることが妥当かという疑問は残るものの，この点について前掲東京高決平成16年5月20日は，区分所有権を目的とする担保権は，区分所有法59条による競売請求を受ける「内在的制約を受けた権利」として，不当な結果ではないと説明している。

5　配当要求等で回収する方法

上記のとおり，自ら強制執行手続等によって回収する以外に，住宅ローンを貸付した金融機関が抵当権を実行したような場合に，配当要求することで回収するということも考えられる（配当要求と二重開始決定の選択基準については設問11（151頁））。

一般先取特権者として配当要求をする場合には，その一般先取特権の存在を証する文書を添付する必要があり（民執51条1項・181条1項4号），区分所有法7条に基づく不動産競売を申し立てる場合と同様の文書の提出が必要となる[8]。

具体的には，①管理費等について定めた管理組合の規約と，②管理費等

7）中村＝劔持（下）444頁。
8）中村＝劔持（上）162頁。

について決議した総会議案書及び総会議事録を提出する必要がある。ただし，民法335条1項所定の事実を証明する文書（不動産以外の財産に対する担保権の実行では請求債権額に足りないことを証明する陳述書又は報告書）については，提出する必要はない（民335条4項）。

　滞納管理費についての先取特権者は，配当要求終期までに書面で配当要求をした場合にのみ配当等の受領資格が与えられる（民執51条・87条1項2号，民執規26条）。そして，配当要求書には配当等を求める債権の原因及び額を記載しなければならない（民執規26条）。そのため，配当要求債権者が配当期日等において配当等を受けることができるのは，配当要求書記載の債権のみであり，配当等の時に債権計算書で配当要求書を超える債権について請求の拡張をしたとしても，拡張した債権について配当等を受けることはできないと解されている。しかし，滞納管理費等の附帯請求である遅延損害金は，支払済みまで請求する旨配当要求書に記載してあれば，配当期日等までの分について配当等を受けることができる[9]。

　配当要求手続を行えば，実際の配当又は弁済金の交付が実施されなくても，差押えに準じるものとして時効完成猶予の効力が及ぶとされている（最判令2・9・18民集74巻6号1762頁）。時効管理の観点からも配当要求の手続をすることは重要であろう。

第2　特定承継人による求償権の行使の可否

　実務上，管理組合は買受人から滞納管理費を回収していることも多い。
　他方で，買受人は，競売の物件明細書において任意的とはいえ滞納管理費の支払義務が記載されているため（設問4（54頁）），これらの出費は購入時に織り込み済みであることが多く，支払能力の関係で求償は行われないことが多いと思われる。
　しかし，理論的には競売により区分所有建物を買い受けた買受人が管理組合に滞納管理費を支払った場合，買受人は前所有者に対して滞納管理費

---

9)　中村＝剱持（上）168頁，竹田光広『裁判実務シリーズ10　民事執行実務の論点』（商事法務，2017）394頁以下。

を求償することができるのではないかが問題となる。

　東京高判平成17年３月30日判時1915号32頁は，区分所有法８条が，特定承継人に対して前主の滞納管理費等の支払義務を負わせていることについて，集合建物を円滑に維持管理するため，他の区分所有者又は管理者が当該区分所有者に対して有する債権の効力を強化する趣旨から，本来の債務者たる当該区分所有者に加えて，特定承継人に対して重畳的な債務引受人としての義務を法定したものとした上で，特定承継人の債務と前主の債務との関係は不真正連帯債務の関係にあるとした。

　そして，特定承継人と前主との相互の負担関係については，真正連帯債務についての民法442条は適用されないが，区分所有法８条の趣旨に照らせば，特定承継人の責任は当該区分所有者に比して二次的，補完的なものにすぎないから，当該区分所有者がこれを全部負担すべきものであり，特定承継人には負担部分はないものと解するのが相当であるとしている。[10]

　上記裁判例に従えば，特定承継人である買受人は，前主に滞納管理費を求償できることになる。

　もっとも，競売記録の物件明細書等には管理費等の滞納分が明示されており，売却基準価格で滞納分に見合う控除もされていることから，滞納分に関しては特定承継人が負担すべきだという疑問もあり得る。この点について上記裁判例は，「物件明細書等の競売事件記録の記載は，競売物件の概要等を入札希望者に知らせて，買受人に不測の損害を被らせないように配慮したものに過ぎないから，上記記載を根拠として本件管理費等の滞納分については当該買受人たる被控訴人に支払義務があるものとすることはできない。」としている。上記裁判例のとおり理論的には求償権の行使は可能であろう。

---

10) 理由は明記していないものの求償請求できるとした上告審判決として東京高判平成23年11月16日判時2135号56頁がある。

第3　設問に対する回答

1　事例1①について

　管理組合Xとしては，無剰余になるか否か等を考慮して，区分所有法7条に基づく先取特権のほか，自ら債務名義を得て強制競売申立てをすることが考えられる。仮に，無剰余の場合には，区分所有法59条に基づく競売申立てを検討することになるが，管理費等を滞納しているというだけでは要件を充足しない可能性があるので，要件を満たしているのか否か検討する必要がある。

2　事例1②について

　BはYに対して，支払った管理費を請求することができると解される。ただし，Yは資力に乏しい可能性が高いため，Yの資力を確認した上で，求償請求するか否か判断すべきであろう。

事例2　競売請求訴訟の判決の実効性

　　X管理組合がYに対し区分所有法59条に基づいて競売請求訴訟を提起し，勝訴判決が確定した。しかし，同判決に基づく強制競売申立前に，Yが区分所有建物を第三者Cに譲渡した場合，X管理組合は，勝訴判決に基づき，Cを相手として，競売を申し立てることができるか。申立てができない場合，X管理組合はどのように対応すべきか。

第1　競売請求訴訟の確定判決に基づく特定承継人に対する競売申立ての可否

　区分所有法59条に基づく競売請求訴訟の勝訴判決が確定すると，形式的競売請求の申立権が発生する。

　しかし，同条に基づく請求は属人的な要素があるため，判決後に承継した者に対してまで競売申立権は及ぶのか。判決の前提には，被告が共同利益に

反する行為を行っていても，譲受人は共同利益に違反する行為を行っていないため，承継の前提を欠くのではないかという問題がある。

　この点について，特定承継人には競売申立てをすることができないと判断した最決平成23年10月11日判時2136号36頁がある。同判例は「建物の区分所有等に関する法律59条1項の競売の請求は，特定の区分所有者が，区分所有者の共同の利益に反する行為をし，又はその行為をするおそれがあることを原因として認められるものであるから，同項に基づく訴訟の口頭弁論終結後に被告であった区分所有者がその区分所有権及び敷地利用権を譲渡した場合に，その譲受人に対し同訴訟の判決に基づいて競売を申し立てることはできないと解すべきである。」としている。

　被告と譲受人が実質的に一体であるという事情や，法人格否認法理が妥当するという事情があった場合にも同結論となるのかまでは本判決からは読み取れない。しかし，形式的な判断が求められる強制執行開始の場面であり，同判決には「特段の事情」が留保されていないことからも，強制競売の申立ては困難であると考えておくべきであろう。田原睦夫裁判官の補足意見では，訴訟提起後から口頭弁論終結前に譲渡が行われた場合には，改めて譲受人に対して，別訴を提起する必要はなく，訴訟引受けを求めることができるとしている。

　なお，競売請求訴訟の判決には執行力がないため，承継人に対して承継執行文の付与（民執27条2項）を受けるという余地はない[11]。また，第三者の所有権移転登記よりも先に不動産競売手続のための差押登記が早ければ，その後の譲渡などがあったとしても，手続相対効により競売に影響を及ぼすことはない。

　以上からは，競売請求訴訟に勝訴したとしても，敗訴した所有者が強制競売の申立てをされる前に第三者に売却しさえすれば執行逃れが容易にできてしまう。

11）下村眞美「判解」平成24年度重要判例解説（ジュリ臨増1453号）132頁。

第2　執行逃れに対する対応

上記のような執行逃れをされないために、区分所有法59条1項に規定する競売を請求する権利を被保全権利として、民事保全法53条又は55条に規定する方法により仮処分の執行を行う処分禁止の仮処分の申立てができるかどうかが問題となる。

しかし、判例（最決平28・3・18民集70巻3号937頁）は、「建物の区分所有等に関する法律59条1項の規定に基づき区分所有権及び敷地利用権の競売を請求する権利は、民事保全法53条又は55条に規定する上記の各請求権であるとはいえない。」ことを理由に、否定している。

したがって、区分所有法59条1項を被保全権利とする処分禁止仮処分の申立てはできない。本判決は、競売請求を妨げることを目的とした濫用的な区分所有権譲渡をいかにして防ぐのかという課題について問題を残したと評価されている[12]。もっとも、本件のように未払の管理費等がある場合には、将来的に無剰余取消になるとしても、同債務名義に基づく強制競売の申立てを行い、形式的競売と並行して強制競売申立てを行うことも検討すべきであろう。

第3　設問に対する回答

前掲最決に従えば、X管理組合は譲受人であるCに対しては、Yへの判決に基づいて競売申立てを行うことはできない。それゆえ、特定承継人であるCから管理費等の回収をすることになる。CがYと同様に管理費等の支払を行わないような場合には、やむを得ず、再度、Cに対して区分所有法59条1項に規定する競売を申し立てる等を検討すべきことになる。

X管理組合としては、Cに対する判決後、速やかに強制競売を申し立てることが求められるが、それでもCが第三者に譲渡してしまうおそれがあるような場合には、登記を移転されないような保全を行う必要がある。しかし、判例上、これを保全するための区分所有法59条1項を被保全権利とする処分

---

12)　長谷部由起子「判解」平成28年度重要判例解説（ジュリ臨増1505号）148頁。

禁止仮処分は認められていない。

　そこで，X管理組合としては，未払の管理費等に基づいて得た債務名義により，（仮に将来的に無剰余取消となるとしても）強制競売の申立てを行い，並行して区分所有法59条1項に規定する競売の申立てを行うなど，執行逃れができないような方策を検討すべきである。

設問10　借地物件の不動産執行と買受人保護

事例1　借地物件の不動産執行

　Aは，土地所有者Yから甲土地を賃借し，甲土地上に2階建ての賃貸アパート乙を建設した。Aは，アパート乙の2階に居住し，1階を店舗に賃貸して賃料収入を得ていた。その後，Aは事業に失敗して資金繰りに窮し，大口債権者Bへの弁済が滞り，Yへの地代も支払われないことが多くなり，最大で8か月も滞るようになった。

　Bがアパート乙を差し押さえて競売の申立てを行った結果，Xが買受人となった。競売手続の物件明細書には，地代未払4か月を理由にYからAに借地契約の解除通知が出されていたことが記載されていたが，その後，第一順位の抵当権者が地代の代払許可を行っていたこともあり，借地権は存在すると記載されていた。

　Xはアパート乙を借地権付きのものとして手に入れることができるのか。

第1　借地権付建物の不動産執行

1　借地権付建物の競売の概要

　差押えの効力は，従物や従たる権利にも及ぶ。したがって，借地上の建物を差し押さえた場合，その効力は従たる権利である借地権にも及び，建物の買受人は借地権も取得することができる[1]。

　もっとも，借地権譲渡について，落札前に地主である借地権設定者の事前承諾があることはほとんどないため，借地権付建物を競落した場合には，

---

1) 最判昭40・5・4民集19巻4号811頁。

買受人は借地権設定者から承諾（民612条1項）を得るか，承諾を得られない場合には，借地権設定者の承諾に代わる裁判所の許可（借地借家20条1項）を得なければならない。そして，借地権設定者の承諾に代わる裁判所の許可は，借地非訟手続において行われるため，代金支払後2か月以内（借地借家20条3項）に借地非訟の裁判を行うことも予定しておく必要がある（概ね半年程度で決定が出ると思われる。）。

　上記は，借地権が存在していることを前提としているが，本事例のように，借地契約そのものも解除されている可能性がある場合も存在する。

2　買受人から見た借地権付建物の競売

(1)　物件明細書記載の借地権には公信力がない

　通常，借地上の建物の買受人は，借地権が存在していることを当然の前提としている。借地契約が解除されていて借地権が存在していないのであれば，占有権原のない不動産であり，将来的には収去しなければならないからである。

　借地権の有無の判断を行う際に最も有益な方法は，物件明細書に記載された権利関係の内容である。しかし，登記簿と同様に，物件明細書には公信力がないため，必ずしも物件明細書の内容が実体法上正しいとは限らない[2]（なお，物件明細書については，設問4（52頁）参照）。それゆえ，物件明細書上は借地権ありと記載されている物件でも，実体法上は解除済みという事態もあり得る。また，土地所有者から解除通知がなされている場合には，物件明細書上に「土地所有者から借地権解除の意思表示がされている」と注記されることがある。

　なお，仮に物件明細書を作成する書記官が借地権は解除されたと判断すると，不動産評価額の変更により売却基準価格は大幅減となり，無剰余取消の対象となることも考えられる（無剰余取消については設問12（157頁））。

---

2) 中野＝下村478頁・518頁。

(2) 借地権の存否の判断材料

　物件明細書の記載に誤りがある場合，債権者や債務者は異議申立てをすることができるため（民執62条3項・11条），当事者がより詳細な事実関係を明らかにして申立てをすれば，借地権の存否も判断しやすくなる。

　ところが，債務者は，債務超過に陥っているケースが多く，競売手続や自己の財産の保全に関心を示さないこともある。また，借地権設定者（地主）は，競売手続とは関係がないため，物件明細書作成以降に解除通知を送付したとしても，わざわざ裁判所へ報告しない可能性もある。このようにして事実関係が明らかにならないこともあるが，落札直前に解除通知を送付するような事案では，通知があること自体把握することは不可能ということもある。解除通知に関する事実関係が明確になっていたとしても，解除が有効か否かは裁判所による事後的な判断であり，入札段階では不明確さは残ってしまう。

　したがって，結局は，入札者が自己の責任と判断で，解除の有効性，すなわち借地権の存否の判断を行わなければならないのである。ただし，後述するように競売手続といえども，売主に借地権が存在しなかったような場合の救済規定は設けられている。

(3) 借地権設定者（地主）との交渉

　上記のとおり，買受人としては借地権設定者の承諾を得る必要があるが，競売で落札したとしても，残代金を納付し，所有権を移転するまでは権利者ではない。それゆえ，借地権設定者との交渉ができないのではないかと思われるが，任意の交渉なので，所有権移転前に交渉したとしても法的な問題があるとは言えない。

　承諾を得た場合には，そのことを書面で明確にしておかないと，後に立証の困難を伴いかねない。

(4) 借地非訟手続

　借地権設定者が賃借権譲渡について承諾しなかった場合，買受人は借地借家法20条1項に基づき，貸主を相手方として，承諾に代わる許可の申立てをすることができる。この申立てを行えるのは，上記の任意交渉

と異なり，所有権を取得した後である。[3]

　買受人の代理人として注意すべきは，借地非訟の申立ては，代金納付後2か月以内に行う必要があることである（借地借家20条3項）。この期間制限は，借地権設定者たるYの地位がいつまでも不安定になることを避ける趣旨であるとされるが，借地権設定者の同意があっても，任意に伸長することができないとされている（東京地判平10・10・19判タ1010号267頁）。それゆえ，買受人としては，2か月の期間制限の中で，交渉終結の見通しを立てておく必要がある。仮に，2か月を超過してしまった場合，賃借権無断譲受人となり借地権設定者から解除が可能となる（東京高判平17・4・27判タ1210号173頁）。

　借地非訟手続に要する期間は，概ね半年程度であるが，借地条件によっては，公平を図るために借地条件が変更されることがある。借地権の残存期間などを考慮して，地代が増額される可能性もある。事案に応じた相当な額の敷金を差し入れるという内容の財産上の給付を言い渡す可能性もある（最決平13・11・21民集55巻6号1014頁）。また，借地非訟手続では，借地権価格の1割の譲渡承諾料の支払を命じられることは織り込み済みと思われるが，それ以上の財産給付を命じられる可能性もある（借地借家20条2項・19条2項）。

　なお，借地権設定者が，いわゆる介入権（優先譲受権）を行使し，借地権を借地権設定者が買い取ることもあるが（借地借家20条2項・19条3項），この場合には借地権割合の金額が出されることが多いため，買受人は比較的多額の金銭を受領できる。

第2　地代等代払許可制度

1　制度趣旨

　本事例において，債務者Aの借地権が解除されているのか否かは，極めて重要なポイントである。解除されていれば，大幅な価値下落の結果，抵

3）借地借家法20条1項は「取得した場合」と規定していて，民事執行法79条は買受人が代金納付をした時に買受人に所有権が移転すると規定している。

当権者としては被担保債権を回収できないことになるため，このような場合に備えて，執行裁判所は，申立てにより，差押債権者が不払いの地代・賃料を債務者に代わって弁済することの地代等代払許可の申立てを行うことができるとしている（民執56条1項）。これは，実体法上の規定である第三者弁済（民474条）に重ねて執行手続に加えることで，実効的利用を確保する趣旨であると説明されている[4]。

2　代払いの許可の要件

(1)　建物に対する競売の開始決定がされ，その差押えの効力が生じていること

　　民事執行法56条の目的は不動産競売手続において建物の敷地利用権の存続を図ることにあるから，当該建物に対して競売の開始決定がされ，差押えの効力が生じていることが必要である。

(2)　地代等を支払っていないこと

　　地代等の滞納があることが要件となる。そのため，差押債権者が第三者弁済として支払ったような場合，滞納はないため代払いは許可されない。

　　「不払いの地代」という文言からすれば，過去の未払分しか代払いできないようにも思えるが，実務上は，滞納状態が継続することが明らかに予想されるような場合には，滞納が生じているのと同視し，今後弁済期が到来する将来分についても許可の範囲に含ませることができる[5]。なお，借地契約の更新料についても代払いできるのかについては，議論がある[6]。

(3)　代払いの必要性及び許容性

　　建物所有者が地代等の値上げの適法性を争って値上げ後の新たな地代等の支払を拒んでいるが，相当額の地代等は支払っているため契約を解除されるおそれがないときは，代払いの必要性はないと判断される。ま

---

4)　中野＝下村487頁。
5)　中野＝下村487頁。
6)　中村＝劔持(上)388頁以下（Q52）。

た，その他第三者弁済が禁止されているとき（民474条4項）などは，許容性がないと判断される[7]。借地契約が有効に解除されたことが明らかなときは代払いの必要性はないが，契約解除の意思表示がなされたにすぎない段階では，借地権等の存否は訴訟手続において確定されるまでは認定できないことから，借地権等の存在を推認して許可の判断がなされるため，代払いの必要性が認められる。

3 代払いの許可の裁判

(1) 申立権者

差押債権者のみである。ただし，後行事件の差押債権者も申立てができる。

実務上は，多くの場合には抵当権者が実行すると思われるが，強制競売の申立てを行った債権者が行ってもかまわない。

(2) 申立期間

競売申立後から買受人が代金納付するまでの間である。

(3) 申立てに必要な資料

申立ての趣旨において代払いの対象となる期間と地代等の額を明らかにし，申立ての理由として，借地契約の存在及び地代等滞納の事実のほか，代払いの必要性を主張する。なお，印紙代は500円である。

代払いを要する地代の金額等や代払いの必要性に係る主張を証明する書類（借地契約書の写し，土地所有者の地代滞納の旨の証明書等）を添付する[8]。

4 代払許可の裁判の効力

代払許可の裁判は土地所有者に代払金の受領義務を課すものではないため，土地所有者が代払金の受領を拒絶した場合には，申立人は地代等を弁済供託することが可能になる（民494条1項）。

---

7) 中野＝下村487頁は，許容性を独立した要件として整理しているが，必要性の要件で検討することも可能であろう。
8) 執行官の現況調査報告書からこれらの事実が明らかな場合には，資料の提出は不要であるとされている（中村＝剱持(上)391頁以下）。

　代払許可の裁判があったことは物件明細書に記載されるが，代払許可の裁判は，借地契約の実体関係の変動をもたらすものではなく，必ずしも借地権等の存続を意味するものではない点には注意が必要である。

　代払いの許可に基づいて代払いした地代等と許可の申立てに要した費用は，配当等の手続で共益費用として優先的に償還を受けることができる（民56条2項・55条10項・188条）。許可を得ないで支払ったものや，許可された額を超えて支払ったものは共益費用とはならない。なお，共益費用として認められるか否か，認められるための手続については，設問17（221頁）を参照されたい。

第3　設問に対する回答

　Xは代金納付をしたら，借地権が解除によって消滅していない限り，アパート乙を取得することができる。Yが行った解除は，Aの賃料未払4か月を理由としているが，借地契約で賃料不払4か月は，その他の背信性を基礎づける事情を加味しなければ背信行為と認めるに足りない特段の事情があるとして，賃料不払解除は認められない可能性が高そうである（なお，東京高判平成8年11月26日判時1592号71頁は，賃料の履行遅滞が4か月分の借地の事案で，背信性は認められないとしている。）。

　ただし，地代等の代払いが行われていたからといって，借地権が存在することにはならないため，地主との間で解除をめぐって争いとなる可能性があることも想定しておく必要があろう。

　また，借地契約の解除がなされていないとしても，買受人のXは，代金納付から2か月以内に，借地権設定者であるYの承諾を得るか，借地非訟手続の申立てを行い，承諾に代わる許可を得れば，借地権を含めたアパート乙を承継することができるようになる。1階のテナントとの関係では，賃貸人たる地位の変更により賃貸人になる。なお，借地非訟手続は借地権が存在していることが前提条件であるため，借地権の有無が争点となる事案では，借地非訟手続を中断させ，借地権の有無を訴訟で決することになる（借地借家48条）。

事例2　買受人の保護

　　事例1の事実に加えて，競売手続の現況調査後に，YがAに対して，8か月の賃料未払を理由として2通目の借地契約の解除通知を出していたが，裁判所は把握しておらず物件明細書には記載がなされていなかったことが判明した場合，買受人となったXはどのような手段がとれるか。

第1　目的不動産が滅失や損傷した場合の法律上の規定

1　民事執行法75条の趣旨

　　競売の目的不動産が競売手続中に地震や火災で滅失や損傷することがある。滅失した場合はわかりやすく，代金納付前であれば職権で競売手続が取り消される（民執53条）[9] [10]。

　　しかし，滅失まで至らない「損傷」の場合には，目的不動産の財産的価値がなくなるわけではない。開札までに損傷内容が明らかになれば，損傷の程度に応じて評価をやり直せばよいが（売却基準価格の再決定），競売手続が進行し，開札が行われ最高価買受申出人が決定してしまうと，そのまま売却許可が出される。そして，買受人が損傷を理由に残金納付をしない場合には，代金不納付の効果として保証金（売却基準価格の2割）の返還請求権を失うことになるため（民執80条），最高価買受申出人との権利調整も必要となる。

　　そこで，最高価買受申出人が決定した後に，「損傷」が明らかになった場合，損傷の危険を誰がどのように負担すべきなのかという問題が生じる。

　　民事執行法75条は「最高価買受申出人又は買受人は，買受けの申出をした後天災その他自己の責めに帰することができない事由により不動産が損

9）代金納付後は買受人の負担となるため，実務上，競売に入札する業者は，代金納付日に火災保険や地震保険に加入していることが多いと思われる。

10）代金納付時に所有権移転・果実収取権移転・危険移転となると考えるのが通説的な見解であるが，反対する有力説もある（中野＝下村534頁）。

傷した場合には，執行裁判所に対し，売却許可決定前にあつては売却の不許可の申出をし，売却許可決定後にあつては代金を納付する時までにその決定の取消しの申立てをすることができる。」と定め，買受人等の保護を図っている。

2　民事執行法75条の要件と適用範囲

(1)　民事執行法75条類推適用

民事執行法75条は，「買受けの申出をした後」と明記されているため，「買受けの申出をする前」の損傷の場合には同条が直接適用されない。しかし，同条は，競売における買受人保護のために特に設けられたものであるとして，裁判例では買受申出前の事実であっても75条を類推適用し，買受人を保護している[11]。

(2)　「損傷」は物理的損傷のみならず，価値的損傷を広く含むこと

「損傷」の文言からすれば，物理的な毀損のみに限られそうであるが，建物の敷地利用権が消滅していたというような場合に，法律上の「損傷」があるとして同条が適用又は類推適用されないか。

この点，「損傷」には物理的な損傷のみならず価値的な損傷も含まれるという解釈が支配的であるが[12]，その範囲は学説上争いがある。

しかし，裁判例では，「損傷」の意味を相当程度広く解釈し，買受人を広く保護している[13]。

例えば，本事例のように建物の敷地利用権が消滅していた事例（東京高決平22・4・9金法1904号122頁（百選【33】），大阪高決昭62・2・2判時1239号57頁，東京高決平11・11・26判タ1024号276頁），競売建物で自殺や殺人などがあったことが判明した事例（札幌地決平10・8・27判タ1009号272頁，名古屋高決平22・1・29判時2068号82頁），買い受けた土地が暴力団幹部に駐車場として賃貸されていることが判明した事例（東京高決平25・7・12判時2200号

11）東京高決平11・1・22判時1670号24頁。
12）中野＝下村521頁では，「売却手続における価格形成を目的不動産の交換価値の下落に応じて矯正する有力な手段となっている。」と評価しているが，文言上解釈論としては無理とする文献（鈴木忠一＝三ケ月章編『注解民事執行法(3)』（第一法規，1984）118頁）もある。
13）中村＝剱持(下)175頁（Q101）。

65頁），都市計画法により目的建物の増改築ができないとされた事例（東京高決平8・7・19判時1590号74頁），目的土地上に建物を建築するためには擁壁工事が必須となり，擁壁工事に1200万円程度かかることが予想された事例（東京高決平11・1・22判時1670号24頁）など,[14] 多くの場面で，価値的損傷を広く「損傷」ととらえて買受人の保護を図っている。東京地裁民事執行センターでも上記のような事例も「損傷」として取り扱っている。[15]

(3) **買受人に帰責事由がなく，損傷の程度が軽微ではないこと**

損傷の程度が軽微な場合，価値的損傷が「損傷」とは言えないため，民事執行法75条の適用外となる（同条1項ただし書）。もっともこの場合であっても，民法の担保責任の問題は生じる（民568条・563条）。

問題は，買受人が「損傷」の存在を知っていた（あるいは知りえた）場合に，帰責事由がないといえるのか否かである。

この点，民事執行法75条の趣旨が当事者間の衡平の実現にあることからは，買受人等が「損傷」の存在を知っていた，あるいは知りえた場合には，保護に値しない。もっとも，価値的損傷の場合には，買受人等の主観面が大きく左右することから，その程度によっても保護の度合いが異なる。特に，民事執行法75条の類推適用にあたっては，買受人が買受けの申出をする前に損傷の存在を知らなかったことについて自己の責めに帰することができない事情がある場合に限るという裁判例もあり（東京高決平21・9・25金法1897号97頁），直接適用よりも保護される範囲は狭い可能性があることには注意が必要である。

第2　買受人等のとり得る手続

1　売却許可決定前

売却許可決定前であれば，売却不許可の申出（民執75条1項）をすること

14) その他「損傷」に当たるとされる事例として，実測面積が不足している事例，法令上の制限がある事例，第三者又は暴力団が占有している事例，シロアリ等の被害が生じている事例，自殺等のいわゆる事故物件である事例，などが挙げられる（『条解民事執行法』764頁）。
15) 中村＝剱持（下）175頁（Q99）。

が可能である。なお，損傷が明らかになった場合には，執行裁判所が職権で売却不許可決定を行うことも可能である（民執71条6号）。

2　売却許可決定後から代金納付前

建物に借地権がないことを理由に，代金を納めないで代金納付期限を徒過してしまうと，売却許可決定が失効して，買受申出の際に提供した売却基準価格の2割の保証の返還請求権を失うことになる（民執80条1項）。

借地権が存在しないにもかかわらず，これが存在することを前提として定めた売却基準価額の決定手続に重大な誤りがあるとして，売却許可決定に対して執行抗告を行うことが考えられる（民執74条2項・71条6号）。

また，執行抗告のできる期間を徒過して売却許可決定が確定してしまった場合には，売却許可決定の取消しの申立てが可能である（民執75条1項）。

3　代金納付後

建物の競売において存在するとされた借地権が実際には存在しなかったという事実は，「売主が買主に移転した権利が契約の内容に適合しないものである場合」（民565条）に該当し，民法568条1項ないし3項が適用され，強制競売による売買契約を解除し，又は代金の減額を請求することができ，かつ，債務者が無資力の場合には代金から配当を受けた債権者に対してその返還を請求することができる（最判平8・1・26民集50巻1号155頁（百選【34】））。

第3　設問に対する回答

本事例では，物件明細書には借地契約の解除の記載がなかったことから，借地契約が存続していることを前提として入札していると思われ，Xが物件明細書以外から2通目の解除事実を知りえたような場合（例えば，入札前に現地を訪問して聞いていたなど）を除いて，民事執行法75条1項の直接適用あるいは類推適用により保護される可能性があるであろう。

もっとも，不動産の「損傷」の事実をXが知った時期がいつなのかによっ

て，とり得る方法が変わってくる。

　買受人となった後，売却許可決定前においては，売却不許可の申出を行うことができる。他方，売却許可決定後，代金納付前であれば，売却許可決定に対する執行抗告や売却許可決定の取消しの申立てを行うことが考えられる。仮に，代金納付後に知った場合には，強制競売による売買契約の解除又は代金の減額を請求することになると考えられる。そして，債務者が無資力であるような場合には，配当を受領した債権者に対して請求を行うことになる。

設問11　競売開始手続における諸問題

事例1　競売開始決定に対する不服申立て

令和4年4月1日，XはYとの間で，期限の利益喪失条項付きで，弁済期限を1年後の令和5年3月31日と定め，YがXに3000万円を支払うとの強制執行認諾文言付公正証書を作成した。Xは，令和4年5月10日，期限の利益の喪失を理由に上記公正証書を債務名義としてY所有の甲不動産につき強制競売の申立てを行い，裁判所は同月30日，競売開始決定（以下，「本決定」という。）を行った。Aは，令和4年4月30日に甲不動産を賃貸して居住していた。

以上の事例において，

① Yは上記公正証書の記載に不備があり，期限の利益を喪失していないため弁済期が到来していないことを理由として，本決定に対し不服を申し立てることができるか。

② Aは本決定に対し不服を申し立てることができるか。

第1　執行処分に対する不服申立て

1　執行処分の瑕疵に対する不服申立ての手段

執行機関の行った執行処分又は執行処分の懈怠が，民事執行法等の民事執行に関する法規（以下，単に「執行法規」という。）に違反している場合や，執行法規には違反しないものの，実体法上は強制執行を許すべきでない場合（例えば，債務名義に表示された債権が，既に弁済等により消滅している場合にもかかわらず強制競売開始決定がなされた場合などが想定される。）がある。

これらは執行処分に瑕疵がある場合であるといえ，一般的に，前者は「違法執行」，後者は「不当執行」と呼ばれる。

　民事執行法上，不当執行に対する救済手続として，執行文付与に対する異議の訴え（民執34条），請求異議の訴え（民執35条）及び第三者異議の訴え（民執38条・194条）が用意されており，訴訟手続同様に口頭弁論による審理等が予定されている。

　他方，違法執行については，執行手続の迅速性の要請から，審理手続が執行法規において定められているため，以下では，主として違法執行について述べることとする。

　違法執行に対する救済手続としては，民事執行法上，「執行抗告」と「執行異議」がある。執行抗告は，執行処分のうち，執行裁判所の行う特定の裁判に対する不服申立手段であり，特別の定めがある場合にのみ許される（民執10条。特別の定めがないにもかかわらず申し立てられた執行抗告は，不適法として却下されることとなる。）。これに対し，執行異議は，執行裁判所の裁判その他の執行処分のうち執行抗告ができる旨の特別の定めがないもの（民執11条1項前段）及び執行官の執行処分及びその遅怠（同項後段）に対する不服申立て手段である。

　執行抗告及び執行異議のいずれについても，債権者，債務者及び第三者を問わず，不服を申し立てる利益のある者であれば誰でも申し立てることが可能であるとされている[1]。

2　競売開始決定に対する不服申立方法

　競売開始決定を受けたことについて不服のある債務者は，いかなる不服申立手続を選択すべきか。強制競売申立ての却下については，執行抗告することが規定されているが（民執45条3項），競売開始決定に対しては，同規定がない以上，執行抗告をすることはできず，執行異議を申し立てることとなる（民執11条1項前段）。

　民事執行法が競売開始決定に対する執行抗告を認めていない理由としては，強制競売手続においては，債務者は差押えによって不動産の処分を禁止されるのみで，その使用収益権限には影響がないことや，後の売却許可

1）『条解民事執行法』445頁。

決定に対して執行抗告による救済（民執74条1項）が認められていること，開始決定に対する執行抗告を認めると，競売手続を妨害するための濫用的な不服申立てがなされる可能性がありそれを防止するためでもあることと説明されている[2]。

　不動産強制競売（担保不動産競売及び形式的競売を除く[3]。）に関する執行異議の事由について，執行法規上明文化はされていないものの，原則として，執行処分に関わる形式的・手続的な瑕疵に限られ，実体法上の事由は異議事由に当たらない[4]。

　執行異議の申立てについては，執行抗告の場合と異なり，特段の期間制限はない。異義の利益が存続する間に申し立てることでよい。

　執行異議の申立てを行っても，執行停止の効力はないから（民訴334条1項），執行手続は当然には停止しない。

　民事執行法上，執行裁判所は，執行異議についての裁判の効力が生じるまでの間，担保を立てさせ又は立てさせないで，執行処分である裁判の停止若しくは民事執行の手続の全部若しくは一部の停止を命じ，又は担保を立てさせてこれらの続行を命じることができるが（民執11条2項・10条6項前段），これらの処分について執行異議申立人に申立権はなく，あくまでも執行裁判所の職権の発動を促すものにすぎない。

　したがって，手続が進むことで異議の利益がなくなる場合には，執行異議の申立てとともに，強制執行停止の申立てを行うことも検討すべきである。

第2　執行裁判所の審査権限

1　強制執行開始の審査権限の範囲

　執行裁判所は，原則として，給付請求権及び執行力の存否について審査

2)『条解民事執行法』91頁。
3) 担保不動産競売については，担保権の不存在又は消滅を執行異議の事由とすることができ，形式的競売についても同様である（民執182条・189条・191条・195条）。
4) 中西ほか87頁。

する権限を有していない[5]。なぜなら，民事執行法は給付請求権や執行力の判断機関と，これらを実現する執行機関を分離することで，迅速に権利実現を図ることを目指したためである。

しかし，債務名義の成立や内容，執行開始要件について疑義があるような場合，原則どおりの審査だけでは不十分なこともある。このような場合であっても執行裁判所は，民事執行法22条に定められた債務名義の要件を満たしているか否か判断する必要がある。そこで，執行裁判所には強制競売開始の審査に必要な範囲で債務名義の内容や執行文付与の適法性についても審査できると解されている[6]。

2 執行裁判所の審査権が問題となる場面

実務上，問題とされるのは，事後求償権に基づく給付を内容とする公正証書である。すなわち，事後求償権の場合，主債務者に求償する額が変動するため，公正証書に一定額の記載がないとして民事執行法22条5号の要件を満たさないのではないかという問題である。東京地裁民事執行センターは，このような申立ては執行力ある債務名義とは言えないとしている[7]。また，執行証書に給付約束文言が入っていない場合にも問題となる。東京地裁民事執行センターでは，実務上「甲は乙に対し○○円を支払う」旨の文言が含まれていることが必要であるとされており，これを欠く場合には民事執行法22条5号の要件を欠くと解される（東京高決令3・3・31金法2179号70頁）。

債務名義の成立の場面では，執行認諾文言付の公正証書の成立を否定された最判平成6年4月5日金法1449号50頁がある。

配当異議事件における前提問題として公正証書の有効性が問題となった事案であるが，公正証書の記載と原因事実が符合していないことがうかがえたものであった。同裁判例は，当該公正証書は原因事実との乖離が大き

5）東京高決平6・5・30金法1408号39頁。
6）中村＝剱持(上)147頁。
7）中村＝剱持(上)147頁。

いとして公正証書そのものを無効であると判断した[8]。事例判決ではあるものの，執行裁判所にとって公正証書が事実関係と符合していないことが顕著な場合には，公正証書が無効であると判断する可能性を示すものである。公正証書を作成する際に代理人が本人として作成嘱託した場合にも公正証書は無効となると解されている[9]。

　弁済期の到来は執行開始要件であるが，実務上，これらは債権者の主張により認める取扱いである。東京地裁民事執行センターにおいては，申立書に弁済期の到来を記載することを求める取扱いを行っている[10]。

　ただし，約定返済日が休日などの場合で同日に支払がなかったからといって直ちに期限の利益を喪失すると判断するのは，当事者の意思に反する可能性があるし[11]，期限の利益喪失条項が一義的な定めではないような場面では，執行裁判所が期限は到来していないと判断することもあり得る。

　他方，近時の最高裁（最決令4・10・6裁判所ウェブサイト）は，養育費支払等契約公正証書に基づき財産開示実施の手続を申し立てた事案で，実施決定が出された後に未払い部分を支払ったことが明らかな場合でも，「執行抗告においては，請求債権の不存在又は消滅を執行抗告の理由とすることはできないと解するのが相当である。」として，執行裁判所が判断できる部分を厳格に解している。

第3　設問に対する回答

1　事例1①について

　本事例では，Yは強制競売開始決定に対し執行抗告はできないが，執行異議の申立てを行うことは可能である。その際，実体法上の主張はできな

8）　同裁判例は，一般論として最判昭和45年10月1日判タ901号137頁を引用して，同一性が認められる部分は有効と解している。

9）　債務者側について最判昭和51年10月12日民集30巻9号889頁，債権者側について最判昭和56年3月24日民集35巻2号254頁（百選【2】）。

10）　中村＝剱持（上）215頁。

11）　最判平成11年3月11日民集53巻3号451頁は，返済日が休日であった場合の取決めがなかった事案で，「特段の事情がない限り，契約当事者間にX日が右休日であるときはその翌営業日を返済期日とする旨の黙示の合意があったことが推認される」としている。

いが，執行開始要件に該当するような事実であれば主張できる。本事例のように，期限の利益を喪失していないことを申立ての理由として執行異議の申立てをすることができる。

2 事例1②について

Aに異議の利益があるということであれば，自ら強制競売開始決定に対する執行異議の申立てができるということになる。本事例でAは賃借人にすぎず，賃借人に異議の利益があるのかの判断は分かれ得る。もっとも強制競売開始決定の後，引渡命令を受ける可能性がある以上，法的な異議の利益があると判断されると思われる。

事例2 配当要求と二重開始決定

事例1において，BはXと同様，Yに対し債務名義を有する債権者である。Y所有の甲不動産に係る強制競売開始決定を知ったBとして，甲不動産の競売代金から債権の満足を得ようとした場合，どのように手続をとるべきか。

第1 競売開始決定後に申立人以外の債権者がとり得る手段

1 配当要求と二重開始決定の意義

債務者が所有する不動産に強制競売開始決定がなされた場合，当該債務者に債務名義を有する債権者は，配当要求を行うことができる（民執51条）。配当要求とは，債権者が，配当等を受けるべき債権者の地位を取得するために，既に開始されている他の債権者が申し立てた競売手続に参加して，自己の債権について満足を得ようとする手続である。

配当要求のできる債権者は，①執行正本（執行力のある債務名義の正本）を有する債権者，②差押登記後に登記された仮差押債権者，③所定の文書により一般先取特権を有することを証明した債権者である（民執51条1項）。何ら文書もなく単に債権者であると主張している者はこれらには含まれて

おらず，債権者の範囲は限定されている。

　配当要求を行った後，強制競売手続の申立債権者が強制競売開始申立ての取下げをしたり，請求異議訴訟で債権者が敗訴したような場合，強制競売手続はそれ以上進行しなくなってしまう。このような場合，債権の回収を図りたい債権者としては，再度，自らが強制競売開始の申立てを行うことも検討しておくべきである。もっとも，このような「手続のやり直し」は債権者にとっても裁判所にとっても手間である。

　そこで，民事執行法は，強制競売手続が既に進行している不動産について，さらに別の債権者が当該不動産について強制競売開始の申立てを行い，この申立てに基づいて更に強制競売開始決定を行うことを認めている（民執47条1項）。これが二重開始決定である。二重開始決定がなされているケースでは，後順位担保権者による先行事件が無剰余になるものの，先順位担保権者による後行事件で計算すれば剰余が出る場合には，先行事件について無剰余取消をしないでそのまま進行させている（名古屋高決平16・12・7判時1892号37頁（百選【31】））。[12]

　このように，申立人以外の債権者は，債務者が所有する不動産について既に強制競売開始決定がなされているという場面では，債権の種類に限りはあるものの配当要求を行うこともできるし，さらに強制競売手続開始の申立てを行うこともできるという選択肢を持つことになる。

2　配当要求の手続と終期

　配当要求は，債権（利息その他の附帯債権を含む。）の原因及び額を記載した書面でしなければならない（民執規26条）。債権の原因は，債権の原因が特定できる程度の記載で足りる。

　配当要求書の添付書類は私文書でもかまわない。例えば，マンション等の管理費等を区分所有法7条1項に基づき配当要求をする場合には，管理費等に定めた管理組合の規約や集会の議事録の提出が必要である。未払給与債権（民306条2号）については，賃金台帳，過去の給与明細書，給与振

[12) 実務上は「マル共」と呼ばれている（平野164頁）。

込口座の預金通帳，所得税源泉徴収票，就業規則の賃金規定，給与支払担
当者発行の賃金未払証明書等が考えられる[13]。

　配当要求の終期は，開始決定に係る差押えの効力が生じた場合に，裁判
所書記官が定める（民執49条1項）。通常は，法務局から差押登記完了証等
の送付を受けた時から1～2か月後になされる。裁判所書記官は，配当要
求の終期を定めたときは，開始決定がなされた旨及び配当要求の終期を公
告しなければならない（民執49条2項）。

　配当要求の終期は，売却条件（剰余・無剰余の判断，超過売却の判断，権利関
係の確定，法定地上権の成立判断等）を決定するために必要な債権届出をすべ
き期限でもある。

　裁判所書記官は，特に必要があると認めるときは，配当要求の終期を延
長することができる（民執49条3項）。また，配当要求の終期は，終期到来
後3か月以内に売却許可決定がされないとき，3か月以内にされた売却決
定が取り消されたとき，又は3か月以内にされた売却許可決定が効力を
失ったときは，3か月が到来するたびにその日まで変更されたものとみな
される（民執52条。自動更新）。

　配当要求の終期を公告で定めるのは，広く債権者に対して情報提供する
趣旨であるが，実務上は，任意売却業者が同公告を見て情報を得ているこ
とは，設問2（26頁）のとおりである。

3　配当要求と二重開始決定の利点・欠点

　配当要求は，差押えの効力が発生した時から配当要求の終期まで行うこ
とができる。配当要求の終期までに配当要求の手続を行った債権者は，裁
判所による別途の判断を経ることなく，配当を受けることが可能である
（民執87条1項2号）。

　配当要求を行おうとする債権者は，債権の原因及び額等を記載した書面
を裁判所に提出する必要があり，手数料（申立書に貼付すべき収入印紙の額）
は500円である。

13）『条解民事執行法』1615頁。

　配当要求には時効完成猶予効が認められており（最判平11・4・27民集53巻4号840頁），配当要求手続を行いさえすれば，実際の配当又は弁済金の交付が実施されなくても，差押えに準じるものとして時効完成猶予の効力が及ぶとされている（最判令2・9・18民集74巻6号1762頁）。

　二重開始決定は，既に先行している強制競売手続があったとしても，さらに別の債権者が同じ不動産について強制競売開始の申立てを行うことを認めている制度である。

　二重開始決定の場合，裁判所は，当該不動産を差し押さえる旨の宣言，差押登記の嘱託を行う。差押登記のための登録免許税が必要となるため，申立てに必要な実費は，通常の強制競売開始申立ての場合と同様である。ただし，予納金は通常の強制競売の手続よりも安いことが多い。東京地裁では請求債権額が2000万円以下の強制競売申立ての予納金は80万円であるが，二重開始決定の場合には30万円である（詳細な費用は設問3（37頁））。

　後行事件について現況調査手続を行う必要があるかどうかは学説上，見解が分かれている。実務上は，後行事件についても現況調査手続を行っていることも多い。[14] 現況調査手続が終了した後は，先行事件が取下げ等の事由で終了しない限り，後行事件の手続は進行しない。

　先行事件の配当終期までに後行事件の申立てを行った債権者は，先行事件における配当を受ける資格を取得することとなり，先行事件がそのまま進行すれば，結果的に配当要求を行ったのと同様になり，他方，先行事件が取下げ等により終了した場合は，当然に後行事件が続行されることとなる（民執47条2項）。

⁴ 配当要求と二重開始決定の選択基準

　以上の利点と欠点を踏まえれば，債権者として，債務名義を取得している場合，配当要求を行うべきか二重開始決定を得るべきかの判断基準としては，債権の性質や，他の資産からの回収可能性，手続について発生する手間及び費用，既になされている強制競売手続が何らかの理由で終了する

14）中村＝剱持（上）203頁。

可能性などの観点から総合的に判断すべきであろう。

　二重開始決定を得る上で現実的な負担として大きいのは，裁判所に対する予納金である。既に先行事件がある場合，後行事件の申立てに係る予納金は先行事件に比して低額となる傾向があるが，債権者としては（一時的な）負担が大きいことは否めない。

　また，二重開始決定を得たものの先行事件がそのまま進行して手続が完了した場合，後行事件に要した費用は手続の進行に関し各債権者のための共同の利益となったとは評価できないことから，売却代金から優先的に償還される共益費用とはならず，自己の請求債権と同順位で償還される非共益費用となるにすぎない。執行に掛かった費用は最終的には債務者が負担することとなるが（民執42条1項），不動産の強制競売をしなければならないほど資力に乏しい債務者から執行費用を回収できるとは限らないことには当然留意しなければならない。

　そのため，単に手間や費用のみから考えるのであれば，配当要求をしておくことで事足りると考えることもできる。

　他方で，二重開始決定を得ておかなければ，仮に先行事件が何らかの理由で終了した場合，再度申立てを行わなければならない。ここでいう終了事由として，任意売却又は破産が考えられる。

　任意売却がひとたび行われると，先行事件の差押登記抹消後，再度の競売開始決定に基づく差押登記がなされるまでの間に，債務者による担保権の設定，又は第三者への売却等，当該不動産の処分行為が行われるため，当該物件からの債権回収は困難となる。

　破産の場合には，直ちに競売手続が終了するわけではないが，中止命令や取消命令が出され，手続は停止してしまう。申立費用の予納金も一部しか戻らないことが想定される。

第2　設問に対する回答

本事例で，Bは配当要求と二重開始決定の二つの方法をとり得る。これらのうち，いずれをとるべきなのかは，他の資産からの回収可能性，手続に要

する費用や，任意売却・破産により終了する可能性などを総合的に考慮して決定すべきである。

事例3　滞納処分と差押え

　事例1に加えて，Xの強制競売申立直後に，Yが令和3年度の住民税を滞納していたことを理由に甲不動産に対して，市区町村から滞納処分による差押登記がなされていた。この場合，Xは，同不動産に対する強制競売の申立てを行うことができるか。

第1　滞納処分による差押えと民事執行法に基づく強制競売による差押えの競合

1　両手続の調整規定

　債権者は，民事執行法に基づき，債務者の所有する不動産を強制的に換価することによって債権の満足を得ることができる。これが本書で扱う執行法規に基づく強制競売であるが，この強制競売とは別の法律に基づく強制競売も存在する。それが，国税徴収法に基づく不動産に対する滞納処分の手続である（税徴第5章）。これは，具体的な納税の義務を負う納税者が任意に納税しない場合に，国税の徴収機関がその者の不動産を差し押えてこれを強制的に換価し，その代金から税金を徴収する手続である。なお，滞納処分による差押手続の場合，「公売」となり，競売とは異なる手続で売却が行われる。公売は，競売と異なり3点セットがなく，また引渡命令もできないことから，入札者は自ら事実関係を調査する必要がある。

　以上のように，強制競売といっても民事執行法に基づくものと国税徴収法に基づくものがあるため，同一の不動産について，これらの異なる強制競売手続が競合する場合が起こり得る（実務上も決してまれではない。）。

　以下では，執行法規に基づく強制競売を単に強制競売と，国税徴収法に基づく強制競売を滞納処分[15]と呼んで区別することとする。

15）地方税や国民健康保険など「国税滞納処分の例による」等の規定が設けられている債権についても，同様の議論が妥当する。

　強制競売と滞納処分の両手続について調整を図るための法令が,「滞納処分と強制執行等との手続の調整に関する法律」(以下,「滞調法」という。)である。

　滞調法は,既に滞納処分の登記がなされている不動産についても強制競売による差押えを行うことを認め(滞調法20条の3),強制競売による差押登記がなされている不動産についても滞納処分ができると定めている(滞調法36条の3)。

　このような滞調法の定めがあることから,実務上,①滞納処分による差押登記が既になされている不動産に対する強制競売を申し立てることを検討すべき場面や,逆に,②債務者の不動産に対して強制競売を申し立てたところ,徴収機関が同一の不動産に滞納処分を行うという場面が生じる。

2　滞納処分による差押登記がなされている不動産に対する強制競売の申立て

　原則として,強制競売と滞納処分が競合する場合は,先に開始された手続が進行する(差押先着手主義)。滞調法13条1項は,「滞納処分による差押え後に強制競売の開始決定をした不動産については,民事執行法第49条の規定による手続その他売却のための手続は,滞納処分による差押えが解除された後でなければ,することができない。」と規定している。

　このとおりだとすると,滞納処分による差押えがある不動産について強制競売を申し立てたとしても,手続の進行は滞納処分の手続に委ねられることになり,実益がないように思われる[16)]

　しかし,滞調法は,同時に,続行決定又は続行承認決定があったときは,後に差押えがされた手続で進行することができるとしている(滞調法13条1項ただし書等)。

　滞納処分による差押登記がなされている不動産に対する強制競売を申し

---

16) 滞納処分手続により差押えがなされた不動産が売却されると,売却代金の配当は,差押えをした租税,交付要求をした租税,差押不動産上の担保権者等に限られる(税徴129条1項各号)。そのため,担保を有さない後行の差押債権者は,先行の滞納処分手続において残余が生じた場合にのみ配当を受けられるにすぎず(滞調法17条・6条・20条),その意味でも実益が少ないといえる。

立てた債権者は，その競売申立てと同時に競売手続続行の決定の申請ができる（滞調法17条・8条）。実務上も，既に滞納処分による差押がなされている不動産について競売申立てを行う場合は，競売申立てと同時に続行決定の申請を行うことが多い。

　続行決定の申請は，法令の規定又はこれに基づく処分により滞納処分の手続が進行しないとき（滞調法8条1号）や，相当の期間内に公売その他滞納処分による売却がされないとき（同条3号）など，滞納処分による換価が進行しない場合に行うことができる。

　続行決定の申請を受けた裁判所は，決定を行うにあたってあらかじめ徴収機関の意見を聴取することとなっているが（滞調法17条・9条2項），実務上は，徴収機関から特段の意見が述べられることは多くなく，続行決定によって強制競売の手続を進めることが一般的である。

　続行決定があると，先行する滞納処分による差押えは競売手続の差押え後にされたものとみなされる（滞調法17条・10条1項）。

　以上から，本事例については，Xは強制競売の申立てを行うことが可能である。この場合，競売申立と同時に，競売手続続行の決定の申請を行うべきである（滞調法17条・8条・20条）。そうすれば，何らかの理由で先行する滞納処分による換価手続が進行しない場合に，早期に債権回収を行うことが可能となる。

3　強制競売開始決定後，同一の不動産について滞納処分がなされたとき

　滞納処分による差押登記がなされている不動産に対する強制競売の申立てが可能であることの裏返しとして，強制競売による差押登記後に滞納処分による差押えがなされることもあり得る（滞調法29条1項・36条参照）。

　この場合にも上記の差押先着手主義が妥当するから，先行する競売の手続が取消し又は取下げ等により終了しない限りは，滞納処分による売却は実施できない（滞調法30条・36条）。しかし，滞納処分続行承認の決定があったときは，この限りでないとされている（滞調法30条ただし書・36条）。

　既に強制競売による差押えがなされている不動産について滞納処分を

行った場合，徴収職員等は，執行裁判所にその旨を通知しなければならず（滞調法29条2項），執行裁判所がその旨の通知を受けたときは，先行する強制競売の差押債権者に対して，徴収職員等から滞調法29条2項の通知があった旨を通知することとなっているから（滞調規32条・39条），差押債権者は，裁判所からの（より正確には裁判所書記官からの）通知があった段階で，滞納処分がなされたことを知ることとなる。

第2　設問に対する回答

　以上から，本事例については，Xが行った強制競売手続が取下げ又は取消し等により終了しない限り，滞納処分による売却手続は進行せず（滞調法30条・36条），先行する強制競売手続がそのまま進行することとなる。なお，実務上はまれのようであるが，[17] 仮に先行する強制競売手続が中止又は停止されたとき，徴収職員等は，執行裁判所に対して滞納処分続行承認決定を請求することができ（滞調法33条・25条・36条），裁判所がこれを認めると，強制競売による差押えは，滞納処分による差押え後になされたものとみなされることとなる（滞調法27条1項・33条・36条）。

17）中村＝劔持（上）256頁。

設問12　無剰余取消と対抗手段，消除主義，配偶者居住権と消除主義

事例1　無剰余と競売手続の続行

　Ⅹは，Ｙが所有する不動産の競売申立てをしたところ，裁判所から，抵当権者Ａの優先債権が多く，無剰余である旨の通知があった。Ⅹが競売手続を進める方法としてどのようなものがあるのか。

第1　無剰余取消

1　無剰余執行禁止の原則

　競売申立てをした差押債権者が，目的不動産が買受可能価額で売却された場合に請求債権について全く弁済を受けられないことが見込まれる場合を無剰余という。不動産競売であれば，住宅ローンの抵当権や金融機関の(根)抵当権が先順位で設定されていることが多いが，先順位担保権の被担保債権額及び執行費用によっては，担保不動産が売却されても請求債権まで配当されないことがあり，この状態を無剰余という。

　民事執行法は，無剰余の場合には原則として，目的不動産の換価を許さないとする考え方を採用している（無剰余執行禁止の原則。民執63条）。無剰余となった場合に，差押債権者が所要の対応をしない限り，競売手続を取り消すという一連の手続過程を無剰余措置という[1]。

　民事執行法が無剰余執行禁止の原則を採用している理由として，次のようなものがあげられる[2]。

　まず，申立てをした差押債権者が全く弁済を受けられないのであれば当該不動産競売手続は債権回収の機能を果たさない，いわば無駄な執行手続

---

1)　中野＝下村468頁。
2)　中村＝剱持（下）17頁。

であるので，それを防止する必要がある（無益執行防止）。また，優先債権者は自己のために不動産を高く売れると判断できる時期に換価することを選ぶことができるので（プライオリティ・ルール[3]），その選択権を保護する必要があるが，競売がなされると担保権は原則として売却によって消滅する（民執59条1項）。無剰余の場合，優先債権者であっても全額の回収ができないことがあり，優先債権者の換価時期選択権が害されることになり，妥当ではないからである。

2　無剰余判断の時期と金額

不動産の売却価額は買受人が売却代金を納付するまでは確定しない。しかし，そこまで手続を進めてから無剰余と判断して手続を取り消すのは手続経済上問題であり，無益執行を長期間債務者に受忍させることになる。そこで，実務上は，民事執行法は無剰余か否かについて，買受可能価額を基準に売却準備手続の最終段階で判断することとしている。

すなわち，執行裁判所は，現況調査報告書及び評価書が提出され，かつ配当要求の終期が到来した後に，無剰余か否かの判断を行っている。これは，売却基準価額を定める判断資料がそろうとともに，優先債権の見込みが判明する時期だからである。買受可能価額よりも高額で売却される可能性はあるが，時期を区切って概算で判断しているのである。

計算式にすれば，①買受可能価額−②優先債権の見込額−③手続費用見込額≧0となる場合には，無剰余とはならない。

②は優先債権者から債権届出が出ている場合には，配当期日までの遅延損害金等を考慮し計算されるが，最大でも2年分の遅延損害金となる（民375条）。他方で，債権届出が出ていない場合には，遅延損害金は考慮されないのが実務上の運用である。ただし，根抵当権の場合には，債権届出が出ていないと極度額全額が被担保債権とみなしているので，注意が必要である。③については，執行費用のうち共益費用（債権者全員の利益になる費用）を指すが[4]，買受可能価額を前提とした売却手数料の概算を裁判所が計算し

---

3)　中西ほか152頁・164頁。
4)　『条解民事執行法』607頁。

無剰余の判断を行っている。

3　無剰余取消となる可能性がある場合の申立代理人の対応

　無剰余取消となることで，依頼者に多額の予納金を出してもらうことになったという失敗例も報告されている[5]。予納金のうち，少なくとも20万円程度は鑑定費用となることから，無剰余取消となった場合には，これらの金額が返還されないだけでなく，債権者の費用で債務者に鑑定結果を教えることになってしまう。ただし，強制執行に必要な費用は債務者の負担であることから（民執42条1項），これを債務者に請求することは考えられる。

　競売手続の申立代理人（債権者代理人）としては，事前に不動産の調査を行ったとしても（剰余判断の見極め方は設問1（14頁）参照），結果的に優先債権の正確な金額がわからず無剰余取消となることは避けられないが，優先債権の金額は競売手続を開始した直後に債権届出が出されていることがほとんどであるため，申立代理人として債権届出部分だけを閲覧謄写することで，無剰余取消の可能性を早期に判断することができる。

　また，債権額が小さい場合や，何らかの理由で強制執行を回避する債務者である蓋然性が高い場合には，当初から取下げを想定しているということも考えられる（強制競売の取下げ理由について設問2（29頁））。このような場合には，無剰余取消がなされるまでに，債務者との間で和解等を行っておくべきである。

　筆者の経験では，住宅ローンの遅延損害金が想定以上にあり，無剰余が想定される事例において，債務者は，任意売却も避けたいという意向があったため，住宅ローンを支払える収入状況であることを確認した上で，2番抵当権を設定してもらうことや，毎月一定額の支払を行うことを条件に，強制競売を取り下げるという和解をしたことがある。無剰余措置となった場合には，一般的に債権者の理解が得にくい（なぜ強制執行ができないのかの理由を納得してもらいにくい。）ことからは，上記のような対応も選択肢の一つであろう。

---

[5] 実際の例として，東京弁護士会親和全期会編著『こんなところでつまずかない！　保全・執行事件21のメソッド』（第一法規，2021）212頁。

第 **2**　無剰余取消の例外（無剰余回避措置）

1　無剰余取消の通知と差押債権者のとれる措置

　執行裁判所は，無剰余と判断した場合，差押債権者に対して無剰余の通知をする（民執63条1項）。差押債権者は，通知を受けた日から1週間以内に以下の措置をとらないと，手続は取り消される（同条2項）。

　差押債権者のとれる措置は，①買受け又は差額負担の申出，②剰余を生じる見込みがあることの証明，③優先債権者の同意を得たことの証明である（民執63条2項ただし書）。

　上記措置は，1週間以内と極めて短期間での対応となるため，実務上，裁判所書記官から，事前に無剰余通知を送付する旨の連絡をもらうことが多い。また，通知を受けたとしても，具体的な措置をとる旨の上申をすれば，内容によっては1週間を超えても認められることが多い（東京地裁民事執行センターの取扱いも同様である。）[6]。

2　買受け又は差額負担の申出（民執63条2項）

　差押債権者自らが買い受けることで無剰余を回避し得る。すなわち，差押債権者は，優先債権がない場合は手続費用の見込額を超える額を，優先債権がある場合は手続費用と優先債権額の見込額の合計以上の額（以下，「申出額」という。）を定めて，その額に達する買受申出がないときには差押債権者自ら申出額で買い受ける旨の申出をすることができる。

　差押債権者は，このような申出の際には，その申出額に相当する保証を提供する必要があり，この申出と保証の提供がなされれば手続の取消しを回避できる。この場合の注意点は，申出額全額を提供する必要があることである。

　他の者から当該申出額以上の買受けの申出がなかったときは，差押債権者を最高価格買受申出人として売却決定手続が進められることになり，差押債権者が提供した保証は，売却許可決定が確定すると売却代金に充当さ

6）中村＝劍持（下）20頁。

れる。

　差押債権者による買受けの申出は，売却が実施されるまでは撤回可能である。撤回されると手続は取り消され，申出を行ったが申出額の納付がない場合にも取り消される。また，差押債権者は，競売申立人の立場で取下げすることもできる。ただし，最高価買受申出人が出た場合には同意がなければ取下げができなくなる（民執76条1項）。

　目的不動産が農地のように法律上買受人となれない差押債権者もいる（農地3条1項）。また，東京地裁民事執行センターでは，権利能力なき社団による買受けも認められていない。このような場合にとれる措置は，差額負担の申出のみとなる。

3　剰余が生じる見込みがあることの証明（民執63条2項ただし書前段）

　優先債権者の債権届出書に記載された債権額が誤り又は虚偽である場合，優先債権が債権届出後に弁済等により減少している場合，優先債権につき登記事項証明書の記載で見込額を記載したが現実の債権額がそれよりも少ない場合には，債権届出書を訂正させたり，再提出等をさせたり，あるいは差押債権者において判決等により優先額が現実にはより少額であることを証明すれば，手続は続行される。

　また，売却基準価格決定に誤りがあり，より高い金額であるということを主張することも可能である。ただし，各場合とも，準備に相当程度の時間を要することが通常である。無剰余取消決定が出た後に準備を始めるのでは遅きに失するため，差押債権者はあらかじめ準備を進めておくことが肝要である。

4　優先債権者の同意を得たことの証明（民執63条2項ただし書後段）

　優先債権者が買受可能価額での売却に同意をしていた場合には，優先債権者の換価時期選択権を害することはなく，無益執行禁止にも反しない。そのため，差押債権者は，優先債権者の同意があったことを証明することで，執行手続を進めることができる。

　抵当権者が誰なのかは申立段階でわかるが，金融機関の決済には時間を

要するため，事前に申入れを行う準備をしておく必要があろう。

　優先債権者が私債権者ではなく，交付要求をした公租公課庁である場合であっても，東京地裁民事執行センターでは，公租公課庁の同意を要するとされている[7]。

第3　無剰余が看過された場合

1　優先債権者のとり得る手段

　本来，無剰余であったのに，これを看過して売却が実施された場合，最高価買受申出人の買受申出額から優先債権，共益費用を弁済して剰余を生じる見込みがあれば，結果的に無剰余を回避できるので，瑕疵は治癒されるとも解される。

　したがって，手続を取り消すことはないとも考えられるが，優先債権者の換価時期選択権の保護を図るためには，本来無剰余であったことを見逃した点について，売却の手続に重大な誤りがあること（民執71条7号）を理由として執行抗告を申し立てることができると解されている（民執74条2項）。

2　優先債権者以外の者がとり得る手段

　無剰余取消は優先債権者のための制度であるから，差押債権者自らが執行抗告を申し立てることは許されないとする裁判例があり（大阪高決昭58・12・2判タ519号145頁），債務者・所有者も執行抗告ができないとする裁判例がある（東京高決平10・9・14判時1665号71頁）。

第4　設問に対する回答

　本事例では，Xは，①買受け又は差額負担の申出，②剰余を生じる見込みがあることの証明，③優先債権者の同意を得たことの証明（民執63条2項ただし書）を行うことで無剰余を回避することができる。

7）中村＝劔持（下）24頁。

　無剰余決定の通知から時間がないため，Ｘとしては，あらかじめ対応を検討しておいたり，執行裁判所に期限の延長の上申をしておくべきである。

 事例2　強制競売の買受人と建物賃借人との関係

　Ｘは甲建物を借りていたところ，甲建物が強制競売となり，Ｙが買受人となった。この場合，ＸはＹに対して甲建物を明け渡さなければならないか。

第1　消除主義の原則

1　引受主義と消除主義

　不動産には抵当権などの担保権や賃借権などの用益権が付着していることが多いが，競売手続によってこれらの不動産上の権利をどのように取り扱うのかが問題となる。

　この点に関する考え方としては，差押債権者に対抗できる以上，買受人の下で存続させるという引受主義と，逆に担保権や用益権の負担のない不動産を買受人に取得させるという消除主義の二つがあり得る。

2　消除主義の原則（民執59条）

　民事執行法においては，競売不動産上の担保権や用益権等の負担をできる限り消滅させ，買受人に可能な限り負担のない不動産を取得させることを原則とし（消除主義），買受人が負担をそのまま引き受ける引受主義を例外としている。

　すなわち，売却に伴う権利の処遇については，競売における権利の変動に関して消除主義の原則を基本とする法定条件を規定している（民執59条1項～4項。なお，民執59条5項の変動合意の届出は実務ではまれである。）。

3　用益権の処遇

　抵当権設定に後れる賃貸借はその長短にかかわらず，抵当権者及び買受

人に対抗することができない。強制競売による差押え前からの対抗力ある賃貸借であっても第一順位の抵当権に後れた賃貸借であれば買受人に対抗できない。商業ビルなどではまれではあろうが，抵当権等の担保権が設定されておらずにあるいは売却に伴い抵当権設定が賃借よりも後の場合，強制競売の差押え前から対抗力ある賃借権を有しているとして買受人に対抗できる。

　抵当権に対抗することができない賃貸借に基づき建物を占有する者に対し，一律に6か月の明渡猶予を与える制度（明渡猶予制度。民395条）が平成15年改正民法によって創設された。賃貸ビルや賃貸マンションは，通常，建築時に抵当権が設定されていることが大半であり，入居者の賃借権は抵当権の実行により抵当権者及び買受人に対抗できない場合がほとんどである。この場合，競売手続の開始前（差押え）から使用又は収益する賃借人は，代金納付日から6か月間，買受人への当該建物の引渡しを猶予される（民395条1項1号）[8]。

　また，抵当権の設定に後れる賃借権であっても，賃借権について登記がなされ，当該賃借権の登記前に登記されているすべての抵当権者が賃借権に対抗力を与えることに同意し，かつその同意について登記がなされた場合には，当該賃借権は，抵当権者及び買受人に対抗できる賃借権となる（民387条）。これも，消除主義の例外である。

　抵当権設定登記に先立つ対抗要件を備えた賃借権は，抵当権に対抗できるので，売却によって消滅せず，強制競売による差押え前から対抗要件を備える賃借権について買受人はこれを引き受ける。

第2　用益権で特に注意すべき権利との関係

1　配偶者居住権との関係

　平成30年法律第72号による改正民法によって新設された配偶者居住権は，それが登記された場合には第三者対抗力を取得する（民1031条・605条）。配

8）ただし，平成15年改正民法の施行日である平成16年4月1日より前から存在する賃借権については，旧法の短期賃借権保護制度が適用されるものもある。

偶者居住権の登記より先に抵当権の登記がされていれば売却によって配偶者居住権は消滅する（なお，配偶者居住権については設問5（75頁）参照）。

　　ただし，配偶者の死亡により，団体信用生命保険の保険金が下りることになり抵当権が消滅する場合があることには注意が必要である。

2　平成15年民法改正前の旧民法395条との関係[9]

　　平成15年改正前民法395条は，消除主義の例外として，民法602条に定める期間を超えない期間の賃貸借については，いわゆる「短期賃貸借」として抵当権に対抗できるとされていた。平成15年民法改正後は，上記第1のとおり消除主義により抵当権に後れる賃貸借はその期間の長短を問わず，買受人に対抗できないものとし，対抗できない賃借権を有する者に対し，一律に買受けから6か月の引渡猶予を与えることとした（民395条1項1号）。

　　平成15年改正民法には，経過措置が設けられている（附則5条）。

　　すなわち，平成15年民法施行日（平成16年4月1日）現在に存する短期賃貸借については従前の例によるので，短期賃貸借の保護を受けることとなる。

3　滞納処分による差押え後に設定された建物賃借権との関係

　　滞納処分による差押えの後に，賃借権が設定され，さらに強制執行による差押えがなされ，執行裁判所の続行決定（滞調法13条1項ただし書）がなされた場合，滞納処分による差押えによって把握されていた賃借権の負担のない交換価値が実現されることになるため，賃借権は売却によって消滅する[10]。ただし，このような賃借権者も明渡猶予制度の対象になるとされている[11]。

---

9) 中村＝劔持（上）451頁。
10) 民執59条2項類推適用。最決平12・3・16民集54巻3号1116頁。
11) 最決平30・4・17民集72巻2号59頁（百選【38】）。

第3　設問に対する回答

　Xが明渡しをする義務があるか否かは，Xが甲建物をいつから賃借権に基づいて占有していたか，また，いつ抵当権設定がなされていたか否かによって，結論が異なる。

　すなわち，Xが（抵当権設定登記前かつ）強制競売の差押登記前から占有している場合には，甲建物を明け渡す必要はない。また，Xが抵当権設定登記後で強制競売の差押登記前から占有している場合には，6か月間の引渡猶予により，買受けの時から6か月間明渡しを拒むことができる。Xが抵当権設定登記後でかつ強制競売の差押登記後から占有している場合には，明渡しを拒むことができない。

設問13　不動産競売における保全処分

事例1　売却のための保全処分

　　Xは，Yに対する債務名義を取得しているが，Yには見るべき資産が自宅不動産（土地建物）しかなかった。Yは，Xに対して，自宅不動産に対する強制執行をしないよう懇願しており，仮に強制執行を申し立てるようであれば妨害を辞さない構えを示していた。

　　このような状況下において，Xが不動産の強制執行申立てを行ったところ，Yは強制執行を妨害するために，自宅不動産から公道へ通じる通路に障害物を設置した。

　　XはYの妨害行為に対して，どのような対応をすべきか。

第1　売却のための保全処分（民執55条）

1　売却のための保全処分とは

　不動産競売手続において，差押えは目的不動産の処分制限効を有するが，債務者や占有者が，不動産を毀損し，あるいは，必要な管理又は保存を行わないことによる目的不動産の交換価値の減少を防ぐことはできない。

　そこで，このような事態を防止するために，差押債権者の申立てにより，競売申立てから代金納付までの間，競売手続内において，目的不動産の価値を保全するために，①価格減少行為の禁止又は一定の行為命令，②占有移転禁止命令，③執行官保管命令，④執行官による保全処分の内容の公示を認めたのが，売却のための保全処分制度（民執55条）である。

　売却のための保全処分は，バブル経済が崩壊した1991年頃に急増したものの，その後，保全処分の強化に伴い，執行妨害行為自体が減少していったことから，利用件数は減少し，現在の申立件数は年間数件にとどまって

いるようである。[1]

2　保全処分の概要，特徴等

(1)　要件（価格減少行為）について

売却のための保全処分は，債務者や占有者が価格減少行為（不動産の価格を減少させ，又は減少させるおそれがある行為）をするときに認められる（民執55条1項）。

価格減少行為には，物理的に目的不動産の価格を減少させるような場合だけでなく，買受希望者の入札意欲をそぎ，買受希望者を減少させて競争売買を阻害することにより売却価格を下落させるような場合も含まれる。

具体的な例としては，目的建物を取り壊す行為，更地である目的土地に小屋を建てたり，土砂，廃材を搬入する行為，本事例のように目的不動産の通路に障害物を設置する行為，目的建物を無施錠のまま放置する場合等のように物理的に価格を減少させるような行為，執行妨害目的で形式的に賃貸借契約を締結して第三者への目的不動産の占有を移転させる行為，虚偽の留置権を主張する行為，暴力団が占有していることを誇示して買受申出を躊躇させる行為等の様々な態様が考えられる。[2]

なお，価格減少行為は，差押え後の行為に限られるのが原則であるが，差押え直前の執行妨害目的として不動産価値減少行為がされたような事案では，価格減少行為と解する余地がある。[3]

(2)　審尋手続

売却のための保全処分においては，執行裁判所は，債務者（所有者）以外の占有者に対し，保全処分命令を発令する場合において，必要があると認めるときは，相手方を審尋しなければならない旨が規定されている（民執55条3項）。

しかし，実務上は，密行性（保全の効果保持）の要請から，相手方に対

1)　平野171頁。
2)　中村＝剱持（上）402頁。
3)　中村＝剱持（上）404頁。

する審尋手続がとられることはあまりないとされている[4]。

(3)　立担保

　　売却のための保全処分においては，執行官保管命令（上記第1の1③）については，立担保が必要的であるとされており，他の処分については任意的とされている（民執55条4項）。

　　実務上，売却のための保全処分における立担保額は，民事保全法に基づく一般的な仮処分の担保額や担保基準に比して相当低額である[5]。

(4)　保全処分における留意点

　　執行官保管命令及び占有移転禁止の保全処分は，差押債権者に対する告知後，2週間以内に執行する必要がある（民執55条8項）。

　　そのため，保全処分の執行においては，日程確保，補助者の手配，事案によっては警察の援助要請等が必要となるので，発令前にあらかじめ執行官と打合せをする等の準備を行うべきである。

　　また，そもそも売却のための保全処分は，競売申立てから代金納付までの間に申し立てる必要がある点も留意する必要がある。代金が納付されてしまうと買受人が所有権を取得することになるからである（民執79条）。

3　保全処分の具体例

保全処分の具体的な内容（主文）としては，次のようなものがある。

(1)　工事の禁止を求める場合

　　『相手方は，別紙物件目録記載の建物に対して行っている全ての工事を中止せよ。』

　　『執行官は，相手方が前項の命令を受けていることを公示しなければならない。』

(2)　建物退去命令を求める場合

　　『相手方は，本決定送達の日から○日以内に，別紙物件目録記載の建物から退去せよ。』

---

4)　中村＝剱持（上）404頁。
5)　中村＝剱持（上）404頁。

『執行官は，相手方が別紙物件目録記載の建物から退去を命じられていることを公示しなければならない。』

(3)　執行官保管命令を求める場合

『相手方は，本件不動産の占有を解いて，これを執行官に引き渡さなければならない。』

『執行官は，本件不動産を保管しなければならない。』

『執行官が本件不動産を保管していることを公示しなければならない。』

(4)　占有移転禁止を求める場合

『相手方は，本件不動産に対する占有を他人に移転し，又は占有名義を変更してはならない。』

『本件不動産の占有を解いて，これを執行官に引き渡さなければならない。』

『執行官は，

本件不動産を保管しなければならない。

相手方に本件不動産の使用を許されなければならない。

相手方が本件不動産の占有の移転又は占有名義の変更を禁止されていること及び執行官が本件不動産を保管していることを公示しなければならない。』

４　不服申立て

売却のための保全処分を命ずる決定又は保全処分の申立てを却下する決定に対しては，執行抗告をすることができる（民執55条6項）。執行抗告においては，価格減少行為の存否が主たる争点となることが多い。

５　刑事手続

強制執行を妨害する行為については，保全処分の対象になるにとどまらず，行為態様いかんによっては，刑法により処罰されるため，被害届の提出や告訴等も検討すべきである。なお，刑事手続に係る詳細は設問19（243頁）を参照されたい。

6　設問に対する回答

　Ｘは，Ｙが自宅不動産から公道へ通じる通路に障害物を設置した段階で（実際には現地確認や現況調査報告書によって判明することが多いと思われる。），Ｙに対し，任意で障害物の撤去を求めるべきである。

　障害物の設置行為は，物理的な行為によって，公道に至る通路を塞いでおり，これにより障害物の除去費用等の点で価格が減少すると考えられることから，物理的な価格減少行為に該当するといえる。

　そのため，ＹがＸの要請に応じない場合には，Ｘは，Ｙに対し，売却のための保全処分として障害物の撤去を求める仮処分を申し立てるべきである。

第2　買受けの申出をした差押債権者のための保全処分（民執68条の2）

1　制　度

　買受けの申出をした差押債権者のための保全処分とは，競売において買受けの申出がなかった場合において，不動産を占有する債務者又は不動産の占有者でその占有権原を差押債権者，仮差押債権者若しくは民事執行法59条1項の規定により消滅する担保権を有する者に対抗できない者が，目的不動産の売却を困難にする行為をし，又はその行為をするおそれがあるときに，差押債権者の申立てにより，買受人が代金を納付するまでの間，これらの者の目的不動産に対する占有を解いて，執行官又は差押債権者に目的不動産の保管を命ずる保全処分である（民執68条の2）。

2　要　件

　差押債権者が当該保全処分の申立てをするには，①相手方が不動産の売却を困難にする行為をし，又はその行為をするおそれがあること，②売却が不奏功であったことに加え，③差押債権者において，買受可能額以上の額（申出額）を定めて，次の売却の実施において買受けの申出がなければ自ら申出額で不動産を買い受ける旨の申出をし，かつ，申出額に相当する保証の提供をしなければならない（民執68条の2）。

3　実　務

　当該手続は，差押債権者には自ら買い受けることを覚悟して保証を提供する負担があるなどの理由から，実際に申し立てられることはほとんどないような状況である[6]。

　差押債権者が当該不動産自体に価値を見出している等，当該不動産について確実に引渡しを受ける必要がある場合に限られると思われる。

事例 2　相手方を特定しないで発する保全処分

　　Xは，Yに対する債務名義を取得しているが，Yには見るべき資産が区分所有建物（1部屋）しかなかった。当該建物は，Yの友人又は知人が不定期に使用しており，誰が使用しているか特定できない状況であった。

　　このような場合に，XはYの区分所有建物を差押えできるか。

第 1　相手方を特定しないで発する保全処分（民執55条の2）

1　民事執行法55条の2の趣旨

　執行妨害排除のため，平成15年の民事執行法改正により，「相手方を特定することを困難とする特別の事情があるとき」には，相手方を特定しないで，執行官保管命令又は占有移転禁止の保全処分を発することができることとされた（民執55条の2第1項）。

2　要　件

　相手方を特定しないで発する保全処分が認められるためには，以下の(1)及び(2)の要件を満たす必要がある。

　(1)　執行官保管命令又は占有移転禁止の保全処分が認められる場合であること

---

6)　中村＝剱持(上)413頁。

(2)　相手方を特定することを困難とする特別の事情があること

これには①占有者の特定そのものが困難である場合と，②その時々の占有者の特定自体は可能であるものの，占有者が頻繁に入れ替わっている場合の二つの類型がある。

①については，不動産を外部から観察して，看板や表札の有無を確かめたり，居住者に対する質問を試みたりするなど申立債権者として通常行うべき調査を行った上で，それでも相手方を特定することができない場合に，「相手方を特定することを困難とする特別の事情がある」と認められると解されている。[7]

②については，執行官による現況調査報告書や申立債権者による調査の結果（住民票やライフラインに対する弁護士会照会の回答等）から占有者が頻繁に入れ替わっていることが認められ，最新の占有者を相手方とする保全処分が発令されても，その執行時には占有者が入れ替わっている蓋然性が高い場合に，「相手方を特定することを困難とする特別の事情がある」と認められると解されている。[8]

3　保全処分の執行

相手方を特定しないで保全処分が発令された場合，執行官が執行の現場で占有者を特定し，その者の占有を解くことになる。この保全処分の執行により，不動産の占有を解かれた者が，当該保全処分の相手方となる（民執55条の2第3項）。執行官には，執行の現場において，占有者から必要な情報を取得するために，質問をしたり，文書の提示を求める権限が付与されている（民執168条2項）。この質問に対する陳述や文書の提出を拒んだ場合，虚偽の陳述や文書を提出した場合には刑事罰が予定されている（民執213条4項）。

なお，当該保全処分の執行の現場においても執行官が不動産の占有者を特定することができなかったときは，結局当該保全処分の執行はできないことになる（民執55条の2第2項）。

---

7)　中村＝剱持(上)420頁，『条解民事執行法』506頁。
8)　中村＝剱持(上)420頁，『条解民事執行法』506頁。

4 申立てにおける留意点

　当該保全処分の場合，当事者目録の相手方の記載方法が問題となり得るが，実務上，申立ての理由において相手方を特定することを困難とする特別の事情を具体的に記載した上で，当事者目録において「本件保全処分決定の執行の時において別紙物件目録記載の不動産を占有する者」等の記載で足りるとされている[9]。

5 設問に対する回答

　本事例の事実関係の場合，まずは，表札，看板，郵便受けの表示や近隣住民からの聴取等の調査を行った上で，占有者がYであるとの特定が困難であると判断される場合には，直ちに差押えをすることはできないため，相手方を特定しないで発する保全処分の申立てを検討することとなる。その上で，執行官において，占有者を特定し，その占有を解くことにより，保全がなされることになる。

　当該保全処分により，執行官保管，占有状態が固定することができた場合には，その後の差押えをすることができるようになる。

9）中村＝劍持（上）422頁。

設問 **14**　**売却手続**

事例
1
買受希望者が現れない物件の売却

①　債務者Aは，借地権付きの甲建物を所有していた。Aは，事業
資金のために多数の債権者から借入れを行っていたところ，返済
が滞ったため，債権者Xは，Aに対する本案訴訟を提起して債務
名義を取得し，当該債務名義に基づいて甲建物について不動産競
売の申立てを行った。ところが，甲建物は，駅から車で30分以上
離れた山奥にあって立地が悪く，かつ，保存状態も良好とは言え
なかった。執行裁判所は，期間入札を実施したが，どこからも買
受申出がなかった。

債権者Xは，今後，どのように対処すればよいか。

②　執行裁判所が期間入札をしたものの応札者がなく，特別売却を
しても買受申出がなかった場合，債権者Xはどのようにすべきか。

③　債務者Aが，甲建物の売却を防ぎたい場合は，どうすればよい
か。

第 **1**　**売却手続について（事例1①）**

1　**売却の方法**

不動産競売申立てがなされた後，物件明細書・現況調査報告書・評価書
のいわゆる3点セットがそろい，売却基準価格が定められ，無剰余のおそ
れもなければ，手続は売却手続に進む。

売却の方法には，期日入札，期間入札，競り売り，特別売却の四つが用
意されており（民執64条2項，民執規34条・51条），どの売却方法をとるかは裁
判所書記官が決定する（民執64条1項）。

　東京地裁民事執行センターの運用では，原則として期間入札で売却され，補充的に特別売却が実施されている。

2　期間入札の売却手順

　執行裁判所は，期間入札を行う場合は，入札期間・開札期日・売却決定期日を指定する（民執規46条）。

　東京地裁民事執行センターの運用では，入札期間は原則として8日間，開札期日は原則として入札期間満了日から1週間後の日の午前9時30分，売却決定期日は原則として開札期日から1週間後の日の午前10時に，それぞれ指定されている[1]。

　差押債権者，債務者（所有者），配当要求をしている債権者，その他の利害関係人に対しては，入札期間等の通知は，売却実施命令後に普通郵便によって行われる。通知書には，入札期間，開札期日，開札場所，売却決定期日，最低売却価額等のほか，後述する特別売却の内容も記載される。

　利害関係人は，これらの情報を踏まえて，応札するかどうかを検討することになる。本事例において，利害関係人として入札期間等の通知がなされる者としては，差押債権者X，債務者A，Aに対して配当要求をしている他の債権者，甲建物の底地の所有権者等が挙げられる（民執規37条）。

　執行裁判所が入札期間等の通知をする対象者は，民事執行規則37条各号に規定されている。このうち，「その他執行裁判所が相当と認める者」（民執規37条5号）としては，例えば，買受申出をする可能性がある対象不動産の賃借人，共有持分権者，対象不動産が土地の場合の地上建物所有者，対象不動産が建物の場合の底地所有者，などが挙げられる。そのため，対象不動産の隣接地の所有者などに対して，直ちに入札期間等の通知がなされるわけではない。

　対象不動産の現況調査などをきっかけに競売の事実を知った隣地の所有者が，入札に参加することを希望する場合は，あらかじめ執行裁判所に対して通知希望を出しておくことが考えられる。そうしておけば，執行裁判

---

1) 東京地裁民事執行実務研究会編著『改訂不動産執行の理論と実務（下）』（法曹会，1999）391頁。

所に入札期間等の通知をしてもらえる場合がある。

3　買受希望者が確認するための方法

　期間入札で売却される不動産については，入札期間開始の3週間前から，裁判所の掲示場や区役所又は支庁の掲示板等に，公告が掲示される。公告には，売却される不動産，入札期間，改札期日，開札場所，買受可能価額，買受申出の際の保証の額などの事項が記載されている。

　また，入札期間開始の2週間前から，裁判所の物件明細書等閲覧室においていわゆる3点セットの閲覧が可能である（民執62条，民執規31条）。さらに，不動産競売物件情報サイト（BIT。https://www.bit.courts.go.jp/app/top/pt001/h01）でも，全国の物件を閲覧することが可能である（設問4（48頁）参照）。

　競売不動産の買受けを希望する者は，これらの情報をチェックして，応札するかどうかを検討することになる。

4　買受申出の保証

　入札をしようとする者は，執行裁判所が定める額の買受けの申出の保証を提供しなければならない（民執66条）。

　買受けの申出の保証の額は，原則として最低売却価額の10分の2とされている（ただし，執行裁判所の裁量により増額される場合もある。民執規49条・39条）。

　買受けの申出の保証の額は，上述した公告に記載されているので，入札をしようとする者はあらかじめ確認しておく必要がある。

　保証の提供方法には，①執行裁判所の預金口座に金融機関から保証金を振り込み，その旨の金融機関の証明書を提出する方法と，②銀行又は保険会社との間で支払保証委託契約を締結した上で，これを証する文書を執行官に提出する方法の二つがある（民執規48条）。

　入札する際には，この振込証明書か，支払保証委託契約証明書を入札書と一緒に封筒に入れて提出する[2]。

2）以上に加えて，令和元年の民事執行法改正により，買受申出にあたって，買受申出人やその背後にいる者が暴力団員等ではないことを陳述しなければならないことになったため（民執65条の

　提供した保証金は，買受申出人の入札価格が最高価格となって売却許可決定が出たにもかかわらず，代金を納付しなかった場合には，返還されない（民執80条1項後段）。他方，買受申出をしたものの，入札額が最高価格ではなかったために落札できなかった場合には，保証金は返還される（民執規45条1項・49条）。

5　特別売却

　期間入札をしたものの応札者がいなかった場合には，特別売却に付することが考えられる。特別売却は補充的な売却方法であり，入札又は競り売りの方法によって売却を実施しても買受けの申出がなかったときに限って行われる（民執規51条1項前段）。東京地裁では，複数の者から買受申出がされた場合，申出に先後があるときは先に申し出た者を買受申出人と指定する取扱いをしているため，先着順で買受人が決まる[3]。

　特別売却に付する場合は，執行裁判所は，あらかじめ差押債権者の意見を聴く必要がある（民執規51条2項）。

　そのため，本事例の甲建物のように，買受人がいないことがあらかじめ予想される場合においては，債権者Xは，競売開始申立てと同時に，特別売却に異議がない旨の意見書をあらかじめ提出しておけば，スムーズに特別売却に移行することが可能である。

6　設問に対する回答

　期間入札を行っても応札者がいなかった場合には，特別売却を行うことが考えられる。債権者Xは，特別売却に異議がない旨の意見書を執行裁判所に提出するなどして，特別売却に付してもらう必要がある。

　債権者Xとしては，特別売却の実施に先立って，あらかじめ入札可能性のある物件近くの業者等に積極的に情報開示するなどして，入札を促すことを行うべきであろう。

　2），裁判所のフォーマットの陳述書を提出する必要がある（具体的には設問15（185頁））。
3）平野182頁，中村＝剱持（下）99頁（Q87）。

第2　売却しても入札がなかった場合（事例1②）

1　売却基準価格の見直し

　本事例②のように，期間入札でも特別売却でも買受人が現れなかったような場合には，執行裁判所が想定した売出価格が高すぎた可能性がある。そのような場合には，執行裁判所は売却基準価格を下げることができ（民執規30条の3），引き下げた売却基準価格で再び売却手続を繰り返すことになる。

　また，執行裁判所は，差押債権者に対し，その意見を聴き，買受申出をしようとする者の有無，不動産の売却を困難にしている事情，周辺地域の不動産評価額の実勢など，売却の円滑な実施に資する事項について，調査を求めることができる（民執規51条の5第1項）。

　差押債権者Xとしても，自ら率先してそのような調査を行い，必要に応じて意見書や調査書を執行裁判所に提出して，再度の売却手続の実施を促すことが考えられる。

2　いわゆる「三振アウト」

　上記1の手続を繰り返し，3回目の期間入札・特別売却を実施しても買受申出人がいなかった場合には，民事執行法68条の3の要件を判断し，要件を満たしていれば，執行裁判所は競売手続を停止する。その後，3か月以内に差押債権者から買受希望者がいることを理由に売却実施の申出がなされないときは，執行裁判所は競売手続を取り消すことができる（実務上，「三振アウト」と呼ばれている。）。

　差押債権者Xは，この取消決定に不服がある場合は，売却の見込みがあることを示して執行抗告を申し立てることができる（民執12条1項）。

　民事執行法68条の3の要件を満たさない場合には，執行裁判所は更に減価して売り出すことになる。債権者が事件を取り下げない限り，減価しての売出しが繰り返されることになるため，いずれは無剰余取消となって，強制競売事件が終了する（民執63条1項1号）。

3　設問に対する回答

　期間入札でも特別売却でも買受人が出なかったような場合には，差押債権者Ｘは，適正な売出価格ではなかった可能性があることから，必要な調査を実施した上で売出価格を減価し，改めて売却手続の実施を促すことが考えられる。本事例では甲建物の使用態様が明らかではないが，賃貸借契約を締結しているような場合には，賃料の差押え等を行うことも検討すべきであろう。なお，賃貸借契約があるか否かは現況調査報告書を閲覧すればわかる。

第**3**　債務者の対応（事例1③）

1　債務者Ａのとり得る手段

　債務者は，対象不動産の競売手続において買受申出をすることができない（民執68条）。債務者は，買受資金があるならば債権者に弁済すべきだからである。したがって，売却決定期日において，最高価買受申出人が債務者であったり，買受申出人が債務者しかなかった場合には，執行裁判所は売却不許可決定を出すことになる（民執71条1項2号）。

　また，債務者が，第三者を立てた上で，債務者の計算において買受けの申出をさせることも許されず，売却不許可事由となる。[4]

　ただし，債務者の親族による買受けの申出は，当然に禁じられていない（大阪高決昭57・4・1判時1052号83頁）。また，債務者が代表取締役を務める会社による買受けの申出も，当然に禁じられているわけではない（大阪高決昭61・10・27判タ634号243頁）。[5]

　したがって，甲建物の売却をどうしても防ぎたいＡとしては，親族等に依頼して買受申出をしてもらうことが考えられる。

　債務者の相続人が買受けできるか否かが争われた判例（最決令3・6・21民集75巻7号3111頁）では，免責を受けた担保不動産競売の債務者の相続人は，「法188条において準用する法68条にいう『債務者』に当たらない」と

---

4)『条解民事執行法』688頁。
5)『条解民事執行法』688頁。

して，買受人になれると判断している。

2　設問に対する回答

　　債務者 A は，自ら買受申出をすることは禁止されているため，どうして
も売却を防ぎたい場合は，親族や知人等に依頼して買受申出をしてもらう
ことが考えられる。また，債権者としても，特別売却まで行っても買手が
付かないとなれば，任意売却の条件を下げる可能性もあるため，任意売却
も検討すべきであろう（任意売却については設問 2 （19頁）参照）。

事例2　売却許可決定に対する対応

　　事例 1 において，買受人が決まった場合の以下の手続はどうなる
か。
　　① 　売却許可決定期日において，利害関係を有する者は，いかな
　　る対応をとることができるか。
　　② 　売却許可決定がなされたが，予想よりも低い価額で売却許可
　　決定がなされた場合に，誰が，どのような理由に基づき執行抗
　　告を行うことができるか。

第1　売却許可決定期日及び売却不許可事由（事例2①）

1　売却許可決定又は不許可決定

　　期間入札の場合は，入札期間が終了して開札期日が行われてから 3 週間
以内に（民執規46条 2 項），特別売却の場合は，特別売却調書が提出されて
から遅滞なく（民執規51条 7 項）[6]，売却決定期日が開かれる（民執69条）。
　　売却決定期日において，執行裁判所は，民事執行法71条各号の売却不許
可事由の有無を職権で調査し，売却不許可事由が一つでもあれば売却不許
可決定を，売却不許可事由が存在しない場合には売却許可決定を，それぞ

6）東京地裁民事執行センターでは，7 日ないし10日経過後の日とされている（中村＝剱持（下）100
　頁）。

れ言い渡すことになる。

　この期日において，それまでの競売手続全体の適法性が見直されることになり，売却の許可・不許可に利害関係を有する者は，売却不許可事由で自己の権利に影響のあるものについて，意見陳述を行うことができる（民執70条）。利害関係人とは，差押債権者，債務者，所有者等の民事執行規則37条に規定された者のほか，買受申出をした者も含まれる。

　もっとも，この意見陳述は，執行裁判所に対して調査・判断の資料を提供するものにすぎない。

　そのため，利害関係人が，売却許可決定又は不許可決定に対して異議がある場合には，執行抗告を行う必要がある（民執74条）。[7]

　執行抗告は，「その決定により自己の権利が害される」場合，すなわち抗告の利益がある場合に限定され（民執74条1項），抗告理由としても，売却許可決定について売却不許可事由がある場合や重大な手続違背がある場合（民執74条2項），売却不許可決定について手続違背がある場合[8]，売却許可決定又は不許可決定について再審事由が存在する場合（民執74条3項）に限られる。

2　設問に対する回答

　利害関係人は，売却許可決定又は不許可決定に対して異議がある場合は，執行抗告を行うことが可能である。

第2　売却許可決定に対して不服があるとき（事例2②）

1　売却許可決定に対する不服申立てをなし得る者

　対象不動産の客観的価値と比べて，売却基準価額が著しく低く設定されていたために，低い金額で売却許可決定が出された場合に，誰が執行抗告をなし得るか。

　まず，差押債権者Xは，売却手続上の瑕疵がなく，より高額で売却許可

---

7)　中村＝剱持（下）110頁（Q90）。
8)　『条解民事執行法』758頁。

決定がなされれば，弁済額の増加を期待することができる立場にあるから，抗告の利益を有する。

　また，差押債権者以外の配当等を受けるべき債権者も，差押債権者と同様，より高額の配当により満足を受ける権利を有するため，抗告の利益を有する。

　さらに，債務者Ａも，より高額で売却決定がなされれば，それだけ債務が減少する立場にあるから，抗告の利益を有する。

　これに対し，買受人は，買受申出をした以上，抗告の利益がないとするのが原則である。ただし，物件明細書の記載の誤り等により，本来ならしないはずの買受申出をした場合には，その限りではない。

2　抗告理由について

　次に，抗告理由については，「売却基準価額若しくは一括売却の決定，物件明細書の作成又はこれらの手続に重大な誤りがあること」（民執71条7号）が考えられる。

　すなわち，執行裁判所の決定した売却基準価額が，目的不動産の客観的価値に比べて著しく低廉である場合や，目的不動産の評価方法や評価の基礎となる物的負担や現況認定等に誤りがあったため，実態と乖離した評価がなされ，それに基づいて売却基準価額が決定されたという場合である[9]。

　具体的には，登記簿上の地積が実測面積よりも著しく小さいのに，登記簿上の地積を基に算出した評価額を基礎として売却基準価額を決めていた場合（仙台高決昭63・7・26判時1288号97頁）や，現況調査に誤りがあって物件明細書の作成に重大な誤りがあった場合（東京高決昭57・3・26判時1040号59頁）などが挙げられる。

3　売却不許可決定の場合

　売却不許可決定がなされた場合にも，売却許可決定に対して不服がある場合と同様に，抗告の利益を有する者が執行抗告を行うことができる。

---

9)『条解民事執行法』728頁。

　具体的には，差押債権者は，誤った売却不許可決定によって売却代金から満足を受ける権利を害されることになるから，原則として抗告の利益を有する。

　また，最高価買受申出人も，売却不許可決定により不動産を取得する権利が害されるから，抗告の利益を有する。

　他方，差押債権者以外の配当等を受けるべき債権者は，差押債権者の手続に便乗しているだけの関係であり，売却不許可決定は便乗する手続が消滅する場面であるから，抗告の利益は認められないと解される。

　また，債務者も，売却不許可決定によって自己の権利が害されることはないから，抗告の利益はない。

4　設問に対する回答

　売却許可決定がなされたが，予想よりも低い価額で売却許可決定がなされた場合には，これに不服がある差押債権者，その他の債権者及び債務者は，「売却基準価額若しくは一括売却の決定，物件明細書の作成又はこれらの手続に重大な誤りがあること」を理由として，執行抗告を行うことが考えられる。

設問15　入札手続・代金納付における諸問題

事例1　入札手続における問題

　　Xは，A所有の甲不動産の強制競売事件の入札に参加し，参加した3名のうちXが最も高い入札価格を記載し，Yが2番目，Zが3番目の入札価格をそれぞれ記載した。ところが，執行官は，Xの入札には瑕疵があり無効であると判断し，Yが最高価買受申出人，Zが次順位買受申出人とされた。

　　①　Xは自らが最高価買受申出人であると主張するためには，どのような方法をとることができるか。

　　②　Yが最高価買受申出人，Zが次順位買受申出人であることが確定したが，Yは代金納付を行わなかった。このような場合，Zは甲不動産の売却許可を受けることができるか。

第1　入札方法と開札手続

1　入札方法

(1)　保証金の支払と入札書

　　入札に先立ち，買受申出の保証金額（売却基準価額の2割（民執規39条・49条））を金銭等で提供する必要がある（民執66条）。提供方法は執行裁判所の預金口座への振込か，銀行と支払保証委託契約を締結する方法による（民執規48条・40条1項4号）。振込証明書又は支払保証委託契約証明書を入札書と一緒に封筒に入れて提出する。

(2)　暴力団員等ではないことの陳述書

　　令和元年の民事執行法改正前には，民事執行法上，競売手続から暴力団を排除する規定が存在していなかった。改正前の法制審議会の資料に

　　よれば，反社会的勢力の事務所として使われていた事務所の一部が競売
　公売によって取得していると指摘されており大きな問題となっていた。
　　そこで，令和元年の民事執行法改正により，買受申出にあたって，買
　受申出人やその背後にいる者が暴力団員等ではないことを陳述しなけれ
　ばならないことになった（民執65条の２）。

【図】　不動産競売物件情報サイト（BIT）「手続案内──図４：陳述書（法人）
　　　記載要領」[1]（不動産競売物件情報サイト（BIT）提供）

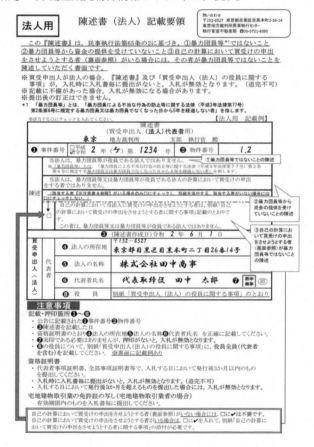

1)　https://www.bit.courts.go.jp/guidance/guidance03/pict04n.html

（別紙）
※該当する□にチェックを入れてください。

		買受申出人（法人）の役員に関する事項	
1 ☑代表者 ❻	❶ 住　所	〒190-8571 東京都立川市緑町10番4号	
	❸（フリガナ）	タナカ　　タロウ	
	❷ 氏　名	田中　太郎	
	❹ 性　別	☑ 男性　　□ 女性	
	❺ 生年月日	□昭和 ☑平成 □西暦 30 年 4 月 1 日	
2	住　所	〒190-8571 東京都立川市緑町10番4号	
	（フリガナ）	タナカ　　ジロウ	
	氏　名	田中　次郎	
	性　別	☑ 男性　　□ 女性	
	生年月日	□昭和 □平成 □西暦 35 年 10 月 31 日	

注意事項

記載箇所❶～❻
・1に代表者の❶住所❷氏名❸フリガナ❹性別❺生年月日❻□代表者にチェックを正確に記載してください。
・2以降に、役員全員分の❶～❺までを記載し、役員が5人以上の場合は複数枚用いてください。
・役員の❶～❺を証明する文書（住民票等）の添付は不要です。

※ 陳述書に記載すべき役員の範囲
　株式会社及び有限会社　　　　　　　　　　── 取締役、監査役、会計参与及び執行役
　持分会社（合名会社、合資会社及び合同会社）── 社員
　その他の法人　　　　　　　　　　　　　　── 上記役員等に準ずる者
　なお、役員が法人の場合は、当該法人の役員及び職務執行者についても陳述する必要があります。

（必ずお読みください。）

　「自己の計算において買受けの申出をさせようとする者」とは、当初からその不動産を取得する意図の下で、買受申出人（入札人）に対して資金を提供して入札をさせようとする者など、不動産を取得することによる経済的損益が実質的に帰属する者のことをいいます。
　このような者がいる場合には、「□　自己の計算において……ありません。」の欄の□にチェックし、別途「自己の計算において買受けの申出をさせようとする者に関する事項」の書面を提出してください。
　なお、買受申出人（入札人）が単に銀行等から資金を借り入れて入札しようとする場合は、これにあたりません。
　誤ってチェックした場合は、入札は無効となりますので、御注意ください。

※ 個人の場合、法定代理人がある場合（未成年者の親権者など）、自己の計算において買受けの申出をさせようとする者がある場合は、用紙が異なりますので、ご注意ください。

　執行裁判所は売却決定までに最高価買受申出人やその背後者が暴力団員等に該当するのか否かの調査を都道府県警察に嘱託しなければならないとされているため（民執68条の4）、暴力団員等に該当するのかについて実効性のある判断を行っている。実務上は宅建業者が多く入札しているが、宅建業者は法令上暴力団員ではないことが免許保持要件となっているため（宅業法5条1項6号・7号・14号）、宅建業者が免許証の写しを添えて陳述書を提出すれば例外的に調査は不要とされている（民執68条の4第1項・第2項各ただし書、民執規51条の7）。役員の氏名にふりがなを記載しなかった事例で、調査嘱託が正確にできないことを理由に売却不許可とした記載例（東京高決令3・7・16判例秘書L07620256、東京地決令4・1・24

判例秘書L07730030）があるため，役員のふりがなは必ず記載すべきである。

　虚偽の陳述をした場合には，6か月以内の懲役（令和3年法律第68号の施行後は「拘禁刑」）又は50万円以下の罰金に処されるが（民執213条1項3号），詐欺罪（刑246条）にも該当し得る[2]（なお，民事執行法違反の犯罪については設問19（250頁）参照）。

2　開札手続

　開札期日では，執行官が入札人の立ち会うことのできる売却場で入札書の入った封筒を開封し（開札），記載に不備がないか，保証が提供されているか等を確認する。そして，有効な入札の中から最高価かつ買受可能価額を超えている額で申出をした者を最高価買受申出人と決定し，その氏名（個人）・名称（法人），入札価額を呼び上げる。

　入札額が同額である者が複数いる場合，入札した金額以上の金額で再入札となるが（民執規42条1項），全員が再入札しない場合には，くじ引きとなる。

　差押債権者が無剰余取消を回避するために民事執行法63条2項1号に定める買受申出をしている場合で，債権者の申出額に達する買受けの申出がなかったときは，執行官は，差押債権者を最高価買受申出人と定める旨を告げ，調書にもその旨を記載する。特別売却を実施するか否かは各裁判所で取扱いが異なるようである[3]。

　入札書の記載に不備があると，原則として入札は無効となる。どの範囲の不備があると無効となるかについては争いがある[4]。

　判例（最決平15・11・11民集57巻10号1524頁）は，入札価額の千万から十の位まで算用数字が記載されていて，一の位は空白のままの入札書について，「入札価額が一義的に明確であると認めることはできない。」として当該入札を無効とした。他方で，最決平成22年8月25日民集64巻5号1482頁の事案では，事件番号が封筒の記載と保証金振込証明書の記載とで一致しな

2）平野186頁。
3）執行官実務研究会編『執行官実務の手引（第2版）』（民事法研究会，2015）395頁。
4）多くの裁判例を分析するものとして中野＝下村538頁。

かった場合に無効とはいえないとした。

　事案による判断が必要となる一方で，事案によって結論が異なることは予測可能性の観点から望ましくない。そこで，東京地裁民事執行センターでは，執行官と協議の上，入札書の不備等があった場合の取扱方針を定めた期間入札の実施要領を作成し，それに基づいて画一的な取扱いを行っている。[5]

3　入札の無効に対する執行抗告の可否

　入札が有効であるにもかかわらず執行官が誤って無効と判断し，2番目の入札額の者を最高価買受申出人としてしまった場合，いかにして争うことができるか。この問題は，債権者，債務者・所有者であれば，抗告事由がなければより高額で売却されていたという理由で売却許可決定に対して当然執行抗告ができるが，1番目の入札者が執行抗告できるかという問題である。

　この点について，民事執行法74条1項は，「決定により自己の権利が害されることを主張するときに限り」執行抗告することができると定めているが，自らが最高の価額で入札をしたと主張する入札者が，他の者が受けた売却許可決定に対して執行抗告をすることができるか否かについては文言上明らかではなく，これまで積極説と消極説があった。さらに積極説の中でも，開札期日からやり直しを行うという説と，裁判所が直接抗告人に売却許可決定をすることができるという説に大別されていた。

　前掲最決平成22年8月25日は，積極説のうち，開札期日からやり直しをすることを明らかにした。

　すなわち，自らが最高価で買受の申出をしたにもかかわらず，執行官の誤りにより入札が無効と判断された者は，他の者が受けた売却許可決定に対し執行抗告をすることができるとした。その際の手続について，執行裁判所は売却手続に重大な誤りがあるとして売却を不許可とした上で，当初の入札までの手続を前提として再び開札期日及び売却決定期日を定め，こ

---

5)　中村＝劔持（下）90頁。同様の取扱規定は市区町村が行う競争入札においても存在している。

れを受けて執行官が再び開札期日を開いて，最高価買受申出人を定め直すべきであるとしている[6]。

　本判例は担保不動産に関する事案であるが，強制執行競売においても妥当するものと思われる。本判例とは異なり，無効な入札を誤って有効な入札と判断して最高価買受申出人と定めた場合の不服申立てのあり方については残された課題とされていた。再入札すべきなのか，開札からやり直すべきなのか，更には入札者による抗告の利益があるのかについても検討が必要である[7] [8]。

第2　最高価買受申出人と次順位買受申出人の地位

1　最高価買受申出人が定まった場合

　執行裁判所は，最高価買受申出人が決まった場合，売却を許可するか否かを3週間以内に定めることになる（民執規46条2項）。東京地裁民事執行センターでは，開札期日から3開庁日を開けた日の午前11時に売却決定期日が開かれていることから，最短で4日で売却決定となる。

　不動産の売却の許可又は不許可に関し利害関係を有する者は，売却決定期日において意見を陳述することができるが（民執70条），意見陳述をするとしても極めてタイトなスケジュールとなることに注意が必要であろう。

　民事執行法71条は，売却不許可事由を列挙している。このうち，6号の最高価買受申出人による売却不許可の申出，7号の売却基準価額の決定や物件明細書の作成の重大な誤り，8号の売却手続の重大な誤りによる不許可決定の実例が多いとされている[9]。なお，本書の対象外ではあるが，抵当権の実行による競売で，抵当権の不存在・消滅については，判例（最決平13・4・13民集55巻3号671頁（百選【24】））は，開始決定に対する執行異議により争うべきであり（民執182条），売却不許可事由には当たらないとして

6）判タ1331号73頁。
7）中村＝劒持（下）114頁（Q91）・92頁（Q86）。
8）最決平26・11・4判タ1411号63頁。
9）平野183頁。

いる。

2　次順位買受申出人となった場合の地位

開札手続の中で，執行官は 2 番目に高い価格をつけた次順位買受けの申出をすることができる者がいるかどうかを判断して，これがいる場合には，その者の氏名又は名称及び入札価額を告げて，次順位買受けの申出を催告しなければならない（民執規41条 3 項）。

次順位買受けの申出とは，買受可能価額以上で，かつ，最高価買受申出人の申出の額から買受けの申出の保証の額を控除した額以上である場合に限り，売却の実施の終了までに，執行官に対し，最高価買受申出人に係る売却許可決定が民事執行法80条 1 項の規定により効力を失うときに，自己の買受けの申出について売却を許可すべき旨の申出のことをいう。

次順位買受けの申出がされれば，執行官は，直ちに入札期日の終了を宣言する。次順位買受けの申出をすることができる者が，その申出をしない旨を表明したとき，又は不在のときも同様である。

次順位買受けの申出は，その場で判断が求められるため，入札へ参加する場合には開札場へ赴くべきであるし，次順位だった場合には速やかに買受申出を行うべきである。

第3　設問に対する回答

1　事例 1 ①について

本件で X は，上記判例（最決平22・ 8 ・25民集64巻 5 号1482頁）に基づいて，Y に対する売却許可決定に対する執行抗告をすることができる。[10] もっとも，執行抗告は確定するまでその効果を生じないことから（民執74条 5 項），代金納付の期日を延長してもらうように上申するなどの対応も行うべきであろう。

10）申立ての趣旨の記載方法は，内田義厚＝関述之『民事執行・民事保全　不服申立ての手続と文例』（新日本法規，2021）98頁参照。

2　事例1②について

　本件でYが代金納付をしなかったことにより，Zは開札期日において，次順位買受申出をしている場合には，最高価買受申出人となることができる。そして，売却不許可事由がなければ，売却許可が出されることになる。

事例2　代金納付手続における問題

　　事例1において，甲不動産の買受人となったYは，売却代金全額の納付手続を行うことにしたが，どのような方法でどのような支払を行えばよいか。また，不動産担保ローンを用いて買受けするためにはどのような手続が必要となるか。

第1　代金納付手続

1　納付の金額及び方法

(1)　納付期限

　売却許可決定が確定したときは，買受人は，裁判所書記官の定める期限までに代金を執行裁判所に納付しなければならない（民執78条1項）。裁判所書記官は，売却許可決定確定の日から，1カ月以内の日を代金納付期限として定めて，買受人に通知する（民執規56条1項・2項）。また，裁判所書記官が，特に必要があると認める場合には，代金納付期限の変更が可能である（民執78条5項）。

　もっとも，民事執行規則56条1項の定める期間は訓示規定であるとされており，実務上は買受人の資金調達上の便宜のため40日後くらいに指定されることが多く[11]，東京地裁民事執行センターは，代金納付期限を売却許可決定が確定した日から原則として33～35日後とする運用をしている[12]。

　残金納付ができなかった買受人には保証金の返還請求を失うという極

11)　平野195頁。
12)　中村＝剱持（下）122頁。

めて重い制裁があるため，買受人としては，売却許可決定を得たら，直ちに資金調達を確定的に行う必要がある。

　なお，納付期限の指定前や納付期限の通知前であっても，代金支払は可能であり（民執79条・82条・83条・184条），買受後の迅速な引渡命令を実現したい場合などには，納付期限の指定前の代金納付を行うという方法も検討すべきである。また，裁判所書記官の代金納付期限の指定（民執78条1項）及び変更（民執78条5項）については，執行裁判所に異議を申し立てることが可能である（民執78条6項）。

(2)　買受人が納付すべき金額

　買受人が納付期限までに納付すべき買受代金は，買受申出金から，先に買受申出保証金として提供した保証金を控除した金額である（民執78条2項）。ただし，買受申出の保証の支払が，現金ではなく保証委託契約締結証明書や有価証券により提供されている場合には，実務上は，買受申出額全額の提供が必要とされており，東京地裁民事執行センターの運用も同様である。それゆえ，買受人は買受申出金全額を資金調達する必要がある[13]。

(3)　代金納付の方法

　ア　原　則

　　買受代金は全額を現金で一括納付する必要があり，分割弁済納付は許されていない。もっとも，不動産の買受けを行うにあたり，現金で一括納付するという方法は負担が大きいことから，後述のとおり，実務上は金融機関との間でローンを組むことを前提に代金納付を行う方法が存在している。

　イ　振　込

　　代金納付の方法は，執行裁判所の預金口座に振り込む方法が一般的である。

　　買受人が振込により代金を納付する場合には，執行裁判所の指定する口座に代金を振り込んだ上で，振込を行った金融機関の発行した保

13)　中村＝劔持（下）122頁。

管金入手手続添付書及び保管金提出書を執行裁判所に提出することが
必要である。代金の振込だけでは納付扱いにはならず，また，保管金
入手手続添付書及び保管金提出書は，納付期限までに裁判所に持参す
ることが原則となるため，納付期限には注意すべきである。ただし，
東京地裁民事執行センターの運用としては，遠隔地，入院者等につい
て，例外的に郵送による代金納付が認められる場合がある。[14]

ウ　現金持参

　保管金提出書とともに，現金を裁判所に持参する方法による。

2　差引納付を行う場合

（1）　差引納付とは

　買受人が差押えを行った債権者若しくは担保権者であって，買受人と
して納付する代金から，自ら配当等を受けることになる場合に，買受人
として代金を納付し，その後配当期日において，納付した代金を受領す
る。

　しかし，このような手続を経ると二重に手間を要することになるため，
手続的にも煩瑣である。それゆえ，競売手続において，自ら配当を受け
るべきものについては，配当等の額を代金から差し引いて納付する方法
があり，これを「差引納付」という（民執78条4項）。

（2）　差引納付の要件

　差引納付を行うためには，買受人が民事執行法87条に規定されている
配当等を受けるべき債権者であることを要する（民執78条4項）。

　ただし，債権が停止条件付であるなど配当期日等において配当等を受
けることができない債権者である買受人については，差引納付を認める
理由がないため，実務上差引納付を認めない取扱いとなっている。[15] 配当
期日等において，配当等を受けることができない債権者とは，民事執行
法91条1項1号から7号に定める債権者及び配当異議の申出がなされた
場合の債権者である。

14）　中村＝剱持（下）123頁。
15）　中村＝剱持（下）128頁。

(3) 差引納付の方法

　買受人が差引納付を希望する場合には，売却許可決定確定までに，執行裁判所に申し出る必要がある（民執78条4項）。

　差引納付の申出があった場合，執行裁判所は，売却許可決定確定後，配当期日又は弁済期日を指定する（民執規59条1項）。そして，買受人は，指定された配当期日又は弁済期日において，買受代金から配当額又は交付額を控除した金額を現金で納付することとなる。

(4) 配当に対する異議がある場合

　差引納付を行うためには，買受人に対しても配当等が行われることが前提となる。そのため，配当期日において，差引納付を申し出た買受人に対する配当異議の申出があったときは，配当期日から1週間以内に，異議がなされた部分に相当する金銭を納付する必要があり（民執78条4項ただし書），納付がない場合には売却許可決定自体が失効することとなる（民執80条1項前段）。配当異議手続については，設問17（226頁）を参照されたい。

3　代金納付期限の徒過（代金の不納付）

(1) 買受人が受ける不利益

　買受人が代金納付期限を徒過し，不納付となった場合には，売却許可決定が失効する（民執80条1項前段）。なお，差引納付において不納付となるのは，配当期日までに差額を納付しない場合，若しくは配当期日において配当異議がなされ，配当期日から1週間以内に，異議に係る部分に相当する現金を納付しない場合である（前述）。

　代金不納付の場合，売却許可決定が失効するだけではなく，買受人は，自ら買受けの申出保証として提供した現金等の返還を求めることができず（民執80条1項），再売却手続への参加も認められない（再売却手続において，買受人が買受けに参加した場合には売却不許可事由になる（民執71条4号ロ）。）。

　そのため，買受人にとって，代金納付期限徒過については，最も注意すべき事項の一つであるといえる。

　なお，買受人が提供した買受けの申出保証としての現金等は，売却代

金に組み込まれ（民執86条1項3号），再売却等の後に行われる配当手続における原資となる。もっとも，代金不納付後に，取消し又は取下げによって競売手続が終了した場合には，買受人は返還を請求することができる。取消し等により競売が終了した場合には，配当原資が形成されていないからである。

(2) 代金不納付の場合の手続

代金納付期限を徒過し，売却決定が失効した場合には，執行裁判所は再売却手続を行い，売却手続をやり直すこととなる。

もっとも，次順位買受申出人がいる場合には，執行裁判所は，売却決定期日を指定し，次順位買受申出人に対する売却の可否を判断する（民執80条2項）。次順位買受申出人に対する売却許可決定が行われ，これが確定した場合には，代金納付期限が指定され，再度手続は進行する（民執78条1項，民執規56条）。他方で，次順位買受申出人に対する売却不許可決定が出され，これが確定した場合には，再売却手続がとられることとなる。

4 代金納付期限の変更

上述のとおり，買受人に対しては，代金不納付による制裁が課されることになる。そのため，納付期限までに代金納付が間に合わない買受人がいる場合に，納付期限の延期を求められるのかは問題になる。

この点，納付期限の延期については，あくまでも執行裁判所の書記官が職権で行うものであり（民執78条5項），買受人には申立権はない。それゆえ，執行裁判所に対して事実上職権発動を促すことしかできない。

実務上は，競売手続の適切性担保の観点などから，原則として代金納付期限の延期は認めていないが，以下のような場合に限って，例外的に職権発動として延期を認めることがある。[16]

① 民事執行法75条による売却許可決定取消申立に理由がある蓋然性が高く，かつ，代金納付期限までに，判断が出されないことが見込まれ

---

16) 中村＝劔持（下）156頁。

るとき

② 　民事執行規則10条所定の金融機関による融資証明書が提出され，短期間の延期を認めれば代金納付の蓋然性が高いとき

③ 　買受人の責めに帰さない突発的な事由により，期限までに納付することができない場合で，短期間の延期を認めれば代金納付の蓋然性が高いとき

第2　代金納付の効果等

1　所有権の移転

買受人が買受代金を納付することにより競売不動産の所有権が移転する（民執79条）。売却決定により，買受人と債務者の間で売買契約が成立し，その効力が生じるが，買受人が競売不動産の所有権を取得するのは代金を納付した時となる。

競売不動産には，賃借権など用益権が設定されていることもあるが，担保権者・差押債権者や先行する仮差押債権者のいずれにも対抗できる用益権は，買受人の引受けとなり，競売により消滅しないことになる。

そのため，買受人としては，物件明細や現況調査報告書の内容を確認し，競売に対抗できる用益権が存在するか否かについては十分に注意する必要があることはいうまでもない（物件明細書の見方については設問4（52頁）参照）。

また，所有権移転に付随する問題として，特定承継人において，前所有者の負債を承継する場合があることに注意を要する。区分所有法上は，管理組合が区分所有者に対して債権を有する場合には，一定の場合に，特定承継人に対しても，当該債権を請求できるものとされている（区分所有8条参照）。そのため，競売不動産の前所有者が管理費を滞納している場合には，買受人は不動産の管理組合より，滞納管理費を請求されるのが一般的である（なお，買受人が，前所有者の滞納管理費を弁済した場合には，前所有者に対する求償権を取得すると考えられている。詳細については設問9（125頁）参照）。

2　危険負担・担保責任の移転

　不動産の競売によって，買受人と前所有者の間には売買契約が成立する。そのため，代金納付までの間に不動産が毀損された場合や，代金納付後に不動産の契約不適合が判明した場合には，一般の売買契約に準じた処理がなされることになる。

　まず，危険負担について，代金納付前後（所有権移転の前後）で区別され，代金納付までに競売不動産が不可抗力等で滅失した場合は売却許可決定の取消し（民執53条・75条）により，債務者が当該危険を負担することになる。他方で，代金納付後に，競売不動産が滅失した場合には，既に買受人に所有権が移転しているため，当該負担は買受人の負担となる。

　次に，代金納付後に契約不適合が判明した場合には，買受人は，債務者に対し，契約の解除や代金減額等の担保責任を追及することができる（民568条1項・541条・542条・563条・565条）。また，債務者が無資力である場合には，買受人は，債務者ではなく，配当を受けた債権者に対して，買受代金の一部若しくは全部の返還を求めることができる（民568条2項）。

3　登記手続とローンの利用

(1)　競売不動産の登記手続について

　買受人は，代金納付により所有権を取得するが，第三者に対抗するためには，対抗要件として，所有権移転登記を備える必要がある（民177条）。競売不動産の所有権移転登記については，裁判所書記官が嘱託により行う（民執82条1項1号）。なお，買受人が登記上の所有者である場合には，移転登記手続は行われない。

　また，買受人の所有権移転登記とともに，差押え，仮差押えの登記の抹消登記も，書記官の嘱託により行われる（民執82条1項2号）。

(2)　金融機関の融資を利用する場合の登記について

　買受人は，執行裁判所の指定する代金納付期限までに，原則として買受代金全額を現金により納付する必要がある。

　しかし，買受代金全額を現金により納付するということは買受人にとって負担が重いし，入札者が少なくなり結果的に適正な市場を形成で

きなくなる。

　このようなことから，実務上は，購入する不動産に担保を設定することを条件に，買受人が金融機関から融資を得て購入するということが広く行われている。これは金融機関と連携して，買受人が融資を受けて競落した不動産に，当該融資を行った金融機関名義の第一順位の抵当権設定登記を備えさせる方法による。

　具体的には次のような手続によることになる。

　まず，裁判所書記官は，競売物件に抵当権の設定を受けようとする者が，買受人と共同して，司法書士又は弁護士を指定して申出をしたときには，共同の指定を受けたものに登記嘱託書を交付し，登記所に提出させる方法で所有権移転登記等の嘱託を行わなければならない（民執82条2項）。そこで，指定を受けた者が，所有権移転登記の嘱託書を提出する際に，抵当権設定登記の申請書を提出することで，買受人に対する所有権移転登記と同時に，第一順位の抵当権設定登記を備えさせるという方法である。なお，申出の方法は，代金納付時までに，書面で行わなければならず（民執規58条の2第1項），指定できる相手は「登記の申請の代理を業とすることができる者」であり，具体的には司法書士又は弁護士である。

　このように金融機関の融資を利用して不動産の買受けを希望する場合には，代金納付時までに，裁判所に対して申出を行うことにより，所有権移転登記と抵当権設定登記を同時に行うことが可能となった。ただし，金融機関から融資を得ることができないリスクは当然に残るため，入札にあたっては慎重に判断されるべきである。

【図】　裁判所ウェブサイト「民事執行法82条２項の規定による申出書」[17)]

民事執行法８２条２項の規定による申出書

東京地方裁判所民事第２１部裁判所書記官　殿
平成〇年〇月〇日

　　　　　　　　　　　　東京都新宿区〇〇×丁目×番×号
　　　　　　　　　　　　　申出人（買受人）　　〇〇　〇〇印
　　　　　　　　　　　　東京都千代田区〇〇×丁目×番×号
　　　　　　　　　　　　　申　　出　　人　　株式会社△△銀行
　　　　　　　　　　　　　代表者代表取締役　　〇〇　〇〇印

　御庁平成〇〇年（ケ）第〇〇〇〇号担保不動産競売事件について，申出人（買受人）〇〇〇〇と申出人株式会社△△銀行との間で，別紙物件目録記載の不動産に関する抵当権設定契約を締結しました。
　つきましては，民事執行法８２条１項の規定による登記の嘱託を，同条２項の規定に基づき，申出人の指定する下記の者に嘱託書を交付して登記所に提出させる方法によってされたく申し出ます。
　　　　　　　　　　　　　　　　記
申出人の指定する者の表示及び職業
　　　東京都港区〇〇×丁目×番×号　△△司法書士事務所
　　　司法書士　　　　〇〇　〇〇
　　　（電話０３－××××－××××）

添付書類
　　１　資格証明書　　　　　　　　１通
　　２　抵当権設定契約書写し　　　１通
　　　　　　　　　　　　　　　　　　　　以　　上

申出書作成にあたっての注意事項
※１　物件目録を別紙として添付してください。
※２　申出書の作成印は，買受人については入札書作成印または実印（印鑑証明書添付）を使用してください。
※３　申出人の指定する者の連絡先（電話番号等）を付記してください。
※４　買受人から不動産の上に抵当権の設定を受けようとする者が法人であるときは，代表者の資格を証する文書（資格証明書等）を添付してください。
※５　申出人間の抵当権設定契約書の写しを添付してください。

【図】　裁判所ウェブサイト「民事執行法82条２項の規定による指定書」[18]

```
                    指　定　書

東京地方裁判所民事第２１部裁判所書記官　殿
平成○年○月○日
                    東京都新宿区○○×丁目×番×号
                        申出人（買受人）　　○○　○○　印
                    東京都千代田区○○×丁目×番×号
                        申　出　人　　　株式会社△△銀行
                        代表者代表取締役　　○○　○○　印


    申出人は，御庁平成○○年（ケ）第○○○○号担保不動産競売事件の別紙
物件目録記載の不動産について，民事執行法８２条２項の規定に基づき，嘱
託書の交付を受ける者として下記の者を指定します。
                        記
申出人の指定する者の表示及び職業
    東京都港区○○×丁目×番×号　△△司法書士事務所
        司法書士　　　　○○　○○
        （電話０３－××××－××××）
                                以　上
```

※１　物件目録を別紙として添付してください。
※２　指定書の作成印は，【申出書】と同一のものを使用してください。

第3　設問に対する回答

　本件では，Ｙがどのような方法で保証金を支払ったのか，配当を受ける債権者であるのかによっても異なるが，原則として全額を現金で振込にて納付する方法が一般的であろう。金融機関からの融資を得る場合には，代金納付時までの間に，書面で抵当権設定登記の申請書を提出する必要がある。ただし，事前に金融機関に融資承認を得ておく必要がある。

17）https://www.courts.go.jp/tokyo/vc-files/tokyo/file/fht_82-2-01_107.pdf
18）https://www.courts.go.jp/tokyo/vc-files/tokyo/file/fht_82-2-02_12.pdf

設問16 引渡命令をめぐる諸問題

事例1 引渡命令による占有排除方法

Xが強制競売により買い受けた建物（以下，「本件建物」という。）において，占有者Yが居住している場合，XはYの占有を排除するため，どのような手続を行えばよいか。

第1 引渡命令とは

1 引渡命令手続

不動産を買い受け，代金納付をした時点で，買受人は競売不動産の所有権を取得する（民執79条）。

不動産の所有者が占有を排除する場合の手続としては，不動産の明渡訴訟を提起し，債務名義を取得した上で，強制執行に基づき当該不動産の完全な占有を回復する方法が原則である。しかしながら，訴訟提起を行い，不動産の占有を排除する場合には，占有者に対する訴状の送達を行い，口頭弁論期日を経る必要があるなど，訴訟提起から債務名義を取得するまでに相当程度の時間を要する。

そこで，民事執行法は，競売不動産上の占有者を迅速に排除できるようにするために，買受人保護手続として引渡命令手続（民執83条1項）を定めている。

2 申立ての要件等

(1) 管轄・方法

引渡命令は競売の執行裁判所（不動産を売却した執行裁判所）が専属管轄権を有する（民執83条1項・44条・19条）。

申立ての方式については，書面若しくは口頭とされている（民執規15条の
2，民訴規1条1項）が，実務上は例外なく書面による申立てが行われて
いる。

(2)　**申立人**

　　引渡命令の申立人としての適格を有するのは，代金納付を行った買受
人又は一般承継人に限られる（特定承継や持分権に基づく引渡命令に関しては，
後記事例2参照）。

(3)　**相手方**

　　強制競売の執行の債務者及び買受人に対して対抗できない占有権原を
有する不動産の占有者である。なお，占有者が買受人に対して対抗でき
る権原を有していることが事件記録上認められる場合は，発令が妨げら
れることになる（民執83条1項ただし書）。

(4)　**申立時期**

　　引渡命令の申立てが可能な時期は，買受人による代金納付後6か月以
内である（民執83条2項）。この期限を徒過すると，引渡命令の申立ては
できなくなる。ただし，明渡猶予制度（民395条1項）の適用がある占有
者がいる場合には，代金納付後9か月以内が申立期限となる（民執83条
2項）。

　　引渡命令の申立期限を徒過した場合には，所有権に基づく妨害排除請
求としての明渡訴訟を提起し，判決を得た上で，別途強制執行手続を要
することになるため，注意が必要である。

　　このように申立時期が制限されているのは，引渡命令制度が，競売に
かけられた物件の買受人を保護するために，簡易な手続により明渡しを
実現することを目的にした制度であるという理由による。買受後に一定
期間が経過した場合には，買受人を保護するために簡易な手続による執
行を認める必要がなくなるからである。

(5)　**引渡命令の内容**

　　引渡命令は，不動産の引渡しといった給付を求める内容に限られる。
買い受けた土地上に建物を所有する占有者に対して建物の収去を求める
といった，作為義務を課す内容を命じることはできない。

3　引渡命令の審理・発令

引渡命令発令の審理は決定手続で行われ，口頭弁論は要しない。

引渡命令の申立てがあると，裁判所は申立人・相手方の審尋を行えるが，審尋を行うか否かは，原則として執行裁判所の裁量である（民執5条）。もっとも，債務者以外の占有者に対して，引渡命令を発する場合には，必ずその審尋を行わなければならないとされている（民執83条3項）。ただし，記録上引渡命令に対抗できないことが明らかである相手方に対しては，審尋を行う必要はない（民執83条3項ただし書）。

上記審尋の結果，執行裁判所は引渡命令の申立てに理由があると認めた場合には，引渡命令許可の決定を行う。引渡命令の認容決定は，申立人と相手方に対する告知によるが（民執規2条1項2号），実務上は決定正本を送達する方法により行っている。

引渡命令は，相手方に到達した翌日から起算し，1週間が経過した時点で確定する。引渡命令は確定しない限りその効力は生じない（民執83条5項）。また，執行抗告（民執83条4項）が行われた場合には，同抗告の却下若しくは棄却をもって，初めて引渡命令が確定し，効力が生じる。

4　引渡命令に対する不服申立て

(1)　執行抗告申立ての期間

引渡命令に不服がある申立人若しくは相手方は，引渡命令の告知の日（実務上は決定正本を受理した日）の翌日から，1週間以内に執行抗告（民執83条4項・10条2項）を行う必要がある。同期間は不変期間であり，当事者が期間内に不服申立てを行わない場合には，引渡命令に関する決定は確定する。

(2)　不服申立ての方法・管轄

不服申立ては，執行裁判所に対して抗告状を提出する方法で行う（民執10条2項。提出先が抗告裁判所ではないことに注意すべきである。）。

(3)　執行抗告の理由

執行抗告の理由は，引渡命令の要件・手続に関する事由に限られる。引渡命令の要件は，①買受人が代金を納付したこと，②債務者又は不

動産の占有者に対するものであること，③事件記録上，買受人に対抗できる権原を有していると認められるものではないことである。したがって，買受人の代金未納付などは抗告理由となる。また，引渡命令申立手続の違背等も抗告理由になるため，例えば管轄違背が看過されて引渡命令が発令された場合なども抗告理由は認められる。

なお，抗告理由として，競売の事件記録上現れていない事由を主張できるのか（新資料の提出が認められるのか），という問題がある。裁判例の中には，引渡命令の発令が，競売事件記録を基礎として行われるものであることから，記録外の主張を許さないとしたものがある（東京高決平元・3・3判時1315号64頁など）。

しかし，実務においては，抗告裁判所において，競売事件記録に現れていない事由を主張することは，一定の場合に認める運用が行われている[1]。

(4)　**原審における却下決定**

上記(2)のとおり，執行抗告は原裁判所（執行裁判所）に抗告状を提出する方法で行う。原裁判所は，抗告理由書が所定期間内に提出されない場合（民執10条5項1号），執行抗告の理由が具体的でない場合（同項2号），抗告が不適法で不備を補正できない場合（同項3号），遅延目的による執行抗告が行われた場合（同項4号）には，執行抗告を却下しなければならないとされている（同項柱書）。

原審却下の決定に対しては，執行抗告が認められる（民執10条8項）が，再度の執行抗告が確定しなければ効力が生じない旨の規定は存在しないため，引渡命令においても，再度の執行抗告を行っても，原裁判所が執行抗告を却下すれば，執行抗告の効力は確定する（すなわち，引渡命令に基づき手続を進めることに支障はないということになる。）。ただし，再度の執行抗告に基づき，抗告裁判所又は原裁判所が当初の執行抗告の原審却下決定の執行停止（民執10条6項）を命じた場合，手続は停止する。

---

1)　中村＝剱持（下）207頁以下。

5　引渡命令を債務名義とする強制執行手続

(1)　引渡命令に基づく執行手続

　　引渡命令は債務者に送達されてから，1週間が経過した時点で確定する（民執10条2項）。買受人は，確定後に，引渡命令を債務名義として執行文の付与を受けるとともに，送達証明を取得した上で，建物明渡しの強制執行を申し立てることができる。

　　執行文付与後の強制執行手続は，通常の明渡訴訟等により債務名義を取得した場合と同じ流れである。

(2)　執行手続における注意点

　　強制執行手続は，執行官が現地に赴き，占有者の占有を解く形で行う。執行手続においては，まず執行官が執行補助者（一般的には開錠業者。ただし，断交日には残置物の処分・運搬業者を伴うこともある。）を伴って現地に赴き，現況を確認するとともに引渡し期限を定めて明渡しの催告を行い，明渡断交日を予告する。その後，明渡断交日においては，執行官が執行補助者を伴って強制的に明渡しを実現するという流れである。

　　建物明渡しの強制執行手続においては，次の点に注意する必要がある。

　　強制執行手続における建物内の残置物の保管及び処分費用等については，一次的には債権者が負担すべきこととなる。手続上は，執行手続が完了した後，費用確定処分手続を経ることにより，占有者に対して執行に要した費用の支払を求めることは可能であるが，強制執行により建物の明渡しを求めるようなケースでは，占有者に十分な資力がないことや明渡し後に所在が不明となってしまうことも少なくない。そのため，強制執行により多額の執行費用を債権者が負担した後，占有者に対して執行費用等の請求をしたとしても，回収に至らず，実質的には債権者が負担することになるというケースも少なくない。そこで，強制執行手続を行うことができるケースであっても，まずは占有者と交渉を行うことにより，建物の明渡しを実現することを検討すべきである。

　　また，大量の残置物があるような物件においては，債権者において負担すべき廃棄費用や保管費用が多額に及ぶこともあり，債権者において，競売物件の購入費用とは別に，多額の執行費用の負担を余儀なくされる

というケースも散見される。[2]

(3)　執行手続に対する異議申立て

　　引渡命令に基づく執行に対して，請求異議の訴え（民執35条）・第三者異議の訴え（民執38条）を提起して救済を求めることができるのは，通常の強制執行の場合と同じである。

事例2　引渡命令の承継

　　事例1において，本件建物の代金納付後に，Ｘが交通事故にあって死亡した。Ｘには配偶者はおらず，相続人Ａがいる。この場合，Ａは引渡命令の申立てを行うことができるか。

　　また，Ｘが代金納付後，交通事故で死亡前に第三者Ｂに本件建物を売却していた場合は，買受人であるＢが引渡命令を申し立てることは可能か。

　　Ｘの相続人Ａが持分しか相続しておらず，他の相続人が引渡命令の申立てに同意していない場合でも，引渡命令の申立てができるか。

第1　引渡命令の申立権者

1　引渡命令の申立権者

　　不動産の所有権は，代金納付時に買受人に移転する（民執79条）。買受人はその地位に基づき，無権原の占有者や対抗できない占有権原を有する占有者に対しても明渡しを求めることが可能である。

2）占有者との交渉においては，占有者が建物を明け渡すための資力がない（引越し費用や残置物の処分費用を支弁する能力を有していない。）こともあるが，そのような場合，債権者において引越し費用相当額に近い金額を負担することを提案することも検討に値する。仮に，占有者において，任意の明渡しに応じるのであれば，債権者において残置物の処分費用や引越し費用等を負担することになったとしても，強制的に建物の明渡しを実現する場合と比較してコストが抑えられることも期待できるからである。

　なお，任意の明渡しを求める場合には，占有者において残置物を全て処分することができず，残置物の処分を債権者において引き受けることもある。そのような場合には，後日の紛争を避けるために，債権者としては，占有者から，残置物について所有権放棄及び債権者において処分することに承諾する旨の書面を得ておくことも必要である。

　また，不動産執行における引渡命令（民執83条）の申立権者は，原則として引渡命令の対象となる不動産の買受人（民執83条１項）及び一般承継人となる。一般承継人は買受人本人ではないものの，競落人の地位を包括的に承継する者として，引渡命令の申立てが認められる。

２　一般承継人による引渡命令

　本事例のＡのように，本来の引渡命令権者（本件ではＸ）が死亡したことにより，その地位を承継（相続）したような場合には，引渡命令権者の一般承継人として，引渡命令の申立てができる（複数の相続人がいる場合など，共有持分が問題となる場合については，後述）。

　なお，一般承継人に当たる者としては，自然人であれば相続人となるが，法人の場合にも一般承継人に該当する者は存在しており，合併後の法人などがこれに該当する。

　引渡命令を申し立てるにあたり，一般承継人が申立てを行う場合には，戸籍謄本など，承継の事実を証する資料を裁判所に提示する必要がある。相続による承継の場合は，被相続人の出生から死亡までの戸籍事項証明書によって，被相続人の相続人が確定されることから，各市町村などから収集した上で，裁判所に戸籍一式の原本を提出することが必要となる。

　なお，平成29年５月より，法務局において，法定相続関係があることを証明する法定相続証明制度が実施されている。裁判所の運用としても，現在戸籍（直近の戸籍）以外は，法定相続情報で代替することが認められることも多いようであり，相続発生時には，戸籍収集後に法定相続情報一覧図を作成することも検討すべきである。

　一般承継人が申立人として引渡命令申立てを行うようなケースでは，実務上，以下の点を注意する必要がある。

① 被承継人死亡を裁判所が把握している場合

　売却許可決定が出る前であれば，裁判所としては，買受人が死亡したことを覚知してさえいれば，相続人名義の許可決定を出すことが可能である。このような場合，一般承継人であっても，速やかに買受人として所有権を取得し，引渡命令を行うことできる。

② 　被承継人死亡を裁判所が把握していない場合

　　買受人が死亡したことについて，裁判所が看過しており，被承継人名義の売却許可決定が一度出てしまうと，買受人の名義を変更する更正決定手続を経る必要が生じてしまい，売却許可決定後の引渡命令による建物の取得・占有の回復が遅れることになる。実務上，競売手続の最中に相続が発生した場合には，速やかに裁判所に対して当該事実を申告するなどの対応をし，誤った決定が出ないように，買受人側としても注意する必要がある。

　　また，売却許可決定が確定する前に死亡した場合においては，不動産の強制執行手続について，受継手続が行われるまでは，手続が中断する（民執20条，民訴124条）ため，手続の遅滞を避けるためには，相続人において，受継手続を速やかに行う必要がある。

第 2 　特定承継人による引渡命令の申立て

1 　一般承継人と特定承継人の異同

　　上記第1で述べたとおり，引渡命令は，原則として対象不動産の買受人若しくは包括的に同人の地位を引き継いだ一般承継人であれば，申立てが可能である。これは引渡命令を求めることができる地位を包括的に承継したことによる。

　　他方で，買受人から競売不動産を買い受ける場合には，注意が必要となる。不動産の所有者の地位と，引渡命令の申立人たる地位は異なるものである。引渡命令を申し立てることができる地位とは，執行法上の地位であり，特定承継により不動産の所有者となった者に引き継がれる性質のものではない。そのため，競売不動産を事後的に購入し，所有権を取得したとしても，引渡命令を申し立てる地位は承継されないことになる。

2 　特定承継人による引渡命令の申立て

　　買受人が代金納付後，第三者に不動産を売却した場合でも，買受人は，買受人としての法的な地位は失わず，引渡命令の申立てにおける当事者適

格は失われない[3]。なお，特定承継人が引渡命令の申立適格を有しないのは上記１のとおりである。

　ただし，例外的な場合として，買受人の意思に基づいて新たな占有が作出された場合は，買受人の申立権限は失われる。裁判例においては，買受人が占有者に対して不動産を売却し，占有改定により占有権原を与えた場合には，引渡命令の申立権者たる地位を失うものとされている[4]。本裁判例においては，仮に当該売買契約が解除された場合でも，引渡命令申立権者たる地位を喪失するという効果は覆滅されないことにも言及されており，買受人が不動産を譲渡する場合には慎重な判断が必要となる。

第3　共有持分権者による引渡命令の申立て

1　共有物の引渡命令

　買受人の地位を共同相続した場合や共同で買受人となった場合は，共同相続人や共同買受人は，単独で引渡命令の申立てが可能である。

　また，共有持分権を買い受けた場合（民執43条２項）に，他の共有者（買受対象外の持分の所有者）が同意しなくとも，買受人は単独で申立てが可能であるとされている[5]。

　他方で，他の共有者から利用や使用の承諾を得た占有者が相手方となる場合，共有持分権を買い受けても引渡命令の申立ては認められない。持分権者から承諾を得た占有者は，他の持分権者から許諾を得たため占有権原があることを主張し，引渡命令に対抗し得る[6]。

2　令和３年民法改正による変更点

　改正前民法の下では，共有者の一人が，共有物を使用している場合には，共有物を現に使用する者の同意なくその利益を奪うことは相当でないとい

3）東京高決昭61・6・23判時1198号117頁。
4）東京高決平10・7・8判時1671号77頁。
5）大阪高決平6・3・4判時1497号63頁など。
6）最判昭41・5・19民集20巻5号947頁，最判昭63・5・20判時1277号116頁。

う理由から，当然に物件の明渡しを求めることはできないとされていた。[7]
この判例法理を前提に，改正前民法の下における引渡命令においても，買受人は，共有者又は共有者から占有権原の設定を受けた占有者に対して，当然には引渡命令を申し立てることができないとされていた。

　しかし，令和3年法律第24号により改正された民法252条第1項（令和5年4月1日施行）には，「共有物の管理に関する事項（次条第一項に規定する共有物の管理者の選任及び解任を含み，共有物に前条第一項に規定する変更を加えるものを除く。次項において同じ。）は，各共有者の持分の価格に従い，その過半数で決する。共有物を使用する共有者があるときも，同様とする。」と定めている。

　この改正によって，実際に共有物を使用している共有者の同意を得ることなく，各共有持分の価格の過半数により，実際に共有物を使用している共有者とは別の者が共有物を独占的に使用することを定めることが可能となった。そして，共有物を独占的に使用することが認められた共有者は，従前共有物を使用していた共有者に対し，当該共有物の引渡しを求めることができることになった。[8]

　この法改正の趣旨は，共有者間の定めがないまま，共有物を事実上占有している共有者の利益を保護する利益がない一方で，共有者全員の同意がない限り使用方法を定めることができないとすると共有物の利用方法が硬直化してしまうため，共有持分の価格の過半数による同意により，独占的使用権を設定できるようにしたというものである。

　この法改正の結果，共有者の一人が物件を占有している場合であっても，過半数持分権者の同意により，独占的使用権者を定め，占有している共有者に対して共有物の引渡しを求めることが可能になる。そうすると，買受人が過半数以上の共有持分権を買い受けた場合などは，買受人自らを独占的使用権者として設定することにより，他の共有者又は共有者から占有権原の設定を受けた占有者に対して，引渡命令を申し立てることにより，占

7）前掲最判昭41・5・19。
8）法務省民事局参事官室・民事第二課「民法・不動産登記法（所有者不明土地関係）等の改正に関する中間試案の補足説明」（令和2年1月）4頁。

有者を排除することができることになると解される。

　ただし，共有物を占有している共有者から，権利濫用法理の主張がなされたり，共有持分の分割訴訟を提起される可能性がある[9]。そのため，本規定に関する改正法施行後の引渡命令の実務には注意する必要がある。

第4　設問に対する回答

1　Aの引渡命令申立ての可否

　AはXの一般承継人であるから，Xの申立権者の地位を承継する。そして，仮にXが生前にBに本件建物を譲渡していたとしても，そのことで申立権者の地位は失わない。したがって，Aは引渡命令の申立てができる。

2　Bの引渡命令の申立ての可否

　本事例では，買受人Xから本件建物を買い受けた第三者Bは，特定承継人として，本件建物に関する権利をXから承継することになる。しかし，Bは本件建物の所有権のみを承継したという特定承継人の立場にすぎないため，本件建物の所有権譲渡に伴って，引渡命令の申立てを行う地位までは承継していない。

　Bは，取得した本件建物の所有権に基づき，占有者に対して明渡訴訟を提起し，債務名義を取得した上で，明渡しの強制執行を行うか，又は売主であるX又は相続人Aに引渡命令の申立てを依頼することになる。

3　共有持分しか有さないAの引渡命令申立ての可否

　Xの相続人がA以外にもいる場合であっても，引渡命令を申し立てること自体は可能である。

　しかし，他の相続人から占有者Yが使用・利用権原を付与されているなどの事実があれば，引渡命令は認められない。もっとも，令和3年改正民法の施行後であれば，過半数の同意で申立てをすることができるようにな

---

9)　荒井達也『Q&A令和3年民法・不動産登記法改正の要点と実務への影響』（日本加除出版，2021）57頁注11参照。

ると思われる。

事例 3　引渡命令の申立て

　Ｘが競落した物件の物件明細書によると，当該物件にはＹなる占
有者がいることが判明している。Ｙの占有権原が，以下の各場合に，
Ｘの引渡命令の申立ては認められるか。
　①　使用貸借権である場合
　②　明渡猶予制度の適用を受ける賃借人である場合
　③　仮差押えの前後に設定した賃借権である場合
　④　配偶者居住権であり，差押え前に配偶者居住権の設定登記が
　　　なされている場合

第1　引渡命令の相手方[10)]

　引渡命令は，競売物件の占有を排除し，買受人に速やかに占有を取得させ
るための手続である。そのため，引渡命令を申し立てるべき相手方は，原則
として債務者又は競買物件を占有している者になる。

　他方で，強制執行に対抗できる占有権原を有する者は，引渡命令により当
然に占有を喪失する理由がないため，引渡命令によって占有を排除すること
はできない。

　引渡命令の相手方が強制執行に対抗できない者であることは，引渡命令発
令の要件であるため，物件明細書等の事件記録の記載から，占有者の占有権
原が対抗できることが明らかな場合には，たとえ引渡命令を申し立てたとし
ても，引渡命令は発令されないことになる。

---

10)　短期賃貸借保護制度については，競売手続が中心となるため，特に言及しない。

第2　相手方の特定方法

　物件明細書・現況調査報告書には，建物の現状や物件が負担している用益権に関する記載があるため，引渡命令の申立てを行う場合には，まず物件明細書等を確認することで，相手方を特定できる。

　もっとも，実務上は，物件明細書に記載されていない占有者が存在することが，買受人の現地調査の結果などから判明することもある。そのような場合には，物件明細書・現況調査報告書に記載がなくとも，相手方となる占有者が実際に競買物件を占有していることを裁判所に疎明し，同人に対する引渡命令の申立てを行うことになる。

　なお，引渡命令に対抗できる権原を具備していることは，原則として占有者側が立証責任を負うため，買受人としては，占有者がいることを疎明すれば足り，引渡命令に対抗できない占有者であることまでは疎明する必要はない。

第3　設問に対する回答

1　使用貸借と引渡命令（事例3①）

　引渡命令を申し立てることができる相手方は，原則として，債務者及び強制執行に対抗できない占有者である。債務者が引渡命令に対抗できないことは当然であるが，強制執行手続に対抗できない占有権原を有する者は，手続相対効の関係から，強制執行手続との関係で無権利者とみなされる。そのため，そのような占有権原しか有していない占有者は，買受人に対抗できる権原を有していないことになり，引渡命令との関係でも自らの権原を主張して対抗することができない。

　例えば，差押え後に用益権を設定した場合には，当該用益権の設定は差押えとの関係では対抗できないことから，競売手続においても消除主義の原則により消滅することとなるため，当然，引渡命令にも対抗できない。

　使用貸借権の場合（事例3①）には，そもそも第三者対抗要件を具備することができない（借地借家1条参照）。そのため，強制執行手続に対抗す

ることができないものとして，占有権原の取得時期を問わず，引渡命令の
相手方になる。

2　明渡猶予と引渡命令（事例3②）

　強制競売としての差押えを行った場合であっても，実務上，差押え前に
抵当権が設定されている場合が多くある。見落としがちであるが，この場
合，賃借人に占有権原があるか否かの判断は，最先順位の抵当権の設定時
と，賃借権の対抗要件である建物の引渡し（借地借家31条）の先後によって
定まる。商業ビルの場合には建物竣工時かつ賃借人の入居前に抵当権が設
定されることが多くあるため，抵当権者の同意がない限り，賃借人は最先
順位の抵当権に後れることになる。[11] このような場合，消除主義により賃借
権は消滅するが，民法395条で6か月の明渡猶予を与えることとした。[12]

　明渡猶予制度の適用を受ける抵当建物の占有者は，代金納付時から原則
として6か月の間は買受人に対して明渡しが猶予される（民395条1項）。こ
れは占有権原ではなく，実体法上の期限の猶予を与えたものにすぎない。
引渡命令の申立期限も原則として6か月であるが，明渡猶予制度の適用が
ある場合に限り，例外的に9か月となっている（民執83条2項）。明渡猶予
期間満了前に引渡命令を申し立てることができるか否かについて，東京地
裁民事執行センターは認めない運用を行っている。[13] ただし，買受人からの
相当期間を定めた催告にもかかわらず，占有者が使用の対価を支払わない
場合には，明渡猶予を主張できなくなるため（民395条2項），6か月を経過
することなく申立てが認められる。実務上は，占有者を審尋して，使用対

11）最先順位の抵当権に対抗できる賃借人であっても，自らが債務者となって強制競売が開始した
　ような場合，判例（最判平13・1・25民集55巻1号17頁（百選【37】））は，賃借権を主張するこ
　とは「信義則に反し許されない」としている。
12）滞納処分による差押えがされた後に，賃借権が設定され，その後，強制執行による差押えがな
　され，執行裁判所の続行決定がなされた場合，滞納処分による差押えの時点で把握されていた物
　件の価値は，賃借権の負担のある物件であったため，賃借権は民事執行法59条2項類推適用によ
　り消滅するというのが判例（最決平12・3・16民集54巻3号1116頁）である。ただし，最決平成
　30年4月17日民集72巻2号59頁（百選【38】）は，滞納差押え後の賃借権により使用収益する者
　であっても，執行競売手続の開始前から使用収益する者であれば，民法395条1項1号にいう
　「競売手続の開始前から使用又は収益をする者」に該当すると判示し，明渡猶予の対象にはなる
　ことを明記している。
13）中村＝剱持（下）199頁以下。

価の支払についての抗弁の主張立証をする機会が与えられている（民執83
条3項）[14]。

　本事例では，明渡猶予制度の適用がある以上，6か月間は引渡命令の申
立ては認められないのが原則であるが，使用対価を支払っていないような
事情があれば例外的に引渡命令の申立てが認められることになる。

3　仮差押え前後に設定した賃借権と引渡命令（事例3③）

　民事執行法は，仮差押えの相対効を定めており，仮差押え前に設定した
用益権は強制執行手続に対抗できる一方で，仮差押え後に設定した用益権
の場合には，仮差押えの本案である強制執行手続との関係でも対抗関係を
主張できないものとされている。

　そのため，仮差押えがある場合の引渡命令の可否の判断は，差押えに基
づく強制競売の場合と同じであり，仮差押え前に設定された用益権に対し
ては対抗できるものの，仮差押え後に設定された用益権には対抗できない。

4　配偶者居住権と引渡命令（事例3④）

(1)　配偶者居住権の概要

　平成30年法律第72号により改正された民法により，相続人と同居して
いた者には，配偶者居住権（民1028条1項）が認められている。配偶者居
住権は，相続人と同居していた者の生活及び居所を保護する権利であり，
一定の要件（遺産分割によって配偶者居住権を取得するものとされたとき（同項
1号），配偶者居住権が遺贈の目的とされたとき（同項2号）又は被相続人と配偶者
との間に配偶者に配偶者居住権を取得させる旨の死因贈与契約があるとき）を充た
すときには，所有者である被相続人が亡くなった後も，配偶者が賃料等
の負担なく相続財産である建物に住み続けることができる権利である。

　配偶者居住権の効力としては，居住建物の使用収益のほか，居住建物
の所有者は，配偶者に対して配偶者居住権設定の登記を備えさせる義務
を負うこと（民1031条1項），登記済みの配偶者居住権は，居住建物につ

14）中村＝劔持（下）201頁以下。

いて物権を取得した者その他の第三者に対抗することができ，配偶者は居住建物の占有の妨害の停止・返還の請求をすることができること（民1031条2項・605条・605条の4）などがあり，賃借権類似の効力を有している[15]。そして，配偶者居住権の第三者対抗要件として，配偶者居住権の設定登記を行うことが必要である（民1031条2項・605条）。

(2) 配偶者居住権と強制競売の関係

　強制競売の対象不動産の占有者が，配偶者居住権を有している場合に，当該配偶者居住権と強制競売手続はどのような関係になるのか。

　既に述べたとおり，不動産競売手続においては，差押債権者等に対抗することができない占有権原等は，売却によりその効力を失うのが原則である（民執59条2項）。

　そして，配偶者居住権の第三者対抗要件の具備は登記によって行うものであるため，強制競売の差押登記の設定時期との先後により，優劣が決せられることになる。すなわち，差押登記設定前に配偶者居住権の登記が設定されている場合には，配偶者居住権は強制競売手続に対抗することができるが，他方で，配偶者居住権が差押登記より後に設定された場合やそもそも登記がされていない場合には，競売手続に対抗し得る権利ではないため，売却によって消滅することになる。

　そうすると，引渡命令との関係でも，配偶者居住権に基づき占有する者に対して引渡命令を申し立てることができるか否かは，登記の先後によって決まることになると考えられる。したがって，本事例④のケースにおいては，占有者の配偶者居住権は競売手続に対抗し得る権原であるため，買受人は，引渡命令を申し立てることはできないと考えられる。

　なお，配偶者居住権の登記が共有持分に対する差押えの登記に後れる場合も想定される。一部の共有持分のみが強制競売による売却の対象となるときには，配偶者居住権が建物全体に設定されるものであり，共有持分の売却によって効力を失うものではないことからすれば，配偶者居

---

15) 法務省民事局参事官室「民法（相続関係）の改正に関する中間試案の補足説明」（平成28年7月）10頁。

住権は買受人の引受けになると考えられるところである。[16]

(3)　配偶者短期居住権について

　　上述した改正民法では，配偶者居住権とは別に，配偶者短期居住権として，遺産分割により建物の帰属が確定した日又は相続開始後6か月のいずれか遅い日まで，相続開始時に建物に無償で居住していた配偶者には，建物を使用する権利が認められている（民1037条1項）。

　　配偶者短期居住権については，対抗要件制度が定められておらず，強制競売に対抗する余地がないため，売却によりその効力が失われることになる。

 *Column*

明渡強制執行の諸問題

　引渡命令に基づき不動産の明渡しを求める場合には，事前に物件明細書だけではなく，現地調査を行うことが必須である。

　例えば，明渡しの断交にあたっては，現地の状況によっては，残置物の処分に多額の執行費用が生じる可能性があり，事前にある程度の見積りを得ておかないと，予期せぬ多額の費用が発生し，対応に苦慮することもあり得る。

　また，債務者（占有者）との任意交渉によって，法的執行によらずとも，明渡しが実現することがある。債務者の属性いかんによっては，強制執行による方が明渡しの実現に時間が掛かったり，引渡命令そのものが権利濫用に当たる（いわゆる過酷執行）とされることもあり得る。したがって，任意の退去を求めることも重要な手段である。

　過酷執行の例としては，占有者が高齢であったり，障害等を有しており，かつ，移転先の確保がおよそ困難な場合などがある。[17]このようなケースでは，明渡しの強制執行自体が権利濫用とみなされるのであり，債務名義そのものに瑕疵がないとしても，執行が認められないこともある。

　このように，引渡命令に基づいて建物の明渡しを申し立てるにあたっては，

16）東京地方裁判所民事執行センター「不動産競売手続における配偶者居住権・配偶者短期居住権の扱い」金法2148号39頁。

17）過酷（苛酷）執行の実例については，日本執行官連盟編「新民事執行実務No.17」（民事法研究会，2019）が詳しい。

現況調査報告書・物件明細書の記載から一見して引渡命令申立てが可能であるような事案であっても，強制執行を行う段階で執行に支障が生じることもあり得る。そのため，不動産を買い受けた後は，現地における調査等情報収集を行うことが肝要である。

設問17　配当手続

事例1　地代等代払許可と配当

　Yは，Aが所有する甲土地を賃借し，甲土地上に乙建物を建築して居住している。

　Xは，Yに対して3000万円の債権を有しているが，Yの支払が滞るようになったため，同債権につき債務名義を得て，乙建物を差し押さえて競売開始決定を得た。

　ところが，Yは，資金繰りに窮しており，Aに対する地代も滞納し始め，Aが土地賃貸借契約を解除するおそれが生じた。そこで，Xは，地代等代払許可の申立てを行い，同許可決定を得たため，Aに対して許可に係る地代を支払った。

　①　XがAに支払った地代について，配当手続においてどのように扱われるか。

　②　Xは，代払許可決定に基づいてAに対し地代の支払を申し出たが，Aはこの受領を拒否した。そこで，Xは，やむを得ずAに対し支払うべき地代を供託した。この場合において，Xが供託した地代は，配当手続においてどのように扱われるか。Xが供託金の取戻請求権を放棄している場合としていない場合とで結論は異なるか。

第1　地代等代払許可に基づいて支払った地代等の償還

1　地代等代払制度

　Yが所有する乙建物は，Aの所有する甲土地に借地権を有している「借地権付建物」となる。Xが行った乙建物の差押えの効力は，Yが有する借

地権に及ぶが，仮に，YがAに対して，借地料の支払を怠った場合，賃貸借契約が解除されるおそれがあり，この解除が有効な場合には，乙建物は，何らの権原なくA土地上に存在することになる。この場合，YはAから，建物を収去して明け渡すよう請求されるおそれが現実化する。

　このような事態となれば，XがYの所有する乙建物を差し押さえていたとしても，借地権が消滅すれば，その価値が著しく減殺され，XのYに対する差押建物（乙建物）からの債権の回収は著しく困難となる。

　この不測な事態に備えるため，差押債権者（X）が裁判所の許可を受けて地代等を代払いすることができる制度が設けられた（民執56条1項）。この制度を「地代等代払許可」の制度という。

　これにより，差押債権者（X）は，この裁判所の許可を得れば，たとえYの意思に反しても，地代の代払いをすることができ，代払いの実行によって担保価値の減少に備えることができる。なお，借地上の建物の強制競売については，設問10（131頁）を参照されたい。

2　地代等代払許可に基づいて支払った地代等の償還

　差押債権者が地代を代払いすることにより，賃貸借契約の解除の危険を回避できれば，債務者に関わる全ての債権者や所有者にとっても利益となり，さらには，買受人との関係でも，利用権が確保されることとなり，関係者にとっても，利益となる行為である。

　そこで，差押債権者が地代を代払いしたときは，代払いをした地代や，代払許可申立てのために要した費用は，「共益費用」として配当等の手続において優先的に償還される（民執56条2項・55条10項）。

　他方で，代払許可なく支払われた地代や，代払許可を超えて支払われた地代等は，共益費用とはならない。東京地裁民事執行センターでも同様の扱いである。[1]

---

1) 中村＝劒持（下）274頁。

3　償還を受けるために必要な書類等

　差押債権者が，代払地代等の償還を受けるためには，債権計算書にその額を記載した上，許可に基づく地代等を土地所有者に支払ったことを証明する資料を提出する必要がある。

　配当期日が指定されると，執行裁判所から各債権者に対し，執行費用等の計算書を1週間以内に提出するように要求されるため（民執規60条），ここで提出することになる。なお，債権計算書を提出する際に，執行費用ではなく，請求債権の拡張ができるかという問題がある[2]。

　代払地代等の償還のための具体的に必要となる書類は，差押債権者が地代を土地所有者に持参した場合には，土地所有者の実印が押捺された領収書及び土地所有者の印鑑証明書を提出する必要がある。一方，銀行振込による場合には，その振込書を提出すれば足りるとされている。東京地裁民事執行センターでも，振込書がない場合には，土地所有者の実印が押捺されている振込先銀行預金口座指定書及び土地所有者の印鑑証明書の提出を求める扱いをしているが，賃貸借契約書の土地所有者の印影と領収書等の印影が一致していれば，土地所有者の印鑑証明書の提出までは求められない。

　実務上は，土地所有者の印鑑登録証明書を受領することは困難な場合も多いと思われるため，可能な限り銀行振込が望ましいであろう。

第2　弁済供託した地代と償還手続

1　弁済供託した地代と償還手続

　地代等代払許可に基づいて，差押債権者が土地所有者に対し地代の支払を申し出たが，土地所有者がこの受領を拒否した場合，差押債権者は現実の弁済ができない以上，弁済供託をすることが考えられる（民494条）。

---

2) 請求債権拡張の可否について，最高裁は原則として拡張を禁止しつつ，明白な誤記や計算違いがある場合など例外的な場合に限り認めている。最判平成14年10月22日判時1804号34頁は明白な誤記や計算違いについて，最判平成15年7月3日判時1835号72頁（百選【23】）は，申立書における被担保債権の記載が「錯誤，誤記等に基づくものであること及び真実の被担保債権の額が立証されたとき」に「真実の権利関係に即した配当表への変更」を求めることができるとしている。

　債権者が弁済供託をし，供託書正本を提出した場合，配当手続において，供託された地代が「共益費用」として認められるか否かについては，消極説と積極説の考え方がある。

2　学説の状況

　共益費用と認めない「消極説」の理由づけとしては，①弁済の提供があれば，原則として解除が制限されることから，供託をする必要がなかったと考えられること，②供託書正本からは，供託の有効要件である弁済提供の事実を認定することができないこと，③供託金は，債権者である土地所有者が供託を受諾せず，又は，供託を有効とする判決が確定しない間は，供託者はいつでもそれを取り戻せる（民496条1項）ことから，供託金を共益費用として償還しなくとも，供託者に不利益が及ばないこと等を指摘する[3]。

　一方，共益費用と認める「積極説」の理由づけとしては，①代位弁済に関する民法の規定である民法474条2項，499条，500条における弁済には，供託も含まれているところ，執行裁判所の許可を得た代位弁済である地代等の代払いについて定める民事執行法56条2項についても，供託を除外する格別の理由がないこと，②差押債権者にとって，弁済の提供の立証には困難を伴う場合があるところ，借地契約の解除が有効とされることを阻止するためには，地代等の供託を続けることにより，弁済提供の立証や供託による債務消滅の立証をする方が容易であること，③弁済供託も，差押建物の価値を保全するためになされるものであることから，執行手続においても共益費用として扱うのが望ましいと考えられること等を挙げる。

　この点に関して，千葉地判昭和63年9月30日判時1303号118頁は，「執行債権者の地代の代払金の供託が有効になされ，かつ執行債権者において右供託金を取戻すことができなくなったとき，例えば供託者が供託局に対し，供託金取戻請求権を放棄した場合（その他，地主が供託を受諾し，又は供託を有

---

[3]　ただし，消極説によったとしても，供託後，土地所有者が供託を受諾し，又は，供託が有効であるとの判決が確定した場合には，当該供託は現実の支払と同視されるので，供託金を共益費用と認めている（『条解民事執行法』514頁，中野＝下村500頁）。

効とする判決が確定した場合も同様である。）には，地代債務は確定的に消滅したということができるから，右供託金は，民事執行法56条2項にいう差押債権者の『支払った』地代又はこれと同視すべきものと解するのが相当である。」と判示している。

　学説は対立しているが，供託が確定的に有効となった場合には，いずれの説からも共益費用として取り扱うべきとされている。

3　東京地裁の扱い

　東京地裁民事執行センターでは，以下の書面の提出があれば，差押債権者が供託した代払地代等を共益費用と認め，差押債権者に配当金等を支払う取扱いをしている。[4]
(1)　供託金が還付されていない場合

　　供託書正本に加え，差押債権者（供託者）作成の執行裁判所に対する供託金取戻請求権放棄の確約書又は供託を有効とする確定判決の謄本
(2)　供託金が還付されている場合

　　供託書正本に加え，供託官作成の供託金が被供託者（土地所有者）に還付された旨の証明書又は被供託者（土地所有者）作成の供託金を受領した旨の実印を押印した証明書及び土地所有者の印鑑証明書

第3　設問に対する回答

1　事例1①について

　XがAに支払った地代は共益費用にあたることから，Xは配当手続において償還を受けることができる。

2　事例1②について

　Xが供託した地代は，供託金が還付されている場合や，Xが取戻請求権を放棄するなど，有効な供託であることが確定していれば，Xは配当手続

4）中村＝劔持（下）272頁。

において償還を受けることができる。ただし，有効な供託であることが確定していなければ，供託費用と認められない可能性がある。

 配当異議に関する手続

事例 2

　債権者Ｘは債務者Ｙに対する債務名義を有しており，同債務名義に基づき，Ｙの所有する甲不動産に強制競売の申立てを行った。債権者Ｚは債務者Ｙとの間で執行認諾文言付の公正証書を作成しており，上記競売手続で配当要求を行っていた。競売手続が進行し，東京地方裁判所による甲不動産の売却許可決定がなされ，ＸとＺを債権者とする配当表が作成され，配当期日が指定された。

　①　Ｘは，ＹとＺの間の公正証書は真正なものではないと考えた。この場合，ＸがＺへの配当の実施を阻止するために，配当期日においてどのような手続をとることができるか。

　②　配当期日において誰からも配当異議の申出がなかったため，ＸとＺは配当表に従った配当を受け，甲不動産の強制競売手続は終了した。その後になって，Ｘ又はＹが，ＹとＺとの間の公正証書は無効であり，結果的に配当表が誤っていたことを理由として，Ｚに対し不当利得の返還を請求することができるか。

第1　配当異議申出の方法と手続

1　配当手続と弁済金交付手続

　競売手続において，買受人が代金納付を行うと，債権者が満足を受ける最終の手続に移行する。債権者が満足を受ける手続として，「配当手続」と「弁済金交付手続」が用意されている。

　「配当手続」は，債権者が二人以上いる場合であって，売却代金で各債権者の債権及び執行費用の全部を弁済できない場合に行われる手続である（民執84条1項）。一方，「弁済金交付手続」は，債権者が一人である場合又は債権者が二人以上であっても売却代金で各債権者の債権及び執行費用の

全部を弁済することができる場合に行われる手続である（民執84条2項）。

　このような二つの手続が用意されているのは，債権者相互間で利害対立が生じる余地があるかによっている。すなわち，全ての債権者が満足を受けることができる弁済金交付手続は，債権者間で利害の対立がないため，手続としては簡易な方法によることで足りる。これに対し，債権者間の利害調整が必要となる配当手続では，厳格な手続が要求され（民執85条），配当異議の申出という固有の不服申立制度を置いている。

2　配当異議の申出

　裁判所書記官が作成した配当表に記載された各債権者の債権又は配当の額について不服がある債権者及び債務者は，「配当異議の申出」（民執89条）を行うことができる。手続費用に対する配当異議の申出も認められている。異議の申出に理由を付す必要はないが，異議の範囲を特定する必要がある。

　配当異議の申出ができる者の範囲には争いがあるが，判例（最判平6・7・14民集48巻5号1109頁（百選【41】））は，「配当異議の訴えを提起することができるのは，配当表に記載された債権者に限られ，配当表に記載されなかった者は，自己が配当を受けるべき債権者であることを主張して配当異議の訴えを提起する原告適格を有しないと解するのが相当である（配当を受けるべき債権者であるにもかかわらず配当表に記載されなかった者は，配当表の作成手続の違法を理由として，執行異議の申立てによりその是正を求めるべきである。）。」としており，配当表に記載されていない債権者は配当異議ではなく執行異議の申立てを行う必要がある。[5]

　配当異議の申出は，配当期日においてすべきこととされている他は，特別な規定はない。それゆえ，配当期日に出頭し，書面又は口頭で陳述すれば足りる。一方で，擬制陳述のような規定がないため，配当期日前に配当異議申出書を提出しても，配当期日に出頭しなければ，配当異議申出と取り扱われないので，特に注意が必要である。[6] 東京地裁の場合，目黒にある民事執行センター（民事第21部）の中にある法廷に行く必要があるため，既

5）ただし，中野＝下村570頁をはじめ，学説上は判例に対する異論が多い。
6）中村＝剱持（下）347頁。

に予定が入っているなどで出頭できない場合には速やかに復代理人を選任
して対応するなどの必要がある。

　配当期日に，配当異議の申出があれば，裁判所書記官は，配当期日調書
に，配当異議の申出があった旨，申出人，相手方及び異議の内容を記載す
る。この場合，配当異議の申出があった部分については，配当表が確定し
ないこととなる。確定しなかった配当部分は，1週間は配当の実施が阻止
される（民執89条2項・90条）。差引納付の申出がある場合，買受人が異議に
係る部分に相当する代金を納付しなければならない場合は，この期間が2
週間となる（民執90条6項）。

　配当異議の申出による配当阻止は暫定的なものであるため，その間に後
述する手続をとり，最終的には勝訴しなければならない（民執90条1項・5
項）。すなわち，配当異議の申出をした後は，極めて短期間の間に配当異
議等の訴訟提起をしなければならないため，特に注意が必要である。

　東京地裁民事執行センターでは，原則として，配当期日の3日前までに
配当表原案が作成され，希望する当事者に対しては事前に開示されている
ので，あらかじめ確認することも可能である。また，示された配当表につ
いて，配当期日または配当期日前に意見を上申しておけば，執行裁判所に
おいて原案を修正することもあり，無用な裁判を避けられる可能性がある[7]。
上記のとおり，代理人弁護士としては，配当異議訴訟となると出頭しなけ
ればならないことなどを考慮すれば，事前に配当表を手に入れるなどして
意見を準備しておくことが肝要である[8]。

3　配当異議の申出後の手続

(1)　配当異議の申出後の訴訟

　配当異議の申出をした後の手続は，執行力排除の要否に応じて，訴訟
手続を区別している。

　すなわち，「配当異議の申出をした債権者」と，「執行力のある債務名

7）中村＝劒持（下）347頁。
8）配当表の見方については，近藤基『債権配当の実務と書式〔第3版〕』（民事法研究会,2021）
　202頁以下に詳しい。

義の正本を有しない債権者に対し配当異議の申出をした債務者」につい
ては，執行力の排除を目的としないため，配当異議の訴えが用意されて
いる（民執90条1項）。他方で，「執行力のある債務名義の正本を有する債
権者」に対し配当異議の申出をした債務者については，執行力の排除を
目的とする請求異議の訴え又は民事訴訟法117条の訴えを提起しなけれ
ばならないと規定している（民執90条5項）。

　実務上は，配当手続を行う執行機関としての執行裁判所に対し，配当
異議の訴え又は請求異議の訴えを提起した旨，訴状受理証明書等を添付
の上，届け出る必要がある[9]。

(2)　**配当異議の訴え**

　配当異議の訴えは，配当期日に配当異議の申出をした者が原告となり，
債権者の一部を被告として債権の実体法上の不服を争う手続であり，形
成訴訟と解する見解が有力である[10]。

　配当異議の申出人は，配当異議の訴えを提起した証明をする必要があ
り，これがなされないときは配当異議の申出は取り下げたものとみなさ
れ（民執90条1項・6項），配当が実施されることになる（民執89条2項）。
配当異議の申出があり，適法に配当異議の訴えを提起したことの証明等
がされたときは，異議にかかる額に相当する金銭は供託される（民執91
条1項7号）。

(3)　**請求異議の訴え**

　執行力のある債務名義の正本を有する債権者に対し配当異議の申出をし
た債務者（所有者）は，「請求異議の訴え」を提起しなければならない（民
執90条5項）。また，配当異議の訴えと異なり，既に執行力があることから，
配当の実施を阻止するためには，請求異議の訴えを提起するだけでは足り
ず，一般原則に従って執行停止の決定を得なければならない（民執90条6
項・36条1項）。

　配当期日から1週間以内に，執行裁判所に対して，これらの訴えを提起
したことの証明と，その訴えに関する執行停止の裁判の正本（民執36条1

---

9)　中村＝剱持（下）352頁。
10)　『条解民事執行法』882頁。

項・39条1項7号参照）を提出しない場合，配当異議の申出は取り下げられたものとみなされ（民執90条6項），配当が実施されることになる（民執89条2項）。配当異議の申出があり，適法に請求異議の訴えを提起したことの証明等がされたときは，異議にかかる額に相当する金銭は供託される（民執91条1項3号・39条1項7号）。[11]

第2　配当手続後の不当利得返還請求の可否

1　配当異議訴訟の判決の効力

　　配当異議訴訟は，「執行力のない部分」に関する実体法上の請求権に関する判断である。請求の全部又は一部に理由ありとする場合には，判決において，配当表を変更し，又は新たな配当表の調製のために，配当表を取り消さなければならない（民執90条4項）。

　　配当異議訴訟の判決の効力は，対世効の条文などがないため，一般原則どおり原告と被告の間に発生する。つまり，配当を受けるべき債権者全員との間で生ずる効力ではない。その結果，債権者間での民事執行法91条1項7号に基づく供託金の配当をめぐる争いも相対的解決となる（民執92条2項反対解釈）。

2　執行手続外での不当利得返還請求の可否

(1)　債権者が不当利得返還請求を行う場合

　　本来配当を受けるべき債権者が配当表に記載されなかったり，不当に少なかったりした場合，配当異議や執行異議によって是正すべきであるが，執行手続上の救済手段として用意された配当異議や執行抗告を行わなかった債権者は，手続終了後に執行手続外で不当利得返還請求を行うことができるか。学説上は消極説・積極説・折衷説など争いがある。[12]

---

11)　なお，担保不動産競売の事案ではあるが，配当異議の訴えに係る訴訟を行った結果，発生した遅延損害金はどのように充当されるのかについて争われた最判平成27年10月27日民集69巻7号1763頁は，配当期日後支払委託がされた時点までに生じた遅延損害金への充当を認める判断をしている。

12)　中西ほか199頁。

　判例は折衷説をとっており，担保権者なのか一般債権者によって結論が分かれている。すなわち，担保権者からの請求は肯定し（最判平3・3・22民集45巻3号322頁），一般債権者からの不当利得返還請求は否定している（最判平10・3・26民集52巻2号513頁（百選【40】））。

　前者の理由として，抵当権者は当該不動産から優先的満足を得る実体法上の権利を有しており，これに劣後する債権者が本来受けられない配当を受けたため，抵当権者が本来受けるべき配当を受け得なかった場合は，この債権者は抵当権者の優先弁済権を侵害し，損失を及ぼすことにより利得を得たとみることができるとしている。他方で，一般債権者の場合，債務者の一般財産から満足を受ける実体法上の権利を持つのであり，当該不動産より優先弁済を受ける権利は有していないので，損失と利得の関係にはないことを理由とする。

　以上より，判例法理では，一般債権者の場合には，不当利得返還請求権は認められないため，配当異議や執行異議の手続の中で権利主張をしておくことが必須となる。

(2)　**債務者が不当利得返還請求を行う場合**

　債務者については，上記の債権者の場合と結論が異なる。債務者は，配当異議の申出等をしたか否かにかかわらず，本来の債権額を超えて配当を受けた債権者に対し，債務名義の既判力に抵触しない限り不当利得の返還請求をすることができるというのが判例・通説である。[13]

第3　設問に対する回答

1　事例2①について

　XがZへの配当の実施を阻止するためには，目黒の民事執行センター内の法廷での配当期日に出席し，配当異議の申出を行う必要がある。そして，1週間以内に配当異議訴訟を起こす必要がある。配当異議訴訟の中で，YとZの間の公正証書が無効である旨の主張を行うことになる。

---

13)　中野＝下村583頁。

2　事例2②について

　Xは配当期日において配当異議の申出をしなかったのであり，判例に従えば，不当利得返還請求を行うことは認められない。ただし，YがZに対して不当利得返還請求を行使できるような場合には，同請求権を代位行使（民423条1項）することは考えられる。

　Yは配当異議の申出をしていないが，公正証書が無効なのであれば，配当する必要がなかったのであるから，不当利得返還請求を行うことはできる。ただし，無効の理由によっては請求が認められるとは限らない。

配当期日を経ない配当（民事執行法のIT化）

　将来，「配当期日」という概念がなくなるかもしれない。これは，令和4年8月に法務省から出された「民事執行・民事保全・倒産及び家事事件等に関する手続（IT化関係）の見直しに関する中間試案」に記載されている内容である。

　令和4年5月18日，民事訴訟法等の一部を改正する法律（令和4年法律第48号）が成立し，民事訴訟手続は全面的にIT化されることとなったが，これに伴い民事執行法も改正が検討されている。

　不動産に対する民事執行の場合，現況調査の際の占有の確認や引渡命令など不動産の所在する現場で行わなければならない業務は多くあるため，このあたりの現業作業はIT化が進んでも大幅な変更はないと思われる。

　しかし，民事執行の申立ても全面的に電子申請が求められ，これまでの民事執行法上の出頭義務が軽減される動きである。審尋期日について簡易迅速性が求められることもあり，WEB会議で対応できることになりそうである。また，一定の要件を満たす場合には，財産開示の債務者が財産開示期日に出頭することなくWEB会議で陳述することも検討されている。

　売却や配当については，「期日」という概念すらなくなり，意見陳述や配当異議の申出をするための「期間」を設けることにより，期日を経ずに売却又は配当を行う方式（期間方式）も検討されているようである。

　これまでのように配当異議のためだけに東京地裁の民事執行センターの法廷に行き（詳細は本設問本文），現場でハラハラする場面がなくなるのは残念だが，慣れるまでの間は，期間ぎりぎりにパソコン画面の前でハラハラすることになるのかもしれない。

設問18　債務名義に争いがある場合の強制執行

実体法上の請求権が消滅したにもかかわらず行われた強制執行

　　債務者Ｙは，債権者Ｘから1000万円を借りていたが，弁済期限まで
に返済しなかったため，Ｘから貸金返還請求訴訟を提起された。
同訴訟で，Ｙは1000万円全額を弁済したと主張して争ったが，裁判
所はＹの主張を退け，Ｘの請求を全額認容する判決を出した。
　　Ｙは，控訴しなかったため，同判決は確定した。
　　その後，Ｙは，上記判決で認容された全額をＸに対して支払った。
　　ところが，しばらくして，Ｘは，Ｙが所有する甲土地について，
上記確定判決を債務名義として強制執行を行った。
　　Ｙは，どのようにすればよいか。

第 1　請求異議の訴え

1　総　則

　　強制執行手続を開始する際には債務名義が必要となり，強制執行は，債
務名義の記載に従って実施される。

　　債務名義は，一般には，そこに記載された給付請求権が高度の蓋然性を
もって存在していることを表示しているが，実体法上，記載どおりの請求
権が存在していなかったり，債務名義成立後に消滅・変更していたりする
場合があり得る。

　　このような場合には，制度的には，上訴・異議・再審などの不服申立て
によって債務名義自体を取り消したり，変更したりすることが考えられる。
しかし，申立期間を徒過してしまう等の理由によって，それらの制度を利
用できない場合も多い。また，裁判以外の債務名義の場合には，債務名義

自体を取り消したり変更したりするための制度がそもそも存在していないものもある（執行証書，和解調書など）。

　そこで，債務名義に表示された請求権の存在や内容について，債務者側が異議を述べ，その債務名義の執行力を拝受するための制度として，請求異議の訴え（民執35条）が設けられている[1]。

　本事例についても，Yは債務名義（確定判決）に表示された請求権の金額を全額支払ったにもかかわらず，Xが当該債務名義に基づいて強制執行を行ってきたのであるから，Yは請求異議の訴えを提起することが考えられる。

　請求異議の訴えは，債務名義の成立後であればいつでも提起することができるが，執行手続が完了してしまった場合は訴えの利益がなくなってしまう[2]。そのため，Yは，できる限り速やかに請求異議の訴えを提起することを検討すべきである。

2　請求異議の事由

（1）請求権の存在及び内容

　　債務名義に記載された給付請求権の存在及び内容が，現在の実体法上の状態と一致していない場合には，その実体法上の事由が請求異議の事由となる（民執35条1項前段）。

　　例えば，請求権の発生障害事由（公序良俗違反による無効，無権代理行為など），請求権の消滅・縮減事由（弁済，免除，相殺，錯誤・詐欺・強迫による取消し，時効消滅，契約解除など），請求権の効力排斥事由（弁済猶予，停止条件の設定など），請求権の主体の変更事由（債権譲渡など），などが挙げられる[3]。

　　本事例については，Yが債務名義に表示された請求権の金額を全額弁済したのであるから，請求権の消滅事由があることを，請求異議の事由

1）民事執行法22条に定める債務名義のうち，確定していない仮執行宣言付判決・仮執行宣言付損害賠償命令・仮執行宣言付届出債権支払命令・仮執行宣言付支払督促については，上訴又は異議申立てによってその効力を争うことができるので，請求異議の訴えの対象外である（民執35条1項）。

2）ただし，訴えの係属中に執行手続が全部終了した場合には，不当利得返還請求等に訴えを変更することが許される。中村＝剱持（下）379頁。

3）中野＝下村236頁。

となし得る。

(2)　裁判以外の債務名義の成立過程における瑕疵

　　債務名義が執行証書，和解調書，調停調書などの裁判以外のものである場合は，上記(1)の異議事由に加えて，その成立の瑕疵も異議事由となし得る。

　　例えば，執行証書の作成段階において，偽造された委任状が公証役場に提出され，それに基づいて執行証書が作成された場合のように，公証人への作成嘱託において代理人の代理権の欠缺がある場合には，請求異議の事由となり得る。[4]

　　また，白紙委任状が濫用された場合[5]や，執行受諾の陳述を行うにあたって要素の錯誤があった場合[6]にも，請求異議の事由となり得る。

　　他方で，執行証書の請求権が十分に特定されていない場合や，執行証書に署名捺印がない場合など，いわば形式的な瑕疵については，執行文付与に関する異議（民執32条）によるべきであって，請求異議の訴えはできないとされている。[7]

(3)　和解調書等の成立過程における瑕疵

　　執行証書以外では，例えば和解調書や調停調書について，その合意にあたって要素の錯誤や意思表示の欠缺など，実体法的な無効原因がある場合には，請求異議の事由となり得る。

　　例えば，訴訟上の和解を行う際に，訴訟外において，債権者が債務者に「和解に応じなければひどい目に遭わせるぞ」などと強迫した結果，それに畏怖した債務者が債務の存在を認めて弁済する旨の和解に応じたために，それに添う内容の和解調書が作成されたような場合には，債務者は，債務を認めた意思表示に瑕疵があることを，請求異議の事由として主張し得る。[8]

---

4)　最判昭32・6・6民集11巻7号1177頁。
5)　仙台高決昭36・7・11下民集12巻7号1649頁。
6)　最判昭44・9・18民集23巻9号1675頁。
7)　中野＝下村238頁。
8)　最判昭37・3・15民集16巻3号548頁。

⑷　その他の異議事由

　ア　不執行の合意

　　　債権者と債務者間において，特定の債権について強制執行しない旨の合意があったにもかかわらず，債権者が強制執行を実施した場合には，債務者は当該合意があることを請求異議の事由となし得るとするのが判例である。[9]

　イ　信義則違反・権利濫用

　　　特定の債務名義に基づいて強制執行を行うことが，信義則に反したり，権利濫用と評価し得るような場合には，請求異議の事由となし得るとするのが判例である。

　　　具体的な評価の方法については，債務名義の性質，当事者間の権利関係の性質・内容，債務名義成立に至る経緯，債務名義成立後の執行に至るまでの経緯，強制執行が当事者に及ぼす影響など，諸般の事情を総合的に勘案するとされている。[10]

　ウ　既判力ある債務名義の不当取得

　　　上記⑵で述べたように，債務名義が裁判以外のものである場合には，その成立過程において債権者が債務者を欺罔するなどといった事情があれば，請求異議の事由となし得る。

　　　しかしながら，既判力を有する債務名義を不当に取得した場合に，請求異議の事由となし得るかは，既判力による法的安定性の要請があることから，難しい問題となる。

　　　これについては後記事例2で詳述する。

3　異議事由の時間的制限

⑴　総　論

　　既判力を伴わない債務名義については，債務名義の成立前に存在した

---

9)　最判平18・9・11民集60巻7号2622頁（百選【1】）。

10)　最判昭62・7・16判時1260号10頁。信義則違反・権利濫用を認めた例として，最判昭和37年5月24日民集16巻5号1157頁，最判昭和43年9月6日民集22巻9号1862頁，東京高判平成17年11月30日判時1935号61頁など。逆に，認めなかった例として，最判昭和62年7月16日判時1260号10頁，東京地判平成5年11月24日判タ873号279頁など。

異議事由についても，請求異議の訴えによって主張することができる。

　例えば，債務名義が執行証書や仮執行宣言付支払督促の場合には，既判力を伴わないため，請求権の不成立や無効など，債務名義成立前の事由も主張することが可能である。

　これに対し，債務名義が既判力を伴う場合には，その基準時以前に存在していた事由を請求異議の訴えで主張することは，原則として許されない。債務名義が確定判決の場合には，その訴訟の事実審の口頭弁論終結後に生じた事由でなければ，請求異議の事由とすることはできない（民執35条2項）。

(2)　既判力の時的限界

　民事執行法35条2項によると，債務名義に表示された請求権の変更・消滅等を生じさせる形成権が基準時前に発生していたものの，行使されないままに判決が確定した場合には，基準時後に形成権を行使して請求異議の事由とすることはできないことになる。

　例えば，基準時前に取消事由や解除事由が存在していた場合でも，それを行使しなかった場合には，判決確定後に取消権や解除権を行使したことをもって請求異議の事由とすることはできない[11]。

　もっとも，この取扱いは，形成権の種類によって異なる。

　例えば，相殺権については，債務者が新たに出捐を伴うことになるため，基準時前に相殺適状にあり，基準時後に相殺権を行使したことをもって，請求異議の事由となし得る（最判昭40・4・2民集19巻3号539頁）。

　また，借地借家法上の建物買取請求権についても，相殺の場合と同様に，基準時後にこれを行使したことをもって請求異議の事由となし得る（最判平7・12・15民集49巻10号3051頁）。

4　異議事由の同時主張

　異議事由が複数存在するときは，債務者は，同時にこれらを主張しなければならない（民執35条3項・34条2項）。「同時」とは「同一訴訟手続内」

---

11) 取消権につき最判昭和55年10月23日民集34巻5号747頁，解除権につき東京地判平成元年9月29日判タ730号240頁など。

という意味である。

　複数の異議事由を，異議事由ごとに別の手続で主張させることを許してしまうと，執行手続が遅延してしまうからである。

5 請求異議判決の効力と強制執行の停止等を命ずる仮の処分

　請求異議の訴えにおいて認容判決が出された場合，認容判決を得た債務者が，当該判決の正本を執行裁判所に提出すると，執行裁判所は当該執行処分を停止し（民執39条1項1号），既にした執行処分を取り消さなければならない（民執40条1項）。

　これによって，債務者は争いある債務名義による強制執行を免れることが可能となる。

　もっとも，請求異議の訴えを提起しただけでは，強制執行は当然には停止しない。

　そのため，請求異議の訴えの審理を行っている間に強制執行手続が完了してしまうと，請求異議の訴えは訴えの利益を欠くため，却下されることになる。

　このような事態を避けるため，債務者は，請求異議の訴えを提起するとともに，仮の処分としての強制執行停止の申立てを行うべきである（民執36条1項）[12] [13]。

　強制執行停止の仮の処分の決定が出た場合，債務者が当該決定の正本を執行裁判所に提出すると，強制執行手続の進行が止まることになる（民執39条1項7号参照）。

6 設問に対する回答

　Yは，債務名義に表示された請求権について，既に弁済しているので不存在である旨の異議を述べているのであるから，請求異議の訴え（民執35条）を提起して異議事由を主張する必要がある。

---

12) 担保が必要になる場合があるので注意が必要である（民執36条1項）。
13) このような場合に民事保全法上の仮処分を求めることはできないので，注意が必要である（髙山崇彦＝尾藤正憲編『民事執行の法律相談』（青林書院，2021）42頁）。

　もっとも，請求異議の訴えを提起しただけでは強制執行手続は停止しないため，仮の処分としての強制執行停止の申立ても同時に行う必要があることに留意すべきである。

事例 2 債務者が知らない間に取得された既判力ある債務名義による強制執行[14]

　Ｙは甲土地を所有していたところ，ＡとＢは，Ｙ名義の甲土地を競売に付して利得を得ようと企んだ。

　Ａは，Ｙに対して1000万円の貸金があると偽って貸金返還請求訴訟を提起した。Ａは，Ｙの住所をＢ方と偽ったため，訴状はＢ方Ｙに送達され，ＢがＹを装ってこれを受領した。

　Ｂは期日に出頭しなかったため，1000万円の請求認容判決が出され，これが確定した（判決書もＢ方Ｙに送達され，ＢがＹを装って受領した。）。

　Ａは，当該確定判決を債務名義として甲土地の強制競売を申し立て，競売開始決定もＢ方Ｙに送達された。

　Ｘは，競売により甲土地の所有権を取得し，所有権移転登記も具備した。

　このような場合に，Ｙはいかなる手段をとることができるか。

第1　既判力ある債務名義の不当取得（確定判決の騙取）

　既判力ある債務名義の成立過程において，債権者たる原告が，①虚偽の訴訟資料を作出したり，②被告（債務者）の住所を不明と偽って公示送達させるなどの方法で裁判所を欺き，被告の手続関与の機会を奪うなどした結果，給付判決が確定した場合，当該確定判決（債務名義）の有効・無効をいかに

---

14) 最判昭和43年2月27日民集22巻2号316頁（百選【8】）の事案を参考にした。ただし，同判例は，確定判決と同一の効力を有し既判力が生じるとされていた改正前民事訴訟法下の仮執行宣言付支払命令（改正前民訴443条）に関する事案である。

解するか，また，当該確定判決を債務名義とする強制執行手続の効力はどう
なるか。

　この問題は，確定判決の騙取又は不当取得などと呼ばれている。

第2　債務名義の効力について

　騙取された確定判決の効力については，伝統的には，上訴の追完（民訴97
条）や再審の訴え（民訴338条1項3号・5号～7号）によって取り消されない限
り判決効を有すると考えられている。

　判例も，請求異議の訴えなどによって確定判決の効力そのものを争うこと
を認めると，再審によらずに既判力を排除することになるため，消極的な姿
勢であるとされている。[15]

　もっとも，当事者の手続保障が完全に奪われた状態で判決が騙取された場
合には，判決の当然無効を認める見解も有力である。上記事例のベースであ
る最判昭和43年2月27日民集22巻2号316頁も，当事者が手続に関与する機
会すら奪われた状態でなされた判決は信義誠実の原則に照らして無効である
として，請求異議の訴えにおいて債務名義の効力を否定している。

　このように，債務者に訴状等が送達されずに手続保障の機会を奪われた場
合や，債務者の委任状を偽造して執行証書が作成されたような場合[16]には，
請求異議の訴えにおいて債務名義そのものが無効であると主張することが考
えられる。

第3　競落人（買受人）との関係について

　債務名義が無効と判断される場合には，その結果として債務名義そのもの
が不存在ということになるため，当該債務名義に基づく強制競売手続におい
て競落人（買受人）が競落したとしても，所有権の取得は否定されることに

15）最判昭40・12・21民集19巻9号2270頁。
16）最判昭50・7・25民集29巻6号1170頁。

なる。[17]

　しかしながら，原則的には，適式な執行正本に基づいて強制競売が実施されれば，買受人は所有権を取得するとされている。

　すなわち，執行正本と反対の内容を示す請求異議訴訟の認容判決などを執行機関に提出して執行の停止・取消しをしなければ，たとえ債務名義上の請求権が不存在であっても，この執行正本に基づく執行は妨げられず，買受人への所有権移転の効果は生じるとされている（強制競売の公信的効果）。

　判例でも，手続的瑕疵がなく成立した執行証書（民執22条5号）による強制競売手続において，当該執行証書に表示された権利義務関係に実体法上の無効事由が存在していたとしても，当該執行証書に基づく強制競売手続が請求異議訴訟等によって排除されることなく完結したときは，もはやその実体法上の無効を理由に競落人の所有権取得の効果を覆すことはできないとされている。[18]この判例は，債務名義上の権利について実体法上の無効事由は存在するものの，債務名義自体は有効という場合であり，前掲最判昭和43年と矛盾するものではない点に注意が必要である。

第4　設問に対する回答

　本事例において，Yは，AB間の通謀により，本案である貸金返還請求訴訟が提起されたことを知る機会もないまま，1000万円の請求認容判決を受けたのであるから，手続保障を完全に奪われていたといえる。

　したがって，Yは，当該確定判決に基づく強制競売手続について請求異議の訴えを提起し，当該確定判決の無効を主張すべきである。

　当該請求異議訴訟が認容されれば，Yは当該判決を執行裁判所に提出し，執行の取消しを求めることができる。

17）最判昭43・2・27民集22巻2号316頁（百選【8】）。本文の考え方は，その後の最高裁判例にも踏襲され，判例法理として確立しているとされている（同百選【8】の解説参照）。
18）最判昭54・2・22民集33巻1号79頁。

設問19 強制執行を妨害する行為等に対する罰則

罰則の概要

　前設問までの民事執行の説明と異なり，本設問では，その執行の適正を担保するための刑法等の罰則，すなわち，民事執行法所定の民事執行，民事保全法所定の保全執行等に対する妨害や正常な実施を阻害する行為に対して設けられた刑罰規定について，その概要を説明する[1]。

　強制執行を妨害する行為に対する刑法上の罰則は，平成23年法律第74号による改正前は，昭和16年新設の同法96条の2（強制執行妨害罪）と同法96条の3（競売入札妨害罪）の2か条のみであったところ，同改正によりこれらは全面的に見直された。その結果，処罰範囲が拡大されて刑も重くなり，現在では，刑法96条の2（強制執行妨害目的財産損壊等罪）が強制執行の目的物に向けられた妨害行為を，同条の3（強制執行行為妨害等罪）が執行官等の強制執行を行う人に向けられた妨害行為を，同条の4（強制執行関係売却妨害罪）が強制執行において行われる売却（期日入札，期間入札，競り売り，特別売却の4種）の公正を阻害する行為をそれぞれ処罰するものとなった。法定刑は，いずれも3年以下の懲役若しくは250万円以下の罰金又はその併科刑（両方の刑）である。なお，報酬目的で人の債務に関してこれらの罪を犯した者に対する加重処罰規定（同条の5）も新設された。その法定刑は，5年以下の懲役若しくは500万円以下の

---

1) 強制執行の妨害に関する罰則全般についての注釈書として，大塚仁ほか『大コンメンタール刑法第6巻〔第3版〕』（青林書院，2015）194頁以下（髙﨑秀雄），概説書として，前田雅英『刑法各論講義〔第7版〕』（東京大学出版会，2020）460頁以下，西田典之『刑法各論〔第7版〕』（弘文堂，2018）433頁以下，山口厚『刑法各論〔第2版〕』（有斐閣，2010）552頁以下参照。本問は，罰則の概要を理解していただくための説明にすぎないので，詳しくは，これらの文献を併せ参照していただきたい。

罰金又はその併科刑となっている。さらに，これと同等の刑罰が，組織的な犯罪の処罰及び犯罪収益の規制等に関する法律3条1項に該当する場合にも科されることになる。

　事例1と事例2は，これらの刑法上の罰則の内容につき，設例と回答をもって説明するものであり，事例3は，特に令和元年の民事執行法改正で明確化された暴力団員等による買受防止の方策に焦点を当て，その内容を具体的に説明するものである。

　なお，令和4年法律第67号（同年6月17日公布）の改正により，懲役刑と禁錮刑が一本化されて「拘禁刑」となった。公布から3年以内に予定される施行後は，本設問中に「懲役」と記載されたものは，いずれも「拘禁刑」と改められることになる。

事例1　強制執行妨害目的財産損壊等罪

　Xは，Aから貸金請求訴訟を提起され，Aに対し数億円を支払えという仮執行宣言付判決の言渡しを受けた。Xには婚姻前から所有していた都内の7階建Xビルとその敷地（以下，「Xビル」という。）以外にめぼしい財産がなかったことから，Xは，Xビルに対する強制執行を回避する目的で，妻Yと意思を通じ，協議離婚をした上，離婚に伴う財産分与としてYにXビルを譲渡した。XとYに刑法上の犯罪は成立するか。

第1　無償その他の不利益な条件による譲渡

　刑法96条の2の強制執行妨害目的財産損壊等罪は，強制執行の目的財産である物に向けられた妨害行為を処罰の対象とし，いずれも強制執行を妨害する目的[2]で行われた，第1号では強制執行の目的財産の隠匿，損壊，譲渡の仮装，債務負担の仮装を，第2号では同財産の価格減損的な現状改変を，第

---

2) 「強制執行を妨害する目的」は，旧規定の「強制執行を免れる目的」を拡げたものであり，一時的に阻害することを企図した場合も含まれる。未必的な認識でも足りるであろう。

3号では金銭執行の引当財産の不利益な条件による譲渡等をそれぞれ処罰している。

　本事例の債務者Xは，離婚に伴う財産分与として，離婚届を提出したYにXビルの所有権を譲渡した。Xビルは，Xが婚姻前から所有していたというのであるから，その所有権取得に特にYの貢献はなさそうである。したがって，財産分与の名目であっても，これを無償で譲渡することは，債権者にとっては社会通念に反する詐害的な行為にほかならず，第3号にいう「無償その他の不利益な条件」による譲渡に当たるとする考え方が成り立ち得る。

第2　仮装譲渡という考え方

　こうした事案の場合，XYの協議離婚それ自体が偽装ではないか，そうであるならば，むしろ第1号の財産の「譲渡を仮装し」に該当するのではないかという疑いも生じるであろう。しかし，偽装離婚に該当するかどうかは，社会通念上夫婦と認められる実態のない場合の婚姻と同様に，民法解釈上は見解が分かれるところである。社会通念上夫婦の実態があるかどうかで判別する従来の通説判例（実質的意思説）に対し，法的効果に着目し，離婚という法的結果を享受する意思があるかどうかを問う反対説（形式的意思説）も有力である。前説によれば，届出の前後で夫婦の実態に変わりがない限り，XYの協議離婚は無効であり，第1号にいう財産の「譲渡を仮装」したことになるであろう。一方，後説によれば，離婚という法的結果を意欲している以上，仮装とはいえず，上記のとおり，第3号にいう「財産について，無償その他の不利益な条件で，譲渡をし」た行為に該当することになるであろう。いずれの見解に立っても，強制執行妨害目的財産損壊等罪が成立することには変わりがない。

第3　福岡高那覇支判令和2年9月10日

　本事例の基となった事案について，第1審の那覇地判令和2年3月18日判例秘書L07550206は，XとYが「譲渡を仮装」したと認定したが，福岡高那

覇支判令和2年9月10日判例秘書L07520312は，離婚を有効と判断し，第1審判決を事実誤認で取り消した上，「無償その他の不利益な条件」による譲渡に該当すると判示した。

第4　刑法96条の2にいう「強制執行」の意義

　本事例は，仮執行宣言付き判決という債務名義（民執22条2号）に基づく強制執行の事案であるが，平成23年法律第74号改正前の刑法96条の2にいう「強制執行」の意義について，担保権の実行としての競売もこれに含まれるとした最決平成21年7月14日刑集63巻6号613頁があり，この最決平成21年を経て，現在の刑法96条の2にいう「強制執行」は，担保権の実行としての競売に加えて，国税徴収法による滞納処分も含まれると解されている[3]。なお，「強制執行」の意義は，刑法96条の2から4を通じて，同義である。

第5　最近の裁判例

　刑法96条の2第1号の事例として，京都地判平成28年6月17日判例秘書L07150392・京都地判平成28年7月28日判例秘書L07150568[4]，広島高判令和2年1月21日判例秘書L07520056[5]，96条の2第1号，第3号の事例として，札幌地判令和2年3月26日判例秘書L07551330[6]がある。なお，旧法下で，弁

3）ただし，国税徴収法187条の罪，地方税法69条の罪との関係については，別途考慮すべき問題がある。髙﨑・前掲論文200頁参照。

4）会社の元代表者（京都地判平28・6・17）と代表者（京都地判平28・7・28）である各被告人が共謀の上，会社の敗訴を察知し，会社に対する強制執行を妨害する目的で同社の資金を海外口座に送金して隠匿したもの。

5）損害賠償の支払を命じる仮執行宣言付き判決を受けた被告人が自己名義の普通預金口座から預金を払い戻した行為が財産を隠匿したとされたもの。第三債務者である金融機関の認識や管理を介してその存在を覚知し得る状態にある預金債権からその所在把握が困難となる現金に変更するものであることを理由とする。同旨の判断は，旧法時代の東京高判平成17年12月28日判タ1227号132頁にある。

6）会社から依頼を受けて債務整理等の非弁活動をしていた被告人両名が，会社の財産に対する滞納処分の執行を免れるとともに，強制執行を妨害する目的で，会社の売掛金債権をいわゆる第二会社に無償譲渡したり，その口座に財産を移転させたりするなどして，財産を隠ぺいするとともに，強制執行を受けるべき財産を隠匿したもの。

護士が，不動産会社経営者らに対し，別の会社に賃貸人を変更したように装い，テナントにその会社の口座に賃料を振り込ませる方策を助言したことが前記経営者らの仮装の手段による財産隠匿行為を幇助したとされた事例として，最決平成23年12月6日判タ1373号156頁がある。

第6　設問に対する回答

　本事例のXとYの行為は，強制執行を妨害する目的の下，金銭執行の目的財産であるX所有のビルとその敷地に向けられた妨害行為であって，無償という不利益な条件による債務者XからYへの譲渡（刑96条の2第3号）であるから，強制執行妨害目的財産損壊等罪が成立し，3年以下の懲役若しくは250万円以下の罰金又はその併科刑が科される。

事例2　強制執行行為妨害等罪，強制執行関係売却妨害罪

　　次の場合，Xに刑法上の犯罪は成立するか。
①　執行官が現況調査のためXビルを訪れたところ，これを察知したXが敷地内入口で猛犬を放飼いにしており，執行官はビル内に入ることができなかった。
②　Xは，Xビルについて競売開始決定があったことから，最低売却価額を下げさせた上でBに低価額で競落させ，後日Bから買い戻すことを考えた。そこで，B，Cと意思を通じ，Cが同開始決定前からXとの間で賃貸借契約を締結していたという内容虚偽の賃貸借契約書を裁判所に提出した。
③　Xは，Xビル内の正面玄関入口に「立入厳禁○○一家××組」という貼り紙をした。

第1　偽計や威力を用いた強制執行行為妨害等罪

　刑法96条の3の強制執行行為妨害等罪は，強制執行を行う人に向けられた

妨害行為を処罰の対象とするもので，偽計や威力[7]を用いて，立入り，占有者の確認その他の強制執行の行為を妨害する行為を処罰している。

　本事例①のＸは，猛犬を放飼いにするという「威力を用いて」，執行官の現況調査のための立入り[8]という強制執行の行為を妨害したのであるから，同罪が成立する。同罪の成立が認められた最近の裁判例として，名古屋高金沢支判平成31年３月28日判例秘書L07420505がある。事案は，美術工芸品の売買や刀剣の修理等を業とする会社の代表者である被告人が，顧客から預り保管中の刀身等の引渡しを命じる判決を受け，執行官らが動産引渡しの強制執行を行った際，執行官らに対し，預かった刀身等と偽って別の模造刀等を交付し，偽計を用いて執行官らの行為を妨害したとされたものである。

第2　偽計を用いた強制執行関係売却妨害罪

　本事例②のＸは，実際には存在しない賃貸借契約を仮装し，内容虚偽の賃貸借契約書を裁判所に提出するという「偽計を用いて」，強制執行において行われる「売却[9]の公正」を阻害する行為をしたのであるから，強制執行関係売却妨害罪（刑96条の４）が成立する。最決平成10年７月14日刑集52巻５号343頁は，「競売又は入札の公正を害すべき行為」を処罰した旧競売入札妨害罪（平成23年改正前の刑96条の３）に関するものであるが，弁護士が本事例と同様の行為に及んで有罪とされた事案である。現行法上は，偽計を用いた強制執行関係売却妨害罪となる。なお，平成23年改正により旧競売入札妨害罪の「競売又は入札の公正」という文言が「売却の公正」に変更されたのは，特別売却（民執規51条）を含むことを明確にするためである。

　7）ここに偽計といい，威力というのは，刑法の他の規定（233条・234条等）にあるのと基本的には同一であり，偽計は，欺罔にほぼ等しく，威力は，暴行，脅迫など人の意思の自由を制圧するような勢力と考えておけばよい。
　8）執行官による立入りが全て刑法96条の３第１項にいう「立入り」に含まれるわけではなく，強制執行の目的を直接的に実現するための行為でなければならないと解されていることに注意を要する。例えば，内覧のための立入り（民執64条の２第５項）は，直接強制が許されない（民執６条１項ただし書）から，これに含まれないとされている（髙崎・前掲論文218頁）。
　9）「売却」は，期日入札，期間入札，競り売り，特別売却の４種を指し，「売却妨害罪」は，その公正を阻害する行為を処罰するものである。

第3　威力を用いた強制執行関係売却妨害罪

　本事例③のXは，貼り紙により物件を暴力団が支配していることを誇示し，「威力を用いて」強制執行において行われる売却の公正を阻害する行為をしたのであるから，強制執行関係売却妨害罪（刑96条の4）が成立する。また，旧競売入札妨害罪の成立が認められた事案として，最高価買受申出人に「手を引いてくれ。バックにどこかの組がついているのか。」などと言って脅したというものがある（最決平10・11・4刑集52巻8号542頁）。入札が終わり，最高価買受申出人（落札者）が決まった後の行為についても同罪が成立するとしたものであり，現行法上は，威力を用いた強制執行関係売却妨害罪となる事案である。なお，こうした土地や建物における暴力団名を表示することによる支配の誇示は，暴力団員による不当な行為の防止等に関する法律9条14号の禁止する暴力的要求行為であり，同法11条の定める公安委員会による中止命令の対象となるので，警察当局に通報することが考えられよう。

第4　下級審裁判例に現われた事例

　本事例②③と同様の売却妨害の手口として，旧競売入札妨害罪についての下級審裁判例では，暴力団関係者がいわゆる3点セットである物件明細書，現況調査報告書，評価書の写しに暴力団が関与している物件であるような書き込みをする方法，物件明細書等の閲覧用ファイルを盗み出す方法，期間入札の公告書に前同様の書き込みをしたり，破棄したりする方法，暴力団関係者が文書を不動産仲介業者に配布する方法，最高価買受申出人に金銭，競売物件の買戻し等の要求をするなどの種々の方法が認定されている（「判解」最高裁判所判例解説刑事篇（平成10年度）114頁・127頁参照）。これらの手口による犯行は，現在では強制執行関係売却妨害罪として，従前同様に処罰されることになる。また，最近の事例として，前橋地判平成28年9月20日判例秘書L07150866がある。事案は，右翼団体の構成員である被告人が担保不動産競売開始決定を受けた自己所有の宅地・居宅につき，隣接する畑地を借用し，その境界線付近の畑地上に「政治結社F塾」などと大書された街頭宣伝車1

台を駐車し続けたことが威力を用いた売却妨害行為とされたものである。

第5　設問に対する回答

　Xの①の行為は，執行を行う人である執行官に向けられた妨害行為で，現況調査のための立入りという強制執行の行為を威力により妨害するものであるから，強制執行行為妨害等罪（刑96条の3第1項）が成立する。また，②③の行為は，いずれも売却価額の下落などの強制執行における売却に影響を及ばすことを企図した行為であって，売却の公正を阻害するものである。②は賃貸借契約を仮装した偽計による強制執行関係売却妨害罪（刑96条の4），③は暴力団の勢威を示した威力による同罪が成立する。いずれも3年以下の懲役若しくは250万円以下の罰金又はその併科刑が科される。

事例3　民事執行法違反，暴力団の排除

　　Xビルは，期間入札に付された。買受けの申出をしたDは，広域組織暴力団の構成員であったが，裁判所に提出した陳述書には自己が暴力団組員ではないという虚偽の事実を記載した。この虚偽記載は，民事執行法上どのように取り扱われるか。

第1　民事執行法改正による暴力団員の買受防止強化

　令和元年の民事執行法の改正（令和元年法律第2号）により暴力団員等の買受防止という方針が強化された。不動産の買受けの申出をしようとする場合には，暴力団員でないこと又は暴力団員でなくなった日から5年を経過しない者ではないことを陳述しなければならず，その陳述ができなければ，買受けの申出をすることができないこととなったのである（民執65条の2）。ここで虚偽の陳述をしたときは，6月以下の懲役又は50万円以下の罰金が科される（民執213条1項3号）。

第2　売却不許可決定

　裁判所は，期間入札において，複数の入札の中から最高価買受申出人を決定した後，当該最高価買受申出人が暴力団員等に該当するか否かについて，原則として，必要な調査をその裁判所の所在する都道府県警察に嘱託しなければならないこととされた（民執68条の4）。そして，裁判所が，調査により最高価買受申出人が暴力団員等に該当すると判断した場合は，売却不許可決定をしなければならないこととなった（民執71条5号）。このようにして，暴力団員等の買受防止の趣旨が刑罰と民事的効果の両面において貫徹されているのである。

第3　設問に対する回答

　暴力団組員ではない旨の虚偽の事実を陳述したDは，民事執行法「第65条の2……の規定により陳述すべき事項について虚偽の陳述をした者」に該当するから，同法213条1項3号の罪が成立し，6月以下の懲役又は50万円以下の罰金が科される。暴力団組員であるDのした買受けの申出は，無効であり，裁判所は，売却不許可決定をしなければならない（民執71条5号）。

競売昔話

　今は，競売不動産は民事執行法によって処理されるが，以前は，競売法で進められた。裁判所の競売場で，買受希望者が金額を言って競り上げ，最も高い金額を言った人が落札できるオークションの要領である。競売場は，人があふれることも多かったが，一般市民は皆無で，入場しようとしても，常連の者らが無言の威圧を加えたり，公然と入場を阻止したりしていた。その結果，会場はヤクザやプロの競売屋で埋まり，一般市民が足を踏み入れるような世界ではなく，出来レースの競り売りも多かったという。

　今では想像もできないが，約50年前のジュリスト（534号）には，「競売

ゴロー裁判所内でおどし，執行官もお手あげ」という見出しで，暴力団の暗躍する様子を描く新聞の転載記事が載っている。「彼らは競売当日，競売室付近などにたむろし，セリ落としたい一般人がくると，すばやく『○○万円出したら，お前に落としてやる』と談合を持ちかけ，無理やりに談合金をせしめて山分けする。あるいは，自分が目をつけた物件には，逆におどしてセリからおりさせたりする。」などとその手口の一部が報じられている。

　買受けの申出がないために競売期日が何度も延期され，最低売却価格が大幅に下落した後に安価で不動産を競落し，転売して多額の利益を得るというのがお決まりの手口であった。こうした事例については，当時の刑法の教科書も，「現状は本罪（筆者注：競売入札妨害罪）の構成要件にあたる場合が相当に多い」「厳重に取締の必要がある。殊に法秩序を維持すべき裁判機関の行う競売が乱脈に放置されていることは残念である。」などと悲憤慷慨している（青柳文雄「刑法通論Ⅱ各論」（泉文堂，1963）91頁）。それでも，こうした執行妨害が罪に問われることはまずなく，公刊物にも見当たらない。その後，こうした状況を是正するために民事執行法と民事執行規則（ともに昭和54年）が登場して期間入札制度が導入され，事態は適正化された。ところが，平成の時代に入ると，土地高騰の影響で暴力団による執行妨害事例が全国規模で頻発した。このときに旧競売入札妨害罪が効果を発揮し，その成立を認めた事例が続々と下級審裁判例に登場することになった。そして，最後の本設問にあるとおり，更に広範な刑罰規定が用意され，また，暴力団排除が徹底されて，風通しのよい競売風景となって今日に至るのである。

判 例 索 引

執筆者一覧

●編集代表

弁護士　**松尾　浩順**（まつお・ひろむね）——————————

　税理士・宅地建物取引士・競売不動産取扱主任者

　設問担当：1，2，7，10，15

●執筆者

弁護士　**鈴木　和憲**（すずき・かずのり）——————————

　設問担当：12

弁護士　**伯母　治之**（うば・はるゆき）——————————

　設問担当：17

弁護士　**三好　幹夫**（みよし・みきお）——————————

　設問担当：19

弁護士　**伊藤　慎也**（いとう・しんや）——————————

　設問担当：4，9

弁護士　**高倉　太郎**（たかくら・たろう）——————————

　設問担当：5，14，18

弁護士　**増子　和毅**（ますこ・かずき）——————————

　設問担当：13

弁護士　**阿田川　敦史**（あだがわ・あつし）——————————

　設問担当：3

執筆者一覧

弁護士 **林 誠吾**（はやし・せいご）————————————

　　設問担当：6，11

弁護士 **西方 夏樹**（にしかた・なつき）————————————

　　設問担当：8，16

〔事務所所在地〕

シグマ麹町法律事務所

〒102-0083　東京都千代田区麹町4-3-3　新麹町ビル8階

　　Tel：03-5211-2222

　　https://lawoffice-k.com/

事例でわかる不動産の強制執行・強制競売の実務
―任意売却・共有・引渡命令・配当手続―

2022年11月10日　初版発行

編集代表　　松　尾　浩　順

編　者　　シグマ麹町法律事務所

発行者　　和　田　　　裕

発行所　　日本加除出版株式会社
本　社　　〒171-8516
東京都豊島区南長崎3丁目16番6号

組版　㈱郁文　　印刷　㈱精興社　　製本　牧製本印刷㈱

定価はカバー等に表示してあります。
落丁本・乱丁本は当社にてお取替えいたします。
お問合せの他、ご意見・感想等がございましたら、下記まで
お知らせください。

〒171-8516
東京都豊島区南長崎3丁目16番6号
日本加除出版株式会社　営業企画課
電話　　03-3953-5642
FAX　　03-3953-2061
e-mail　toiawase@kajo.co.jp
URL　　www.kajo.co.jp

© 2022
Printed in Japan
ISBN978-4-8178-4837-6

スキルアップ法律事務
不動産執行・債権執行の
事務手続
書式で学ぶ申立てから換価・配当まで

商品番号	：40916
略　　号	：法不動

矢野公一 著

2022年7月刊 A5判 344頁 定価3,740円(本体3,400円) 978-4-8178-4814-7

- 各種執行に関わる約100の書式を収録。事案に応じてどこを直して使えば よいかがわかる。書類作成時のポイントをこの1冊でマスターできる。
- ベテラン法律事務職員による丁寧な解説により、今まさに起きかねないヒヤ リハットを防げる。

今日から実践！
アパート・マンション明渡し・
滞納家賃回収等の実務

賃貸アパート・マンションの滞納家賃、マンション管理組合における滞納管理費回収、債権差押え、強制競売、区分所有法7条の先取特権に基づく担保権実行、所有者探索

商品番号	：40905
略　　号	：滞納

山北英仁 著

2022年1月刊 A5判 344頁 定価3,850円(本体3,500円) 978-4-8178-4779-9

- 簡裁訴訟代理権を活用した訴訟手続とともに裁判書類作成の実務を解説。
- 動産差押え、財産開示などの関連業務についても解説。
- 業務に関するアドバイスとともに63の記載例等を収録。
- 日本司法書士会連合会会長推薦。

マンションにおける
共同利益背反行為への対応
区分所有法57条・58条・59条・60条の実務

関口康晴・町田裕紀・小川敦司・田村裕樹・川口洸太朗 著

2018年10月刊 A5判 268頁 定価2,750円(本体2,500円) 978-4-8178-4514-6

商品番号	：40735
略　　号	：マン共

- 区分所有法57条〜60条（義務違反者に対する措置）に絞って、その法律実務を徹底的に掘り下げた実務書。具体的事例を基にしたQ＆Aで、様々なトラブルごとにその行為が①共同利益背反行為に該当するかどうか②該当するとして57条〜60条のどれで対応するかを、豊富な裁判例を踏まえて詳説。

日本加除出版

〒171-8516　東京都豊島区南長崎3丁目16番6号
TEL (03)3953-5642　FAX (03)3953-2061 (営業部)
www.kajo.co.jp